Dr. Richard D'Ambrosio studierte an der New York University, bevor er praktizierender Psychoanalytiker wurde. Er ist außerdem Professor an der Long Island University in New York und Direktor des St. Vincent's Guidance Institute sowie der Abteilung Psychiatrie und Psychologie der Klinik St. John's of Rockaway.

Ein weiterer biographischer Bericht über die erfolgreiche Behandlung eines seelisch gestörten Kindes, der als Knaur-Taschenbuch erschienen ist:

Mary MacCracken: *»Lovey – Die Verwandlung eines ›schwierigen‹ Kindes durch die befreiende Kraft der Liebe«* (Band 779)

Vollständige Taschenbuchausgabe
Droemersche Verlagsanstalt Th. Knaur Nachf., München
Lizenzausgabe mit freundlicher Genehmigung des
Scherz Verlags Bern und München

Titel der Originalausgabe »No Language But a Cry«

Aus dem Amerikanischen übersetzt von Rosemarie Soenderop
Umschlaggestaltung Klaus Förster
Gesamtherstellung Hanseatische Druckanstalt GmbH, Hamburg
Printed in Germany · 4 · 5 · 483
ISBN 3-426-00794-0

4. Auflage

Dr. Richard D'Ambrosio: Der stumme Mund

Die Erlösung eines jungen Menschen
aus seelischer Erstarrung
zu einer lebensbejahenden Existenz

Knaur®

Meiner Mutter
und meinem Vater

Für Rat und Hilfe beim Schreiben
dieses Buches möchte der Autor
Geoffrey Wagner
noch einmal ausdrücklich danken.

Prolog

Dies ist die Geschichte eines Mädchens.
Die Geschichte eines Kindes, das im Alter von eineinhalb Jahren furchtbar mißhandelt und dann einfach im Stich gelassen wurde, als wäre es Abfall. Eines Mädchens, das gute zwölf Jahre seines Lebens kein Wort sprach.
Es ist eine wahre Geschichte – die Namen wurden natürlich geändert –, und obwohl sie in ihrer Art einmalig ist, geschieht ähnliches nur zu oft in unseren Großstädten. Die Unterlagen der Jugendämter und der Heime bestätigen das. Ich habe das Mädchen Laura genannt.
Beim Anblick des Ehrendenkmals für gefallene Soldaten, auf das ich von meinem Bürofenster aus blicke, muß ich oft daran denken, daß es keine Ehrungen und Auszeichnungen für die gibt, die täglich im Kampf gegen Geisteskrankheit und Verzweiflung unterliegen. Und auch die anderen, denen es dank ihres tiefen Mitgefühls und ihrer seelischen Stärke gelang, Laura in unsere Welt der sogenannten geistigen Gesundheit und Sprache zurückzubringen, vergißt man zu leicht. Die Geisteskrankheiten nehmen in Amerika fast mehr Krankenbetten in Anspruch als alle anderen Krankheiten zusammen, und Kindesmißhandlung hat sich zu einem solchen Problem in den amerikanischen Großstädten entwickelt, daß die Behörden eigene Arbeitsgruppen zu deren Bekämpfung eingesetzt haben.
Lauras »Arbeitsgruppe« bestand aus ein paar Schwestern, für die es Mißerfolg einfach nicht gab. Von diesen Schwestern wurde das Kind gerettet, und daher befaßt sich dieses Buch auch mit ihnen. Vor allem aber ist es ein Bericht über die Menschlichkeit.
Während ich diese Worte schreibe, läutet das Telefon. Meine Gedanken werden durch die vielfältigen Probleme meiner Patienten unterbrochen. Eine Fürsorgerin berichtet mir erneut von Michael, siebzehn Jahre alt, depressiv, einsam, ohne Familie und Arbeit, am Ende angelangt ... von Philip, ebenfalls siebzehn, nach einem Selbstmordversuch in eine Nervenheilanstalt aufgenommen ... von der dunkelhaarigen, elfjährigen Helen, klug und feinfühlig, die sich jedoch ständig übergibt und daher keine Schule besuchen kann.
Jeder Name hat eine Geschichte, genauso wie jedes Gesicht, das morgens an einem vorbeihastet, den Stempel seiner besonderen Individualität trägt.
Warum dann also Laura? Warum bedeutete Laura so viel für mich, daß ich Jahre meines Lebens damit verbrachte, ihre Geschichte niederzuschreiben, ganz zu schweigen von der Zeit, die ich ihrer Behandlung widmete?
Obwohl so viele Jahre vergangen sind, seit ich Laura zum erstenmal

begegnete, bucklig, von Narben entstellt, häßlich und darüber hinaus stumm, so erfaßt mich doch immer ein besonderes Gefühl, wenn ich an sie denke.

Es war eigentlich ganz unwahrscheinlich, daß sich unsere Wege kreuzten. Zu jener Zeit baute ich mir gerade eine Privatpraxis auf. Ich bekam Selbstvertrauen in meinem Beruf, meine Erfahrung wuchs, mein Ruf begann sich zu verbreiten. Ich hoffte, allmählich den Lohn für die langen Studienjahre ernten zu können. Meine Freizeit war begrenzt, kostbar. Wie andere Analytiker neigte ich zu der Ansicht, daß man die behandeln sollte, die am ehesten davon profitieren konnten – und das waren immer jene, die von selbst um Hilfe nachsuchten. Die Wunden oder Traumata, die von Armut und sozialen Mißständen herrühren, sind für uns beruflich zu oft eine undankbare Aufgabe.

Durch Laura wandelte sich meine Einstellung. Zu der Zeit, von der ich schreibe, bedeutete Geisteskrankheit für die Armen, die Bewohner der städtischen Gettos, Schocktherapie, Medikamente und Anstaltsaufenthalt – und nicht Psychotherapie und Psychoanalyse. Und vielleicht war ein verborgener Konflikt in mir der Grund meines Wandels, zwang mich nach einem beiläufigen Besuch in einem düsteren Heim dazu, mich mit einem verwundeten kindlichen Gemüt zu befassen. Jeder von uns findet sich ja irgendwann einmal, ob nun bewußt oder unbewußt, seiner Vergangenheit in dieser oder jener Form gegenüber.

Diese Gedanken müssen hier am Rande bleiben. Jedenfalls waren mir diese gestörten und hilflosen Kinder der ganz Armen, die sich in dem Heim befanden, über das ich berichte, nicht fremd; denn ich wußte aus eigener Erfahrung, was Armut bedeutet.

Als ich das Heim zum erstenmal besuchte, war ich nicht mehr arm. Ich gehörte zu den Glücklichen, den Gewinnern. Die im Heim waren die Verlierer. Und so fühlte ich vom ersten Augenblick an eine gewisse Loyalität für sie.

Dieses Gefühl von Verbundenheit war merkwürdig, doch ein Mensch kann sich selbst nicht entfliehen. Als Kind hatte ich oft das Gefühl gehabt, daß die übrige Welt die Armen vergaß. Wie hätte ich anderen antun können, worunter ich so gelitten hatte? Man muß die Ursache seines Zorns kennen, die Aufrichtigkeit seines Mitgefühls in Frage stellen und sich darüber klarwerden, ob man von anderen mehr verlangen kann, als man selbst geben will.

Das hieß konkret ausgedrückt, daß ich eines Tages Lauras Krankheitsgeschichte in der Hand hielt und an meine eigene Jugend dachte. Es hatte einen Augenblick gegeben, als ein junger Mathematiklehrer mit Stahlbrille mein eigenes Leben buchstäblich auf die gleiche Weise in der Hand hielt.

Als ich Laura kennenlernte, konnte sie noch nicht einmal sprechen.

Meine eigenen Schwierigkeiten hatten wohl in der dritten Klasse begonnen, als ich die Lehrerin zur Verzweiflung trieb, weil ich nicht lesen lernte. Sie schrieb verschiedentlich an meine Eltern, doch diese Gewissenhaftigkeit blieb wirkungslos: Meine Eltern brauchten einen Übersetzer. Sie sprachen kein Wort Englisch, waren ganz arm und hatten sieben Kinder großzuziehen, von denen die meisten schon über dreizehn waren, als sie von Italien nach Amerika kamen.

So wurde ich in die berüchtigte Klasse für geistig Zurückgebliebene versetzt, wo ich verwirrt zusah, wie andere Kinder sich in Zuckungen auf dem Boden wälzten, statt ausgeschnittene Figuren aufzukleben. Ich war geächtet und wurde lächerlich gemacht, von beiden Parteien, den »Normalen« und den »geistig Zurückgebliebenen«. Es gab viele blutige Kämpfe, und meistens rannte ich den ganzen Weg von der Schule nach Hause.

Wie deutlich ich mich daran erinnern kann, als ich meinen Eltern von dem Klassenwechsel berichtete! Wie klar steht mir die hilflose Ergebung auf ihren Gesichtern vor Augen – waren wir nicht arm, und was konnten die Armen schon dagegen tun?

Da trat Mr. Scott, jener junge Mathematiklehrer, in mein Leben. Ich war eines Nachmittags zufällig in sein Klassenzimmer getrollt, wo er gerade Nachhilfeunterricht gab, und hatte mich interessiert daran beteiligt. Als er erfuhr, in welcher Klasse ich war, versprach er mir zu helfen.

Mehr als sechs Monate gab er mir unentgeltlich Nachhilfeunterricht im Stoff der vierten und fünften Klasse und opferte viele Stunden dafür. Er war mehr als ein Lehrer für mich – er wurde zu einem Freund, dem ich vertrauen konnte. So wie ich später Lauras Vertrauen zu gewinnen suchte.

Eines Tages wurde ich ins Büro der Direktorin gerufen, die Mr. Scott offensichtlich von meinen Fortschritten zu überzeugen versucht hatte. Als ich eintrat, gab sie mir sogleich ein Lesebuch in die Hand und bedeutete mir, ich solle vorlesen. Die Worte blieben mir buchstäblich im Halse stecken, bis sie sich triumphierend an meinen Fürsprecher wandte und sagte: »Sehen Sie, Mr. Scott, Sie verschwenden nur Ihre Zeit.«

Darauf forderte mich dieser schüchterne junge Mann zum Lesen auf, und plötzlich kamen die Worte wie von selbst. Als er mich dann in den Fächern prüfte, die ich durchgearbeitet hatte, waren meine Gedanken klar und meine Antworten richtig. So wurde ich also aus der »zurückgebliebenen« Klasse herausgenommen und »probeweise« in die fünfte versetzt. Nach dramatischen Zwischenfällen und gegen den Widerstand der Direktorin, die mich nach Jahren noch für »geistig zurückgeblieben« hielt, bekam ich schließlich die Genehmigung, die Aufnahmeprüfung für die naturwissenschaftliche Oberschule zu machen. Drei Schüler unserer Schule nahmen teil, zwei bestanden. Einer davon war ich.

Wenn Mr. Scott mir damals nicht seine kreideverstaubte Hand entgegengestreckt hätte, wäre ich vielleicht für immer als geistig zurückgeblieben verdammt worden, und das nur, weil ich die Sprache nicht beherrschte.

Der Hauptunterschied zwischen Lauras und meinem Leben bestand darin, daß ich entkommen und sie noch immer gefangen war. Unsere Ausgangssituationen waren zwar verschieden, aber ich wollte erklären, weshalb mich ein fast unwiderstehlicher Zwang trieb, für das unbekannte stumme Mädchen den Kampf gegen Vorurteil und Unwissenheit in unserer Gesellschaft aufzunehmen, wo die Armen niemals vergessen, daß sie arm sind, und oft für die »geistig Zurückgebliebenen« gehalten werden.

Lauras Geschichte beginnt eigentlich an einem kalten Oktoberabend auf der Unfallstation eines überfüllten städtischen Krankenhauses, als eine Ambulanz vorfuhr und ein Polizist mit hervortretenden Augen und hängender Unterlippe half, die Tragbahre, auf der ein sehr kleines Bündel Mensch lag, auf einen Rollwagen zu schieben.

Fünfzig Prozent des kleinen Körpers waren mit Brandwunden zweiten Grades bedeckt. Auf dem ganzen Weg bis zur Unfallstation hatte der Polizist den Geruch verbrannten Fleisches in der Nase und fürchtete, ihn nie wieder loszuwerden. Krampfhaft versuchte er, die gespannten, aufgeblähten Lippen zu übersehen.

All das setzte ich später Stück für Stück zusammen, als ich Lauras Leben rekonstruierte. Damals lautete die Frage nur: Würde sie am Leben bleiben? Ich unterhielt mich mit der Angestellten, die in jener Nacht im Krankenhaus die Daten aufnahm. Während man Laura Plasma gab, füllte der Polizist die Unterlagen aus und unterhielt sich mit ihr. Obwohl die Angestellte an nächtliches menschliches Elend gewöhnt war, blickte sie jäh auf, als der Polizist ihr sagte, das Kind sei »von den Eltern auf den heißen Herd gesetzt worden«.

Später begleitete die Angestellte den Polizisten zu seinem Wagen. Er erzählte ihr, daß die Eltern des Kindes in einer Mietskaserne wohnten und sich die Nachbarn ständig über das Kindergeschrei beschwert hätten. Der Vater hatte seine Tat mit den Worten »Sie schreit zuviel« erklärt. Er war ein Trinker, wie oftmals in solchen Fällen, und ein Mann, der Katzen tötete. Er war einmal angezeigt worden, weil er eine Katze mit Benzin übergossen und angezündet hatte.

Das Mädchen fragte nach dem Namen des Kindes. Laura. Während sie sich noch unterhielten, wurde schon die nächste Tragbahre den Eingang hinaufgerollt.

Drinnen im Krankenhaus kämpfte ein kleines Kind, das einen entsetzlich verbrannten und mißhandelten Körper hatte, um sein Leben.

Erster Teil: *Sprache*

1

Wenn die Geschichte für Laura mit einem schaurigen, unvollendeten Drama begann, so fing sie für mich harmlos genug an Bord eines Flugzeuges an, mit dem ich von einer Tagung in Chicago zurückkehrte. Ich hatte dort einen Vortrag gehalten und saß auf dem Rückflug neben Dorothy, der attraktiven jungen Dame, die Vorsitzende in meinem Seminar gewesen war. Sie war mir auf der Universität ein- oder zweimal begegnet, aber ich kannte sie nicht besonders gut. Als wir uns jedoch jetzt unterhielten, stellte ich fest, daß wir vieles gemeinsam hatten. Sie war Sozialfürsorgerin geworden.

»Wo?« fragte ich ohne Neugierde.

»In zwei Heimen«, erklärte sie. Sie warf mir einen zögernden Blick zu. »Eins davon für Mädchen.«

»Oh.«

»Eigentlich arbeite ich nicht in den Heimen selbst. Ich habe mit ihrem Hauptbüro zu tun. Ich erledige den ganzen Papierkram, stelle Budgets auf, Personal ein und so weiter.«

»Hört sich interessant an«, meinte ich ohne große Begeisterung.

Ehrlich gesagt, das Wort »Heim« schreckte mich ab.

Ich hatte mich für die Psychoanalyse entschieden, weil ich die menschliche Psyche verstehen, den Gefühlen und Beziehungen zwischen Individuen nachgehen wollte. Ich war außerordentlich interessiert an den Patienten, die in meine noch kleine, aber vielversprechende Praxis kamen, und lernte von ihnen genauso, wie ich hoffte, daß sie auch von mir lernten. Ein Heim erschien mir als etwas Kaltes, Distanziertes – gerade das Gegenteil zu der Beziehung zwischen Individuen, die mich beschäftigte.

»Es sind ungefähr hundertfünfzig Mädchen dort«, erklärte mir Dorothy, als wir unseren Kaffee tranken, »fast alle aus zerrütteten Familien und in allen Altersstufen, bis zu achtzehn.«

Ich nickte höflich. Die Behörden kümmerten sich im allgemeinen nicht um Mädchen über achtzehn. Und sonst war es die bekannte Geschichte: Eltern, die Alkoholiker waren, verlassene Kinder, zerbrochene Ehen, die geistig und körperlich Kranken. Als das Zeichen »Bitte anschnallen« irgendwo über New York aufleuchtete und Dorothy seltsam lächelnd

sagte: »Es ist also abgemacht?« fragte ich daher überrascht: »Was ist abgemacht?«
»Sie kommen?«
Anscheinend hatte ich während unseres Geplauders eine halb unbewußte Zusage gegeben. Sie war fest entschlossen, mir eines ihrer Heime zu zeigen, das für Mädchen, und als wir aufsetzten, hatte ich ziemlich widerwillig einen Tag mit ihr vereinbart.
Es war ein bitterkalter Dezembertag, als mich Dorothy in ihrem abgenutzten Chevy abholte und wir über die Brücke aus Manhattan hinausfuhren. Um uns herum Schneegestöber, der Fluß von unfreundlichem Grau.
Meine Laune besserte sich während der Fahrt nicht. Dorothy fuhr in eine besonders deprimierende Gegend. In den Mietskasernen tauchte nur hin und wieder flüchtig ein Gesicht am Fenster auf. Die Trostlosigkeit machte mich trübsinnig – alte Leute, die an U-Bahn-Schächten vorbeischlurften, Einheitspreisläden mit zerbrochenen Scheiben, heruntergekommene Cafeterias und Automaten, hin und wieder winzige, eingezäunte Grünanlagen, in denen sicher den ganzen Sommer ausdruckslose Gestalten saßen.
Beim Fahren sprach sie.
»Ich arbeite im Sozialen Außendienst«, sagte sie. »Das Städtische Wohlfahrtsamt steuert zwar Geld bei, aber die lokalen Caritas-Verbände kommen fast ganz für das Essen der Kinder, die Unterkunft und die Leitung auf. Die Schwestern sind ›Gruppenmütter‹, so eine Art Mutterersatz. Sie tun ihr Bestes, aber sie müssen für so viele Kinder sorgen.«
»Gibt es Hilfe von psychologischer Seite?«
Der Himmel schien mit Steinen versperrt. Diese verfallenen Häuser, rostigen Feuerleitern, blinden Fenster und verstreuten Abfallhaufen auf den leeren Grundstücken gingen mir unter die Haut. Ich wußte, warum ich es sonst vermied, in diese Gegend zu kommen. Es ist etwas absolut Lebenzerstörendes um den Rand der amerikanischen Großstadt, da, wo sie sich in diese Trostlosigkeit verliert.
»Sehr wenig. In dieser Beziehung sind die Heime fast nur auf uns Fürsorgerinnen angewiesen«, erklärte mir meine Begleiterin. Sie bremste und stoppte. Und fast beiläufig fügte sie hinzu: »Und dort drüben ist das Heim.«
Der Schnee fiel in dichten, nassen Flocken und gab der Straße, in der wir hielten, irgendwie etwas Dunkles, Schattenhaftes. Gegenüber konnte ich einen massiven Steinklotz erkennen, eine farblose Anhäufung von Mörtel, die sich über einen ganzen Block erstreckte.
Diese seelenlose Kaserne schien alle meine Lebensgeister zu ersticken. Als wir darauf zugingen, sah ich plötzlich, daß das massige Gebäude noch zusätzlich durch Stacheldraht auf den äußeren Mauern geschützt war, zwischen den Glassplitter und scharfe Fischhaken eingesetzt waren.

Die Steintreppen, die wir zu diesen finsteren Mauern emporstiegen, kamen mir endlos vor. Und als ich mit aller Kraft an einem alten eisernen Glockenzug zog, durchlief mich ein Schauer. Es schien eine Ewigkeit zu dauern, bis die große Tür sich weit öffnete und eine fröhlich lächelnde Schwester uns zum Eintreten aufforderte.

Dorothy und ich folgten der schwarzgekleideten Gestalt zum Büro der Oberin. Wir gingen einen langen Korridor entlang, auf dem man schwach den Klang singender Stimmen vernahm. Hin und wieder konnte man auch Kinder lebhaft sprechen oder kichern hören. An den Wänden befanden sich Anschlagtafeln; auf einer stand der Wochenplan für die Mädchen.

Das schwarze Gewand der Schwester, die uns führte, flatterte beim Gehen von einer Seite auf die andere. Ich flüsterte Dorothy zu: »Genau wie ein Pinguin.«

Plötzlich stürmte aus einem Zimmer eine Gruppe kleiner Kinder, die sich balgten und lachten. Zwei hielten mit uns Schritt, klammerten sich an meinen Arm und langten zu mir hinauf, damit ich sie berühren konnte, bis der Pinguin sie lächelnd zurechtwies und zurückschickte. Ich spürte einen schwachen Geruch, konnte ihn aber trotz aller Anstrengung einfach nicht definieren.

Die Oberin erhob sich zu unserer Begrüßung, als wir ihr ehrfurchtgebietendes getäfeltes Büro betraten. Sie war eine große, breitschultrige Frau, noch jung und gut aussehend.

Eine Weile plauderte sie mit Dorothy, dann wandte sie sich mir zu. »Ich freue mich so sehr, daß Sie gekommen sind. So viele seelisch gestörte Kinder hier brauchen Hilfe, die über das hinausgeht, was wir und die Fürsorgerinnen ihnen geben können. Aber kommen Sie, ich führe Sie herum.«

Wir besichtigten das Heim.

Die Kinder von zwei bis fünf Jahren waren im Erdgeschoß untergebracht, in jedem Schlafsaal befanden sich zehn bis zwölf. Alle waren sauber gekleidet, die ordentlichen Zöpfe mit hübschen Bändern versehen.

Überall liefen die Kinder in fröhlicher Unbefangenheit auf mich zu, griffen nach mir, zogen mich, wollten hochgehoben werden, riefen laut. Die Pinguin-Schwester beschwichtigte sie vergeblich und meinte leise, daß die Kleinen so sehr viel Fürsorge brauchten.

Dort bei den Kleinkindern konnte ich auch den Geruch, den ich vorher bemerkt hatte, ausmachen. Es war Milch, eine symbolische Mahnung, daß hier Kinder ohne Mütter – und auch ohne Väter und Familie – lebten, Ausgestoßene der Gesellschaft. Vor vielen Jahren war das Heim ein Waisenhaus.

Dann fuhren wir mit dem alten Lift in den zweiten Stock. Als die Türen auseinanderrasselten, begrüßte uns ein Durcheinander von Singen und

Lachen: Die Kinder waren eben dabei, Weihnachtsdekorationen zu basteln. Ihre unbezähmbare Lebenslust wurde noch auf traurige Weise unterstrichen, als wir weiter in die Krankenabteilung gingen, wo ein zehnjähriges Kind mit großen Augen und mageren Gliedern im Bett lag.

»Sie wartet darauf, daß ein Arzt Zeit für sie findet«, erklärte mir Dorothy, während die beiden Gestalten in den langen Gewändern das Kind aufzuheitern versuchten. »Ich fürchte, Clare hat immer noch ziemlich hohes Fieber.«

Die großen Augen des Mädchens hingen mit quälender Intensität an mir. Ich suchte nach ein paar tröstlichen Worten, die sie aufheitern ... und mein Gewissen etwas beruhigen würden.

»Bald wird es dir wieder bessergehen, Clare.«

Ich verabscheute die Worte, kaum daß ich sie ausgesprochen hatte: Die bedeutungslose Phrase mußte ja wirkungslos bleiben. Ich klopfte ihr auf die Füße. Sie sahen unter der Decke seltsam groß aus.

Ihr Blick folgte mir mit der Intelligenz eines Erwachsenen. In den Augen des Kindes konnte ich lesen, daß es besser als ich wußte, was Einsamkeit ist. Und als hätte sie meine Gedanken erraten, sagte Dorothy: »Wir haben immer wieder vergeblich versucht, Clares Familie ausfindig zu machen.«

Ich bemerkte zu der Schwester, die uns jetzt begleitete, daß doch für Kinder wie Clare das Dasein manchmal eine schwere Last sein mußte, unter der ihr Lebenswille erlahme.

»Das ist es ja gerade, Herr Doktor.« Sie nickte sofort und erklärte, daß Clare, wie die meisten Kinder im Heim, aus diesem Grunde bei Krankheit besonders anfällig sei. Ihr Lebenswille werde in solchen Zeiten, wo die Liebe einer Familie besonders nötig wäre, durch das starke Einsamkeitsgefühl, das bis zur Verzweiflung gehe, geschwächt.

Wir gingen jetzt in die Schlafsäle, wo bis zu fünfundzwanzig Mädchen untergebracht waren. Jede hatte ein Bett und einen großen Wandschrank. Alle Räume waren mit bunten Vorhängen und Bettüberwürfen ausgestattet, und auf jedem Bett saß ein Stofftier oder eine Puppe.

Man erklärte mir, daß die Mädchen hier fünf bis zwölf Jahre alt seien. Sie machten ihre Betten selbst, hatten ihren eigenen Speisesaal, wuschen und trockneten ihr Geschirr ab und wetteiferten auf eigenen Wunsch hin und wieder in der Zubereitung besonders leckerer Gerichte in der großen Gemeinschaftsküche.

Jede Abteilung unterstand einer Schwester, der eine Anzahl Laienhelferinnen zur Seite standen. Als wir zum Lift zurückgingen, erklärte mir die Oberin, daß der dritte Stock in einzelne Wohnungen für die halbwüchsigen Mädchen aufgeteilt sei, die im Augenblick in der Schule seien. Wir waren wieder im ersten Stock angelangt.

»Wir danken Ihnen, daß Sie gekommen sind, Herr Doktor«, sagte die Oberin schließlich. Ihre hellen Augen musterten mich eingehend.
»Ja, vielen Dank, Herr Doktor«, sagte auch die Schwester.
»Wir werden nämlich von der Außenwelt nicht gerade übermäßig beachtet«, fügte die Oberin hinzu.
Ließ sie diese Bemerkung immer fallen, wenn jemand von draußen kam und so tat, als wären Heime etwas, das nur die anderen anging? Zeigte sie mit dem Finger auf mich, oder beschuldigte ich mich selbst der Gleichgültigkeit gegenüber der »anderen« Seite der Menschheit? Und doch war ich nicht gleichgültig: Der Ausdruck in den Gesichtern der Kinder, in Clares großen Augen hatte mich zutiefst angerührt. Doch sie mußte Gleichgültigkeit gewöhnt sein, denn in ihrem Ton war ein gewisser Zynismus zu spüren.
Als ich an die vielen Schwierigkeiten dachte, mit denen diese Schwestern zu kämpfen hatten, wurde mir zum erstenmal bewußt, wie mutig sie waren.
»Wie viele der Kinder sind wohl seelisch gestört, Schwester?« fragte ich.
»Mindestens ein Drittel«, antwortete die Oberin. »Vielleicht die Hälfte.«
Ich merkte, daß sie mich alle drei beobachteten.
Plötzlich wirbelten Kinder von irgendwoher den Gang entlang. Sie lachten und riefen nacheinander, und wir wären beinahe unter fliegenden Armen und wehenden Zöpfen begraben worden, wäre nicht die Schwester, die sie beaufsichtigte, schnell herangekommen.
Ein dunkles Mädchen mit seidigem Haar blieb zurück und hängte sich an meinen Arm. Sie lächelte mit dem scheuen, nachdenklich wissenden Ausdruck zu mir auf, den manche Kinder haben.
Die Oberin wählte diesen Augenblick und fragte: »Und glauben Sie, daß Sie uns vielleicht wieder einmal besuchen werden, Herr Doktor?«
»Im Moment sieht es so aus, als ob man mich überhaupt nicht gehen ließe, nicht wahr?« Ich blickte auf die Kleine hinunter, die mit einem Klaps von der Schwester weitergeschickt wurde.
»Kommen Sie, wann Sie wollen. Sie brauchen nur Dorothy Bescheid zu sagen.«
Die große Frau lächelte wieder, gab mir einen Karate-Händedruck, murmelte »Gott segne Sie« und ging.
Eine Minute später schritt ich mit meiner Bekannten die kalten, nassen Stufen hinunter. Die große Tür schloß sich nachhaltig hinter uns. Das Schneetreiben hatte sich zum Sturm entwickelt, der uns mit aller Kraft überfiel.
Schneebedeckt schien die Straße jetzt breiter, als ich sie in Erinnerung hatte, oder kam es mir nur so vor? Ich kämpfte mich mühsam durch Wind

und Schnee vorwärts und spürte nur Finger, die an mir zupften, Hände, die nach mir griffen. Und den Geruch von Milch.

Als ich in Dorothys alte Klapperkiste kletterte und sie den widerwilligen Motor anließ, hoffte ich nur, sie würde nicht über Pflegeeltern und ... Heime sprechen. Sie mußte meine Stimmung spüren, denn sie sagte nichts. Und ich schwieg auch. In Gedanken sah ich vor dem schneebedeckten Himmel große Kinderaugen und dünne Glieder unter einer Decke.

»Jedes einzelne ...« fing ich einmal an und brach wieder ab.

Ich war meiner selbst noch nicht sicher. Ich war müde und wollte nach Hause. Aber während der ganzen Fahrt kehrten meine Gedanken immer wieder zu den Kindern und den Schwestern zurück. Das Ganze war lächerlich, dachte ich, was kann ein einzelner schon tun? Ich mußte an meine Karriere denken, mir vor Augen halten, wie wenig Zeit ich für meine eigenen Patienten übrig hatte.

Vielleicht würde ich den Schwestern einen Scheck schicken. Das würde mich beruhigen.

Um uns herum stockte der Verkehr. Vor der Brücke schienen die Lichter der Stadt wie ein Versprechen zu uns herüber, Zauberlaternen am Himmel, wie die Weihnachtsdekorationen ... dann sagte Dorothy: »Glauben Sie, daß Sie wiederkommen? Ich meine ...« Sie fuhr fort: »Ich muß Ihnen nicht sagen, wie sehr ...«

»Ist irgendein Entgelt damit verbunden?«

»Wenig.« Sie fügte hinzu: »Die Schwestern arbeiten natürlich umsonst.«

»Also gut«, erwiderte ich ziemlich schroff, »nächste Woche um die gleiche Zeit. Und Sie brauchen mich nicht abzuholen. Ich finde den Weg allein.«

Dorothy schwieg. Erst als wir die Brücke überquert hatten, hob sie ihr Kinn ein wenig und sagte: »Ich lege Ihnen die Personalakten heraus.«

Rückblickend kann ich die widerstreitenden Gefühle verstehen, die ich damals empfand, als ich mir überlegte, ob es wohl klug sei, mich mit den hilflosen menschlichen Wracks in dem Heim einzulassen. Manchmal glaube ich, daß ich in jenem Augenblick, als ich der Entscheidung gegenüberstand, vielleicht einfach zu feige war, nein zu sagen.

2

Eine Woche später saß ich in dem kahlen Büro, das man mir im Heim zur Verfügung gestellt hatte, und las die Personalakten. Ich war zu neugierig auf die Lebensgeschichten der Kinder, als daß ich überlegen konnte, warum ich überhaupt gekommen war.

Ein Psychoanalytiker sieht schon beruflich viel Unglück und seelisches Leid. Als ich jedoch hier Akte um Akte vor mir anstarrte und mir über die Daten hinaus ein Bild zu machen versuchte, wurde mir klar, daß man selten soviel menschliches Elend auf einmal findet.

Es war eine Litanei zerstörter Träume und enttäuschter Hoffnungen. Die Tatsachen waren da, nicht aber die damit verbundenen Gefühle. Auch wenn die Tatsachen noch so korrekt sind – deren volle Tragweite für ein Kind kann man niemals in Akten verzeichnen. So überlegte ich mir zum Beispiel, was es für Nancy bedeutet haben mochte, als ihre Mutter lebensgefährlich erkrankte und sie in eine fremde, unbekannte Umgebung versetzt wurde. Wie es wohl Susan zumute war, Woche für Woche, Monat für Monat mit geballten Fäusten im Bett liegend den Wutanfällen ihres betrunkenen Vaters ausgesetzt zu sein und vor seiner Heimkehr zu zittern. Oder Anne, die versuchte, wenigstens einen vagen Sinn in den halluzinatorischen Bemerkungen ihrer Mutter zu entdecken.

Um mich herum war Stille, die nur selten unterbrochen wurde, wenn draußen ein Auto hupte oder im Gang eine Schwester vorbeiging. Beim Weiterlesen bekamen die Fälle eine bedrückende Einförmigkeit. Eine Stimme aus meiner Vergangenheit meldete sich, die Stimme eines Kollegen mit gutgehender Praxis, den ich einmal zu einer Sozialarbeiterin sagen hörte: »Warum verschwenden Sie Ihre Zeit an diese verwahrlosten Kinder? Kinder aus der Mittelklasse können von der Psychotherapie profitieren, gewiß, aber in diesen vernachlässigten Fällen ...«

Und dann konnte ich ein Blatt nicht aus der Hand legen. Es war Lauras Krankengeschichte. Nachdem der fast leblose, mit schweren Brandwunden bedeckte Körper des anderthalbjährigen Kindes auf die Unfallstation gebracht worden war, zählte es wochenlang zu den Todeskandidaten des Krankenhauses. Doch irgendwie überlebte es.

Aus den Unterlagen war ersichtlich, daß das Kind die ersten eineinhalb Jahre seines Lebens von seinen unzurechnungsfähigen Eltern, Alkoholikern, regelrecht mißhandelt worden war. Wann immer ein Nachbar es zufällig erblickte, schien sein Körper nur aus Wunden zu bestehen. An jenem Abend, als der schreckliche Vorfall passierte, waren die Schreie derart angsterfüllt, daß eine Nachbarin sie nicht mehr aushalten konnte und die Polizei rief. Sie mußten die Tür aufbrechen und entdeckten dann das Kind auf dem Herd. Aus den Akten ging weiter hervor, daß die Brandwunden nur eine Seite des Problems waren. Denn solche Wunden können heilen; der Schaden jedoch, welcher der Persönlichkeit zugefügt wird, ist viel schwerer zu beheben. Vom Augenblick der Geburt an, zwei Stunden, nachdem ihre Mutter betrunken ins Krankenhaus eingeliefert worden war, hatte dieses Lebewesen fast alle Karten des Schicksals gegen sich. Obwohl die Unterlagen unvollständig waren, merkte ich bald, daß man schneller aufzählen konnte, was ihr *nicht* fehlte.

Sie hatte eine schwere Krümmung der Wirbelsäule, sie schielte und litt unter starken Krampfadern an den Beinen. Als sie fünf Jahre alt war, diagnostizierte man Schizophrenie bei ihr, vielleicht die schwerste Geisteskrankheit, und überwies sie daraufhin an eine staatliche Nervenklinik.

Meine Hände waren steif, als ich die Blätter hinlegte und mir eine Zigarette anzuzünden versuchte. Es war bei weitem der schlimmste Fall von allen. Das Mädchen war jetzt zwölf Jahre alt. Sie sprach kein Wort.

Hier kann man sehr wohl die Frage einwerfen, was mit einem Stück menschlichen Strandguts geschieht, wenn es in unseren Großstädten angespült wird. Der Laie hat keine Vorstellung vom Ausmaß des Elends, das sich hinter den Wänden der Kliniken und, ja, der Heime abspielt. Laura war ein Beispiel dafür. Körperlich anomal. Gesellschaftlich ausgestoßen. Menschlicher Abfall, wenn man so will.

Während man Laura anfangs im Krankenhaus betreute, wurden ihre Eltern auf der psychiatrischen Station untersucht. Bei beiden stellte man fest, daß der Alkoholismus schwere psychische Schäden nach sich gezogen hatte, und wies sie in eine Nervenklinik ein.

Inzwischen stand die kleine Laura ohne Familie da, denn bei Nachforschungen fand man nur eine Tante, die Schwester der Mutter, die bald ohne Angabe einer Adresse verzog. Laura wurde als vernachlässigtes, vom Jugendamt abhängiges Kind eingestuft. Diese Fachausdrücke verschleierten die Hoffnungslosigkeit ihrer Lage eher, als daß sie etwas davon verrieten.

Sobald sie einmal körperlich geheilt, das heißt soweit wie möglich wiederhergestellt war, würde das Krankenhaus alles versucht haben, um sie bei Pflegeeltern unterzubringen. Aber man konnte Laura kaum entlassen, selbst wenn man eine Pflegestelle für ein so wenig anziehendes Kind, das vermutlich nur eine Last wäre, gefunden hätte. Denn in allen Berichten des Krankenhauses und später des Jugendamtes wurde sie als lethargisch bis zur Stumpfheit hingestellt. Sie aß schlecht, war für alles vollkommen unempfänglich, fühlte sich weder zu Spielzeug noch zu anderen Kindern hingezogen. Statt dessen saß sie stundenlang in tranceähnlichem Zustand auf dem Boden. Ich ließ mir nichts durch den Fachjargon vormachen. Die Feststellung »In der Beherrschung der Skelettmuskulatur scheint sie sich spät zu entwickeln« beschönigte vielleicht nur die Tatsache, daß sie sich überhaupt nicht bewegte. Am schlimmsten war es, daß Laura mit fünf Jahren noch kein Wort sprach.

Normalerweise hätte man erwarten können, daß ein Kind selbst unter diesen Umständen mit dreieinhalb Jahren anfing, irgendwie seine Bedürfnisse deutlich zu machen und auch zu sprechen. Bei Laura war das nicht der Fall. Sie war wie eingehüllt in Stillschweigen. Eine psychologische Untersuchung ergab Entwicklungsmängel, Apathie und einen Intelligenzquotienten von fünfzig. Man bezeichnete ihr Verhalten als das einer Schwachsinnigen. Manche Ärzte glaubten, ihr Reaktions- und Adaptationsmangel sei das Ergebnis von Schwachsinn schlechthin, andere vertraten die Ansicht, daß sie sich emotional in der Welt nicht zurechtfand, das heißt, unter Schizophrenie litt.

Also beschloß man endgültig, sie in eine Nervenklinik einzuweisen. In diesem Moment schlug das Schicksal jedoch zum erstenmal einen anderen Kurs ein. In keiner der staatlichen Nervenkliniken war ein Platz für Laura frei. Diese Tatsache ist eine Tragödie für sich. Laura war sozusagen auf ein Abstellgleis geschoben worden, sie existierte nicht.

Die Sozialarbeiterinnen suchten verzweifelt nach einem Platz und fanden das »Heim«. Die Schwestern, die es führten, gehörten weder zur Stadt, noch unterstanden sie direkt den örtlichen Caritas-Verbänden. Sie waren in erster Linie Mitglieder eines Ordens, der sich der Kinderfürsorge widmete. Der Typ von Kindern, die sich im Heim befanden, hatte sich im Laufe der Jahre geändert: Es gab nur noch wenige Waisen unter ihnen. Statt dessen kamen die meisten jetzt aus zerrütteten Familien, waren Kinder von Alkoholikern, nicht voll Verantwortlichen, geistig oder körperlich Kranken. Viele waren, wie die Oberin angedeutet hatte, seelisch gestört, konnten sich nicht anpassen, waren bildungsmäßig benachteiligt. Es waren alle Hautfarben vertreten, und sie kamen aus protestantischen, jüdischen und katholischen Familien. Wenn sie Schutz und Hilfe brauchten, nahmen die Schwestern sie auf.

Die Berichte über Laura lauteten alle gleich. Während der sieben Jahre, die sie nun im Heim war, hatte sie sich nicht verändert. Sie blieb stumm, ohne Freundinnen, teilnahmslos gegenüber den anderen Kindern und unberührt von der verständnisvollen Fürsorge der Schwestern. In der ersten Zeit mußte sie täglich gewaschen, gefüttert und angezogen werden. Das Mädchen saß stundenlang allein herum; wohl schlenkerte es gelegentlich ein Spielzeug oder eine Puppe in der Hand, aber meistens war es nur zu deutlich, daß sie in einer eigenen Welt lebte. Trotz aller Programme und Pläne, die man für sie ausdachte, vegetierte sie im Grunde nur dahin.

Beim Lesen mußte ich immer wieder staunen, welches Mitgefühl die Schwestern ganz selbstverständlich für dieses menschliche »Objekt« aufbrachten. Hinter ihren unbeholfenen Worten spürte man die Hoffnung, daß Laura eines Tages so sein würde wie andere Kinder (sicherlich gab es doch Hoffnung?). An anderen Stellen klang jedoch auch fast Verzweiflung durch, weil Laura überhaupt nicht reagierte. Vor allem aber kam in den Akten der Gemeinschaftsgeist des Heims zum Ausdruck: Es war klar, daß man sie trotz ihres äußerlich unveränderten Verhaltens nicht in eine Art lebendigen Tod schicken wollte.

Aus den Unterlagen ging hervor, daß Lauras Eltern dreimal getrennt in

Nervenheilanstalten eingewiesen wurden. Beide bezeichnete man als paranoide Schizophrene, die für andere unter Umständen immer noch gefährlich waren. Also blieb Laura hier, besuchte die Schule im Heim, saß allein und schweigsam, völlig unbeteiligt an der Arbeit der Klasse, zuhinterst im Schulzimmer, starrte aus dem Fenster oder legte das Gesicht mit den kurzsichtigen, schielenden Augen auf die Arme.

Ich legte die Akten nieder. Von irgendwoher ertönten Kinderstimmen. Ich versuchte, mir ein Bild der Sachlage zu machen. Statt Liebe hatte Laura Angst und Schrecken kennengelernt, statt des tröstlichen Gefühls, erwünscht zu sein, nur Zurückweisung. Ich war überzeugt, daß sie einen heftigen Schock erlitten hatte, der jeden unter ähnlichen Umständen in die schützende Welt der Phantasie getrieben hätte. Laura wollte nicht wieder verletzt werden. Sie wollte überleben. Die Blätter lagen vor mir wie eine Anklageschrift. Wieviel Elend hatten diese Eltern ihrer kleinen Tochter zugefügt – gab es irgend etwas, das man für das Kind tun konnte?

Vom Fenster sah ich die schneebedeckte Straße, wo der Verkehr allmählich dichter wurde. Ob ich wohl noch vor der Stoßzeit zurückkam?

Ich verließ das Zimmer und ging die endlosen Korridore entlang zum Büro der Oberin. Die Tür war offen, und sie winkte mich sofort herein. Eine Sekunde lang standen wir uns gegenüber und sahen uns unsicher an.

»Danke, daß Sie uns besucht haben, Herr Doktor.« Ihre Zunge fuhr schnell über die leicht abfallende Oberlippe. »Haben Sie irgend etwas gefunden, das Sie interessiert?«

Ich antwortete: »Ich würde gern mit einem Ihrer Kinder arbeiten.«

Das blasse, starkknochige Gesicht der Oberin errötete vor Dankbarkeit – sie errötete tatsächlich wie ein Schulmädchen –, während ich bereits an der Klugheit meines Entschlusses zu zweifeln begann. Einen Augenblick fürchtete ich, sie würde mir wieder die Hand schütteln. Ich hatte ihren Karate-Handschlag noch vom letztenmal in unangenehmer Erinnerung und trat unwillkürlich einen Schritt zurück. Doch ihr Gesicht hatte wieder die gewohnte Strenge angenommen.

»Das heißt, Frau Oberin, wenn ich darf.«

»Wenn Sie dürfen?« sagte sie erstaunt. »Sie wissen, daß wir Ihnen wenig . . .«

»Natürlich«, erwiderte ich fast barsch.

Sie ließ die klaren Augen langsam in dem getäfelten Raum umherwandern. »Und mit welchem Mädchen glauben Sie, Herr Doktor, daß Sie . . .«

Ich sah ihr lange und fest in die Augen.

»Laura«, sagte ich.

3

Die Woche verging merkwürdig langsam. Meine Gedanken wanderten oft zu Laura. Wenn gerade kein Patient bei mir war, mußte ich an sie und ihre Eltern denken. Im Taxi, am Steuer meines eigenen Wagens, in der überfüllten U-Bahn oder einer Telefonzelle sah ich plötzlich ihren Namen vor mir.

Würde ich das Rätsel je lösen? Konnte sie sprechen, oder war sie für immer emotional blockiert? Ich wußte es nicht, aber ich begann mir Notizen zu machen, die auf drei recht eindeutigen Aspekten ihres Falles beruhten.

Laura war das Kind von Eltern, die durch Alkoholismus, Ausschweifungen und allgemeine Adaptationsmängel nicht fähig waren, einem Kind Liebe entgegenzubringen. Die elementarste Fürsorge, die so wesentlich für ein Neugeborenes ist, war Laura versagt worden.

Dann war sie zu einem Zeitpunkt, als sie kaum begann, zwischen sich und ihrer Umwelt zu unterscheiden, brutal mißhandelt worden. Sie wußte nicht, was die Wärme einer Mutter bedeutet, hatte das Gefühl, erwünscht und geborgen zu sein, niemals kennengelernt. Für sie war die Welt, in die sie hineingeboren wurde, feindselig und bedrohlich.

Und schließlich kam sie in einem kritischen Stadium ihrer seelischen Entwicklung in ein Krankenhaus. Von körperlichen Qualen war sie dadurch vielleicht befreit worden, ihre Isolierung und Verlassenheit jedoch wurde so nur verstärkt. In diesem Alter von den Eltern getrennt zu werden, ist im günstigsten Falle ein traumatisches Erlebnis; für Laura aber bedeutete es einen zusätzlichen Schock. Das überarbeitete Personal eines städtischen Krankenhauses konnte niemals die Atmosphäre bieten, die sie in diesem Augenblick so dringend brauchte. Ihre einzige Zuflucht bestand darin, sich völlig von der Außenwelt abzuschließen und sich in ihre Phantasiewelt zurückzuziehen. Der Schizophrene hat große Schwierigkeiten, zwischen Vorstellung und Wirklichkeit zu unterscheiden.

Alles, was ich über sie gelesen hatte, bestätigte diesen Eindruck. Wenn aber ein Kind wirklich leben will, muß es die Wirklichkeit immer besser kennenlernen und die Unterschiede zwischen sich und der Welt im allgemeinen mehr und mehr erkennen. Die Sprache ist ein Hauptmittel für uns, die Welt vernünftig zu erfassen, und ein Kind benennt die Dinge aus Liebe.

Laura jedoch kannte keine Liebe, sondern nur Angst und Furcht vor Bestrafung. Statt daß Liebe sie verlockte, Kontakt mit der Welt aufzunehmen, stieß Haß sie zurück. Mir wurde allmählich klar, daß es am besten wäre, ganz von Lauras wirklichem Alter abzusehen und mich nur auf ihr psychisches Alter einzustellen. In diesem Sinne war sie ein Kleinkind und hatte kaum zu leben begonnen. Nur so konnte ich sie verstehen.

Und ich wollte sie verstehen, denn ich war immer mehr dazu entschlossen, Laura zu helfen.
Mir wurde klar, daß Lauras Ängste in dem Sprichwort »Gebranntes Kind scheut das Feuer« deutlich zum Ausdruck kamen. In ihrem Falle hatte es sowohl symbolische als auch wörtliche Bedeutung, denn sie hatte eine fast panische Angst vor dem Feuer.
An dem Tag, als ich wieder ins Heim fahren sollte, war es kalt, aber klar, und da ich noch nachdenken wollte, nahm ich ein Taxi. Ich war nun endgültig auf dem Weg zu Laura, und ich hatte nicht mehr als ein paar ganz allgemeine Anhaltspunkte und viele unbeantwortete Fragen. Aus dem Autoradio ertönte heitere Musik, und als ich den Fahrer bezahlte, schaltete sich der Sprecher dazwischen: »Nur noch acht Einkaufstage bis ...«
Ich merkte, daß ich mich wie zum Selbstschutz an die Öde der Gegend gewöhnte. Die gleiche volltönende Glocke erklang, und drinnen begrüßte mich die gleiche Schwester, die mich sofort in eine mir unbekannte Richtung führte. Sie war offenbar über den Zweck meines Besuches genau informiert.
Überall sah ich Weihnachtsdekorationen, und von irgendwoher ertönte ein Weihnachtslied. Am Ende des Hauptganges stand eine Nikolausfigur in voller Pracht, und ein ganz kleines Mädchen reckte sich hoch, um einen großen Brief in den Weihnachtspostkasten neben dem Nikolaus zu werfen. Die Schwester blieb stehen und half ihr.
»Glauben Sie, daß er ihn noch rechtzeitig bekommen wird?« fragte das Kind besorgt.
»Ganz bestimmt, Lynette«, antwortete die Schwester beruhigend.
Nachdem wir um ein paar Ecken gebogen waren, führte mich die Schwester in ein Zimmer, das wohl als mein Büro dienen sollte.
»Ich hoffe, daß Ihnen das so recht ist, Herr Doktor«, sagte sie schüchtern. »Wenn Sie noch etwas brauchen ...«
»Danke, Schwester, es ist sehr schön so.«
»Laura wird gleich gebracht.« Sie lächelte und ging.
Ich hängte Hut und Mantel an einen Haken hinter der Tür. Es war ein sauberer, geräumiger, aber trostloser Raum mit einem Schreibtisch, einem Telefon und Wandschränken. Er ging auf einen endlos langen Korridor hinaus. Ich zündete eine Zigarette an und wartete auf Laura.
Ich muß zugeben, daß ich mich dabei immer unbehaglicher fühlte. Hatte ich mir zuviel zugemutet? Was würde geschehen, wenn ich versagte? Warum hatte ich nicht eines der anderen Mädchen ausgewählt, die ebenfalls Hilfe brauchten, bei denen aber die Hoffnung auf Heilung größer war? Ich versuchte mich zu entspannen.
Dann hörte ich Schritte weit hinten auf dem Gang und lehnte mich in meinem Stuhl vor. Zwei Gestalten waren zu sehen. Geführt von einer

Schwester, kam Laura auf mein Büro zu. Jetzt gab es kein Zurück mehr. Ich hatte mich festgelegt.

Als »Gehen« konnte man diesen mühsamen Vorgang kaum bezeichnen. Das Mädchen hielt den Kopf gesenkt und lehnte sich fast bei jedem Schritt zum Halt an die weihnachtlich geschmückte Wand. Hin und wieder schob die Schwester, die geduldig neben ihr herging, eine stützende Hand unter ihre Achsel oder legte den Arm um ihren gekrümmten Rücken. Mir wurde wieder einmal klar, was für ein Wunder doch der Mensch ist – die Muskelanpassung zur Aufrechterhaltung des Gleichgewichts beim Gehen nehmen wir als so selbstverständlich hin, sie ist, wie die Sprache, so echt menschlich, daß wir erst darauf aufmerksam werden, wenn sie versagt. So erging es mir jetzt, als die Schwester dem Mädchen auf einen Stuhl neben meinem Schreibtisch half.

»Laura, das ist der Herr Doktor, von dem ich dir erzählt habe. Er möchte sich ein bißchen mit dir unterhalten.«

»Hallo, Laura«, sagte ich.

»Rufen Sie mich, wenn Sie mich brauchen, Herr Doktor«, sagte die Schwester und nickte mir verständnisvoll zu, ehe sie ging.

»Hallo, Laura«, versuchte ich es leise noch einmal.

Sie saß gekrümmt, mit hängendem Kopf und völlig reglos da. Ihr dunkelblondes Haar sah wirr und strähnig aus. Die Kleider waren sauber. Der dunkelblaue Rock, den ihre Altersgruppe im Heim trug, war gut gebügelt, aber die Bluse war falsch geknöpft. Sie trug eine dicke Brille, und ich bemerkte, daß sie stark schielte. Die linke Gesichtshälfte war durch die Brandmale schwer entstellt, die Haut an manchen Stellen fast dunkelrot. Die Beine steckten in ordentlichen hellbraunen Nylons, waren jedoch durch hervortretende Krampfadern verunstaltet.

Sie sagte nichts. Sie bewegte sich nicht. Sie hob nur die rechte Hand, sehr langsam und bedächtig, so daß ich mir einen Augenblick überlegte, was sie nun tun würde. Ihre Nase lief; schwerfällig wischte sie den Tropfen mit dem Handrücken fort und legte die Hand dann zurück in den Schoß.

Bei diesem ersten Interview – oder Zusammentreffen – wurde ich geradezu hypnotisiert von dem Tropfen an Lauras Nase, der sich in regelmäßigen Abständen immer wieder bildete. Würde sie ihn wegwischen? Oder nicht? Manchmal tat sie es, manchmal nicht. Aber damals klammerte ich mich an Strohhalme und versuchte mir einzureden, daß es jedesmal ein Zeichen von Selbstachtung und menschlicher Würde sei, wenn sie ihn wegwischte. Denn es stand viel schlimmer um sie, als ich angenommen hatte. Obwohl ich die Unterlagen genau studiert hatte, wußte ich, daß ich sehr viel mehr über den Fall erfahren mußte und daß noch ein weiter Weg vor mir lag.

»Bald ist Weihnachten, Laura. Ich habe das Fest gern, du auch?«

Es ist eine niederschmetternde Erfahrung, einem anderen menschlichen Wesen gegenüberzusitzen, das zwar existiert, aber nicht wirklich lebt, das fühlen kann, aber nicht wirklich fühlt, das denken kann, aber nicht wirklich denkt. In jenen ersten Augenblicken war die Stille zwischen uns betäubend. Sie schien greifbar zu sein, das Zimmer auszufüllen, bis hinaus in die Gänge zu fließen und von dort durch das ganze Heim. Ich mußte sie bezwingen. Und so beschloß ich, daß wenigstens ich mit Laura sprechen würde, wenn sie schon nicht mit mir sprechen konnte.

So begann ich mit einem Monolog, der einer von Hunderten wurde. Da Laura nicht die geringste Reaktion zeigte, hatte ich keinerlei Anhaltspunkte. Ich sprach sozusagen blind. Ich hätte ebensogut Unsinn reden können – und ich bin nicht sicher, ob ich es nicht manchmal tat.

Ich wußte nicht einmal genau, ob sie mich hören konnte. Vor mir lag ein weiter Weg in völliger Dunkelheit. Bei meinen ersten tastenden Versuchen damals, als ich krampfhaft überlegte, was ich zu diesem dahinvegetierenden Wesen sagen sollte, hielt ich mir immer wieder vor Augen, was sie alles durchgemacht hatte. Ich machte mir mit dem Gedanken Mut, daß sie doch eigentlich erst ein Kind von sechs Monaten war, das man ständig verletzt hatte. Trotzdem drohte meine Kraft zu erlahmen. Es schien eine übermenschliche Aufgabe zu sein, diesen Geist aus seiner Isoliertheit herauszulocken.

»Hör mal, Laura«, sagte ich so sanft wie möglich, »wir werden uns zweimal in der Woche sehen. Vielleicht können wir spielen, oder wir reden, oder wir sitzen nur einfach hier.«

Ihr Kopf blieb gesenkt, der Körper unnatürlich starr. Lebenszeichen waren kaum wahrzunehmen. Nach weniger als einer Stunde rief ich die Schwester. Sie kam und geleitete Laura liebevoll den weiten Weg zurück in ihr Zimmer.

Statt mir Notizen zu machen, wie ich es sonst zu tun pflege, saß ich in der Stille, die Laura hinterlassen hatte, und versuchte nachzudenken. Ich sah mich im Zimmer um. Es war viel zu groß für ein so kleines Mädchen, es mußte sie verängstigen. Auch gab es zuwenig Anregung darin, es waren keine Gegenstände vorhanden, die ihr ins Auge fallen und für mich Anknüpfungspunkte bilden konnten.

Ich rief die Oberin an. Ihre klangvolle Stimme meldete sich sofort. Ich trug ihr meine Wünsche vor.

»Ja, Herr Doktor, ich verstehe schon. Wir werden Ihnen alles besorgen.«

Ich zögerte. »Übrigens, ich muß auch mit ihrer Gruppenmutter sprechen.«

»Das ist schon veranlaßt.«

Diesmal zögerte ich noch länger.

»Sind Sie noch da, Herr Doktor?«

»Ich glaube, ich sollte auch noch einige andere Schwestern kennenlernen, die mit den Kindern zu tun haben.«
»Jederzeit«, antwortete die Stimme. Wir hängten ein.
Ich stand auf, seltsam erschöpft. Mein Monolog hatte mehr von mir verlangt, als ich mir eingestehen wollte. Gewöhnlich bin ich derjenige, der bei solchen Gelegenheiten zuhört.
Ich wollte die Schwestern, die sich um Laura kümmerten, und die Kinder, unter denen sie lebte, deshalb kennenlernen, weil das Heim Lauras Familie war. Man konnte ihr Leben bisher in drei Abschnitte einteilen: die kurzen, quälenden eineinhalb Jahre bei ihren Eltern, dreieinhalb Jahre im Krankenhaus und in der Kinderkrippe und dann sieben Jahre hier im Heim. Das Heim kam dem Begriff »Familie« für Laura wohl am nächsten. Außerdem wollte ich alles über ihre Eltern erfahren. Aus den Unterlagen gingen nur wenige Einzelheiten hervor, Altersangaben, Familienanlagen und die üblichen bruchstückhaften Informationen, die jede Krankengeschichte enthält.
Warum hatten sie versucht, ihr einziges Kind zu töten? Die Antwort bestand aus Klischees, die mir auf jeder Seite entgegenstarrten: »Psychose«, »Alkoholismus«, »Perversion«, mit denen sich die Gesellschaft vor sich selbst entschuldigt und die »Guten« fein säuberlich von den »Bösen« trennt. Ich mußte mehr über diese Leute wissen. Ich rief Dorothy an.
Wenig später teilte sie mir mit, daß sich beide zur Zeit in einer hiesigen Nervenklinik befänden. Sie gab mir nähere Hinweise, wo ich sie finden könne.
Ich dankte ihr und machte mich auf den Weg nach Hause. Es war ein ereignisreicher Tag gewesen.

4

Am nächsten Morgen rief ich meine Sekretärin an und bat sie, meine Termine für diesen Tag auf den Nachmittag zu verschieben. Ich wollte Lauras Eltern besuchen.
Eine halbe Stunde später befand ich mich in einer Stadt innerhalb der Stadt. Wieder hatte ich ein gesichtsloses Gebäude vor mir, das sich über drei oder mehr Häuserblocks erstreckte, und wenn auch auf den Mauern um diesen grauen Klotz kein Stacheldraht gespannt war, so hatte doch jedes Fenster ein Eisengitter.
Drinnen wies man mich durch schmutzige, düstere Gänge. Die Beleuchtung war armselig, die Ölfarbe blätterte von den rissigen Wänden. Teilnahmslose Gruppen standen beieinander oder schlurften ziellos in Hausschuhen umher – manche weiß, manche schwarz, manche gelb,

manche grau. Diese vergessenen Mumien, die durch leere Stunden starrten, murmelten gelegentlich etwas, wenn ich vorüberging, gaben aber sonst kaum Lebenszeichen von sich. Sie lehnten an den Wänden, wie einbalsamiert und noch nicht begraben.

Auf der Männerstation traf ich Dr. Crager, einen kleinen, untersetzten Mann in den Vierzigern, der meinem Wunsch mit höflichem Erstaunen begegnete. Er rieb sich die Stirn und mutmaßte unbestimmt: »Muß neu hier sein. Auf jeden Arzt fallen ungefähr zweihundert Patienten. Sie kommen und gehen, es ist schwer, sie im Auge zu behalten. Holen wir seine Unterlagen.«

Im Büro wurde uns Martin Meyers Krankengeschichte gereicht. Der Umfang der Akten zeigte deutlich, daß er keineswegs ein Neuling im Krankenhaus war.

Dr. Crager durchblätterte die Berichte kurz. »Das dritte Mal hier in zehn Jahren. Nicht schlecht. Diesmal sind es bis jetzt vier Monate. Paranoide Schizophrenie, kompliziert durch chronischen Alkoholismus.« Er leierte diese Begriffe herunter und schüttelte lächelnd den Kopf. »Interessanter Bursche. Die Frau ist auch hier, auf der Frauenstation. Merkwürdiges Paar, zusammen können sie nicht leben, und getrennt geht's anscheinend auch nicht. Ich lasse ihn gleich holen.«

Er führte mich zurück durch die trostlosen Gänge in eine kleine Zelle, in der ein beschädigtes Bett und ein hölzerner Stuhl standen.

»Leider habe ich im Augenblick nichts Besseres, aber wenn Sie allein sein wollen ...«

»Das reicht schon«, sagte ich. »Danke.«

Dr. Crager ging mit einem Kopfnicken. Ich zog den Mantel aus und suchte nach einem Kleiderhaken. Es gab keinen: keine Haken für Mäntel, an denen sich auch ein Mann aufhängen konnte. Die einzige staubige Glühbirne war in die Decke eingelassen und mit einem schweren Gitter überdeckt. Kein Patient konnte hier seinem Elend durch einen Griff in die elektrische Leitung ein Ende bereiten. Ich zog den Stuhl unter das vergitterte Fenster und begann zu lesen:

Martin Meyer, 51, Ältester von fünf Geschwistern (Evelyn, Sandra, Phyllis, Paul) ...

So begannen die Aufzeichnungen. Es handelte sich anscheinend um eine Einwandererfamilie. Der Vater betrieb ein Obstgeschäft; über dem Laden lag die Dreizimmerwohnung der Familie. Man konnte sich leicht ein Bild machen: ein Ausguß, ein Wasserklosett mit Kette, abgenutztes Linoleum, baumelnde Glühbirnen und eine Wäscheleine, die am Ofenrohr befestigt war und wiederholt eine Rolle in den Berichten spielte, die später von Martins Tonbandaufnahmen gemacht wurden.

Der Junge schlief mit seiner drei Jahre jüngeren Schwester Evelyn in einem Raum und war nach Angabe der Eltern ein ruhiges, schwerfälliges

Kind, ein »guter Junge«, der es eines Tages noch zu etwas bringen würde. Er mußte zu viel arbeiten, um Freundschaften mit Nachbarkindern schließen zu können. In den wenigen Augenblicken, in denen ihn der Vater im Laden nicht brauchte, spielte er lieber mit seinen Zinnsoldaten, als daß er mit den anderen herumtobte. Er war, mit einem Wort, »anders«. Das Wort kam in den Akten, die ich vor mir hatte, häufig vor. »Zieht es vor, allein zu sein ... ist gerne für sich ...«

Die Mutter, Frau Meyer, war wohl eine kränkliche Frau, wenn man auch nur schwer feststellen konnte, ob sie nun wirklich so krank war oder ihre Krankheit nur dazu benutzte, ihre Kinder im Zaum zu halten. (Als ich weiterlas, schien mir letzteres der Fall zu sein.) Martin liebte sie und hatte Mitleid mit ihr, was sie für sich ausnutzte: Sie ließ ihn Besorgungen machen, den Laden ausfegen und ähnliches. Bis dahin enthielten die Unterlagen nichts Ungewöhnliches über Lauras Vater. Als ich dann aber umblätterte, kam ich zu der Krise in seiner Jugend, die sich zu einem Alpdruck halbverstandener Schuld entwickelte und schließlich auf seine Tochter zurückfiel.

Evelyn, die Schönheit der Familie, ein schlankes Mädchen mit langem, schwarzem Haar, war Martin Meyers Knabenliebe. Martin hatte den Ärzten in allen Einzelheiten geschildert, wie gern er die schwarzen Haarmassen der Schwester bürstete. Sie verlangte oft, daß er so kräftig strich, daß ihr der Rücken weh tat. Nachts lag Martin oft wach neben ihr und rieb die weichen Haare zwischen den Fingern, sorgsam darauf bedacht, die Schwester nicht zu wecken. Und dann erkrankte Evelyn ein paar Tage vor ihrem fünfzehnten Geburtstag lebensgefährlich an Kinderlähmung und wurde in aller Eile ins Krankenhaus gebracht. Im Haushalt hörte man nur noch ein qualvolles Flüstern zu den Tränen der Mutter und dem Stöhnen des Vaters. Plötzlich drohte der Wunsch, den Martin aus Neid insgeheim gehegt haben mochte, Wirklichkeit zu werden – der Wunsch, die geliebte Schwester möge sterben. Die verdrängte Verachtung, die er für sich selbst empfunden hatte, als er so neben ihr lag und ihr Haar streichelte, während sie schlief, erreichte ihren Höhepunkt. Er war nahe daran, Sieger und Besiegter zugleich zu sein.

Evelyn blieb dann zwar am Leben, aber sie kam in einem quietschenden Rollstuhl nach Hause zurück, von der Taille abwärts gelähmt. Für Martin war es ein Tag, den er nie vergessen sollte, ein Tag, der ihn verfolgte. Monatelang war er »bedrückt«, wahrscheinlich wie erstarrt in einer Mischung aus Angst und Schuld beim Anblick seiner unbeweglichen Schwester. Wenn ein Mensch plötzlich zum Krüppel wird, muß er nach einem neuen Selbst suchen. Er muß es hinnehmen und ist darauf angewiesen, daß dieses Selbst von außen her, von der Umwelt bestimmt wird. Martin war nicht in der Lage, Evelyn in dieser Hinsicht zu helfen. Statt dessen schloß er sich immer mehr an die Mutter an, und je mehr er das tat, desto mehr verwickelte sie ihn in die Pflege der Schwester. Es war ein schrecklicher Teufelskreis, aus dem er nicht ausbrechen konnte. Später, bei den Gesprächen im Krankenhaus, ging ihm langsam auf, wie die beiden Frauen ihn mehr und mehr versklavten, aber damals gab es kein Entkommen. Er hatte Beine – Evelyn nicht. Er konnte gehen und laufen – sie war hilflos und schien entschlossen, ihn zu der gleichen Hilflosigkeit zu degradieren. Sie lernte befehlen. Ein grausames Rufsystem setzte sich durch. Wenn sie dreimal mit einem alten Schuh auf den Linoleumboden schlug, so bedeutete es, daß Martin aus dem Laden nach oben kommen mußte, und zwar gerannt.

Schließlich kam der Tag, an dem der Bursche, immer gereizter, zurückschlug, und als er sie verletzte, verletzte er sich selbst: »Du bist nichts als ein Krüppel. Jetzt wirst du *niemals* einen Mann bekommen«, schrie er sie an. Und dann: »Du kannst dein Haar jetzt ebensogut abschneiden und es kurz lassen. Für immer.«

Ich konnte mir die darauffolgende Szene vorstellen, wie die Ärzte sie nach und nach aus Martin herausholten: die kränkliche Mutter, die mit wutverzerrtem Gesicht mit dem Jungen tobte, ihn auf den Kopf schlug und ihn schließlich zwang, seine Schwester *auf den Knien* um Verzeihung zu bitten. Darauf hatte man bestanden. Er hatte das Gefühl, daß Evelyn ihn haßte. Seine Mutter haßte ihn. Er rieb und putzte seine Soldaten, bis sie strahlten und glänzten. Aber es gab nirgends Sicherheit ... Dann kam seine Rache.

Man hatte ihm befohlen, mit Evelyn hinaus an die frische Luft zu gehen. Er rollte sie bis an den Rand der Haustreppe und ließ ihren Rollstuhl dort in der Schwebe, schob ihn immer mehr an den Rand heran, bis er ganz sicher war, daß Evelyn vor Angst zitterte. (»Ich hatte Freude an ihrer Angst«, hieß es wörtlich.) Das Mädchen begann zu schreien, und ihre Furcht jagte ihm einen Schauer der Erregung über den Rücken. Evelyn bettelte, bettelte und flehte inständig, aber Martin schob den Rollstuhl ganz langsam immer weiter an den Rand, bis sie schließlich wimmerte. Und erst dann zog er den Stuhl zurück, zurück auf sicheren Boden.

Die Jahre vergingen. Für die Ausbildung des Jungen wurde nicht viel getan. Mit siebzehn verließ er die Schule und arbeitete voll im Laden mit; gleichzeitig mußte er natürlich dem hartnäckigen Schuhklopfen oben an der Decke gehorchen (sofort!).

Es war paradox, daß Evelyn immer schöner wurde. Man überschüttete sie mit Geschenken. Besonders ihre Vorliebe für Erdnuß-Krokant wurde erwähnt. Martins eigener achtzehnter Geburtstag blieb ihm durch den verächtlich kleinen Kuchen in Erinnerung, der verbilligt gekauft wurde, da er über einen Tag alt war. Mutter und Schwester wurden immer geschickter darin, in dem großen Burschen Gefühle von Schuld und Selbstsucht zu schüren.

Und ein großer Bursche blieb er. Abgesehen von dem hoffnungslosen Zustand äußerster Sinnlosigkeit, in dem er sich befand, ging aus den Akten wenig davon hervor, was zwischen Martins achtzehntem und seinem dreißigsten Geburtstag geschah.

Doch aus dem Wenigen konnte ich mir das Wesentliche zusammenreimen. Die Geschichte war nicht so ungewöhnlich. Martin sank zum bloßen Werkzeug herab, dessen sich die kränkelnde Mutter und die verkrüppelte Schwester nach Belieben bedienten. Je älter er wurde, desto mehr provozierte ihn Evelyn mit ihren Beleidigungen. Es war nur natürlich, daß seine angsterfüllte Hilflosigkeit ihn rasend machte. Er wußte, daß er durch seine Gefühle gebunden war, und erkannte die Ironie, daß er nach der Unterjochung durch Mutter und Schwester jetzt auch noch Gefangener seiner selbst war.

Äußerlich verlief sein Leben ereignislos. Der Vater bezahlte ihm ein geringes Gehalt. Martin arbeitete täglich viele Stunden und versuchte (wie er selbst zugab), seinen Körper zu ermüden, damit sein Geist ihn in Ruhe ließ.

Dann kam der Tag, an dem sein bereits übersensibles Unbewußtes wiederum größter Qual ausgesetzt wurde – der Tag, an dem das Mädchen, seine eigene Schwester, seine Männlichkeit beleidigte.

Die Meyers hatten wenig Verkehr und gingen selten aus. Der Abend ihres einunddreißigsten Hochzeitstages schien ihnen aber doch eine besondere Gelegenheit zu sein, die Mr. Meyer mit seiner Frau in einem Restaurant in der Nähe feiern wollte. Martin würde ja wie üblich zu Hause sein und konnte sich um Evelyn kümmern. Die anderen Kinder waren alt genug, für sich selbst zu sorgen.

Als die Meyers fort waren, saß Martin da und starrte Evelyn an. Bald würde er das Abendessen kochen und hinterher die Küche aufräumen. Aber eine Weile starrte er Evelyn nur an und jagte ihr allmählich Angst damit ein. Zur Vergeltung begann sie zu sticheln. Er war aufgestanden, den Rücken zu ihr gewandt, und zerbrach Holzkisten in den riesigen Händen; die Bretter stapelte er neben dem knisternden Ofen auf. »Kannst du nichts sagen?« schrie sie ihn an. »Sprich mit mir. *Sprich doch.* Warum kannst du nicht sprechen?«

So muß es weitergegangen sein, während Martin das Holz zerbrach und stapelte und den gierigen Flammen zusah, wenn er den rotglühenden Deckel hob.

»*Sag doch etwas.* Wieso gehst du eigentlich nicht mit Mädchen, he, Martin? Es muß doch irgendwo irgendwelche Mädchen geben, die sogar *dich* interessant finden.« Hohn und Spott hatten allmählich zugenommen wie die Bretter der Obstkisten, die die großen Hände immer schneller zerbrachen. In der Analyse gab Martin später zu, daß er merkte, wie er die Beherrschung verlor. Eine Krise stand bevor.

»Und wie ist es mit Jungen?« fuhr die Stimme fort, und Martin versuchte, sie zu überhören. »Ja. Vielleicht magst du Jungen?« Und dann kam es klar und deutlich. »Martin, hörst du? Was ist ein Schwuler?« Seine Hände begannen sich zu bewegen, er versuchte, sich auf sie zu setzen, aber sie krochen unter ihm hervor »wie lebendige Wesen«. Er sah ohnmächtig zu, wie sie sich bewegten. Und die allwissende Stimme der Frau, die er über alles bewunderte, traf ihn wie ein Peitschenhieb: »Bist du ein Schwuler, Martin?«

Martin, der die Beherrschung völlig verloren hatte, wurde von Entsetzen gepackt. Er hörte Musik, so erzählte er einem Arzt, sah Bilder seiner Mutter aufblitzen, Erinnerungen an die Kindheit, offene Flammen, die ihm entgegenzüngelten. Bei einem anderen Arzt fiel ihm ein, daß er in diesem Augenblick sah, wie er von einem hohen Gebäude hinunterfiel, sich immer wieder überschlug und schließlich den dumpfen Aufprall seines Körpers auf dem Boden hörte. In Wirklichkeit hatte er sich auf seine Schwester gestürzt, sie gepackt, aus dem Rollstuhl gerissen und aufs Bett geworfen. Seine Hände hatten sich »wie von selbst« um ihren Hals gespannt, und er versuchte, sie zu erwürgen.

Einen Augenblick oder eine Ewigkeit später spürte Martin, daß er auf den Boden geschleudert wurde. Sein Vater beugte sich über ihn und schlug ihn ins Gesicht. Und über die gequälten Lippen seiner Mutter, die die schluchzende Schwester umschlungen hielt, kamen die Worte: »Raus mit dir, raus mit dir hier. Komm nie wieder zurück. *Sofort raus.*« Niemals vergaß Martin Meyer diese Worte. Er packte seine wenigen Habseligkeiten in eine alte Einkaufstasche und ging hinaus auf die Straße. In dieser Nacht schlief er im Laden, den er durch ein schlecht verriegeltes Fenster betrat. Vom nächsten Tag an streunte er durch die Straßen.

Ich lehnte mich zurück und dachte über das Gelesene nach. Ich hörte ein Füßeschlurfen vor der Tür und war so gefesselt von den Aufzeichnungen, daß ich beinahe glaubte, Martin selbst stehe draußen.

Von nun an wurden die Berichte jedoch dürftig und unzusammenhängend. Alle Informationen, die Martin über den nun folgenden Abschnitt seines Lebens gab, bestanden aus einer Aufzählung von Jobs, die er für kurze Zeit ausübte. »Tellerwäscher ... Putzer ... Automechaniker ... Hilfsarbeiter ... Telegrafenbote ...« Eine Zeitlang bettelte er sogar in den Untergrundbahnen. Hauptsächlich aber spezialisierte er sich darin, aus Unterkünften zu verschwinden, bevor er die Miete bezahlt hatte. Ein Mietschwindler also. Schließlich fand er einen Posten in O'Reilly's Bar und Grill.

Hier arbeitete er als Geschirrspüler und half auch beim Bedienen. Wann immer er konnte, fand er sich an der Bar ein, denn in dem rosaroten Zwielicht bei O'Reilly gab es freie Drinks. Alkohol, Frauen und Wärme – sie alle drei machten Martin zum Mann. Er konnte schließlich doch

»jemand« sein. Eines Abends erzählte ihm ein »Kunde« von einer »gewissen kleinen Organisation«, die dringend auf der Suche nach Talenten sei. Martin Meyer begann mit dem Geldverleih.

Jetzt ging es mit seinem Glück aufwärts. Zum erstenmal hatte er eine Machtstellung inne – und Frauen traten in sein Leben. Es gab viele, aber in den Berichten waren es hauptsächlich Namen. Er zeigte eine deutliche Vorliebe für sehr anschmiegsame, unterwürfige Frauen, die zu ihm wie zu einem Vater aufsahen. Für ihn waren alle Frauen hilflose Kinder, und wenn sie blind gehorchten, war er eitel Wohlwollen. Zeigten sie sich jedoch herrschsüchtig, beschimpfte er sie heftig. Am Inkassotag wurde er zum Leuteschinder.

Er war der Gewinner und seine nichtzahlenden Kunden die Verlierer. Er wurde zum primitiven, böswilligen Geschöpf, das kein Mitleid kannte.

Auf der Höhe seines neugewonnenen Ruhms nahm er allen Mut zusammen und ging seine Familie besuchen. Auf dem Hinweg kaufte er Geschenke, Blumen für seine Mutter und Erdnuß-Krokant für seine Lieblingsschwester. Es war eine unheimliche Begegnung.

Martin betrat die knarrende Treppe, wo er einst die flehende Evelyn in ihrem Rollstuhl zwischen Leben und Tod schweben ließ. Und dort oben stand, wie in einem schlechten Traum oder einem Schauerroman, eine abgehärmte Frau mit eingefallenen Wangen, ein schwarzes Tuch um die Schultern gelegt.

»Mutter«, rief er aus. »Wie geht es dir, Mom? Donnerwetter, du siehst ... prima aus.«

Nachdem er die ersten Stufen hinaufgestolpert war, erstarrte er. Die zerbrechliche Gestalt, ganz in Schwarz, sagte kein Wort. Sie umklammerte nur das Geländer fester. Er sprach sie erneut an, ließ seine Pakete fallen, streckte ihr die Blumen entgegen. Doch das unheilvolle Schweigen hielt an.

»Was erwartest du denn? Soll ich etwa auf den Knien betteln?«

Seine Stimme hob sich, die Nasenflügel zuckten. Erst nach einer langen Pause sprach die gespenstische Erscheinung.

»Mein Sohn Martin«, sagte sie in leidenschaftslosem, leerem Ton, »ist vor einiger Zeit gestorben. Er hat unser Haus verlassen. Wir haben eine Woche um ihn getrauert.«

Aber er lebe ja, protestierte Martin, hier stehe er doch vor ihr, ihr eigener Sohn.

»Martin ist tot und begraben. Martin ist in der Hölle.«

Die Augen blickten über ihn hinweg und durch ihn hindurch, bis er voller Verzweiflung und wachsender Angst die Treppe vollends hinaufstolperte und ihr den Erdnuß-Krokant hinhielt.

»Sieh mal, Mom. Ich habe jetzt Geld. Ich bin wer. Ich habe Evelyn etwas mitgebracht, ich weiß, daß sie es mag, es war immer ihr Lieblings ...«

Aber wie eine gesprungene Schallplatte fuhr die Stimme fort: »Evelyn ist tot. Martin, unser Sohn, hat Evelyn getötet.«
Da wich er mit entsetzten Augen zurück. Unter seinem dichten Haar bildeten sich Schweißtropfen.
»Sie starb an gebrochenem Herzen, drei Wochen, nachdem Martin unser Haus verließ.«
So hatte seine Mutter gesprochen, berichtete Martin Meyer, bei dieser seltsamen Begegnung nicht nur mit seiner Vergangenheit, sondern auch mit allen verborgenen Ängsten seines Unbewußten. Er protestierte erneut, aber seine Mutter wandte sich ab. Als spräche sie ins Leere, hörte Martin sie noch sagen: »Evelyn ist tot. Du hast sie millionenmal getötet, Martin. Du bist ein Tier. Verlaß dieses Haus und komm nie wieder.«
Was dann geschah, war unklar, selbst für Martin. Aus den Berichten ließ sich schwer erkennen, was Wirklichkeit und was Phantasie war, was er getan oder was er nur geträumt hatte.
Zumindest schien er erregt und wie betäubt durch die Straßen gewandert zu sein, bis es dunkel wurde und die Lichter sich in den regennassen Straßen spiegelten. Bei einer Gelegenheit erinnerte er sich, daß es heftig regnete, aber er selbst spürte nichts. Ein stechender Schmerz hämmerte in seinem Kopf und vermischte sich mit dem Hupen der Autos, dem Rattern der Hochbahn und dem plärrenden Lärm aus den Bars. Schweiß stand ihm auf der Stirn, seine Hände kribbelten, sein Schritt wurde rascher. Hin und wieder begann er zu laufen und blickte über die Schulter zurück nach den Stimmen, die seinen Namen riefen.
»Ich hatte keine Angst«, versicherte er dem Arzt immer wieder, »es war niemand da.«
Er lief durch den Eingang einer U-Bahn-Station, sprang in den ersten Zug, lockerte den Kragen und starrte die Leute an. Aus irgendeinem Grunde ärgerten sie sich über ihn. Warum? Er mußte ruhig bleiben. »Was haben Sie gesagt?« fragte er dann und wann, wenn der Zug auf einer Station hielt. »Was ist los? Antworten Sie doch.«
Sie flüsterten. Er konnte es nicht länger aushalten, stieg aus, lief die Treppe hinauf, durch die Straßen und erklomm die vielen Stockwerke zu seinem Zimmer. Dort warf er sich aufs Bett. Er mußte sich beruhigen, sich verstecken. Er zitterte am ganzen Leibe.
Die Stunden vergingen. Er lag da und versuchte jeden einzelnen Laut im Zimmer mit fast wahnsinniger Konzentration zu bestimmen. Schließlich hörte er einen, der etwas ungewohnt klang. Eine Katze miaute draußen. Er öffnete die Tür, nahm sie herein und streichelte das weiche Fell. Er bot ihr anscheinend sogar den Erdnuß-Krokant an, den sie aber verschmähte.
Er legte sich wieder hin, die Katze in den riesigen Händen, aber die Kopfschmerzen wurden immer schlimmer, und auch die Laute kamen

wieder und schwollen schließlich zu einem chaotischen Getöse anklagender Stimmen an. Er wand sich auf dem Bett und schrie: »Aufhören! Bitte, bitte. Bitte aufhören, sage ich.«

Die erschreckte Katze sträubte sich in seinem Griff, und er mußte das weiche Fell am Hals sehr heftig drücken, bis der schlaffe, samtige Klumpen zu Boden fiel und Martin Meyer sich den Stimmen stellte, auf den Gang hinausraste und kreischte und schrie: »Ich habe sie getötet ... ich habe meine Schwester getötet ... laßt mich in Ruhe!«

Aus den Akten ging hervor, daß ein gewisser Martin Meyer, achtunddreißig Jahre alt, an diesem kalten Oktobermorgen um zwei Uhr früh in eine Nervenklinik eingewiesen wurde. Er war nur leicht bekleidet und brabbelte ständig etwas über Erdnuß-Krokant vor sich hin. Seine halluzinatorischen Zustände waren so lang und eintönig wie die Tage, die er, in Depressionen versunken, auf der Krankenhaus-Bettstelle verbrachte. Die Ärzte fragten ihn nach den Stimmen, aber er schüttelte nur den schweren Kopf. Waren sie wirklich? Eingebildet?

Dann rollten sie ihn zum erstenmal zur Schocktherapie in den Behandlungsraum. Seine Aufnahme in diese Hölle hat er in erbarmungslosen Einzelheiten beschrieben. Da waren drei Schwestern und ein stämmiger Negerwärter, der Martin immer wieder den Schweiß von der Stirn wischte, als die Räder des Rollwagens unter ihm auf den billigen Fliesen quietschten.

»Immer mit der Ruhe, mein Junge. Ich laß nicht zu, daß sie dir was tun. Wenn du dich jetzt nicht sträubst, wirst du überhaupt nichts merken.«

Vergitterte Lampen zogen in gleichmäßigen Abständen über ihm vorbei, und das Murmeln an seiner Seite erinnerte ihn an Leute, die beten. Dann blieb die Vierer-Prozession stehen und sah traurig auf ihn herab, so als wollten sie Lebewohl sagen. Der große Mann bäumte sich auf.

Da erstarrten die Körper um ihn herum wie Marionetten und drückten ihn plötzlich heftig auf den Wagen hinab, um ihn festzuhalten.

Fachmännisch verstopfte eine Schwester seinen Mund mit einem roten Gummischlauch; eine andere stellte die Skala auf einer glänzenden Maschine ein, von der Drähte auf ihn zuliefen. Die dritte rieb seine Schläfen für die Elektroden ein.

»Nicht sträuben jetzt, Junge, dann passiert dir nichts. Warte nur.«

Der Gummistreifen auf Martin Meyers Stirn war kalt, und als er viele Stunden später die Augen wieder öffnete, fühlte sich seine Zunge doppelt so groß an wie sonst, er hatte fürchterliches Kopfweh, und der Neger-Pfleger neben ihm lächelte.

»Na, was habe ich dir gesagt, Junge?«

Die folgenden Schockbehandlungen schienen sehr wenig Änderung zu bewirken. Beim Anblick des hereingerollten Wagens brach Martin Meyer sehr bald in wilde, hysterische Anfälle aus.

Drei Monate später wurde er schließlich entlassen, ein verwundeter, verwirrter Mann, seltsam gleichgültig. In dem schlaffen Körper steckte fast gar keine Zuversicht mehr.
Was tat Martin dann? Die Unterlagen waren nicht immer eindeutig. Hilfshausierer, Hüttenarbeiter, Kranführer, Fabrikarbeiter, Gelegenheitsarbeiter, Lastwagen-Beifahrer – die Beschäftigungen waren gewöhnlich seiner Körpergröße angepaßt. Aber bei solchen Jobs lag ihm die Welt nicht zu Füßen. Und wieder lockte ihn die Macht des Geldverleihers. Hier war er immer obenauf gewesen. Ein echter Sieger.
Was er verdiente, ging in Whisky auf. Es war nicht leicht für ihn, nach dem Aufenthalt in der Klinik wieder in das alte Leben zurückzufinden, das er nach dem Verlassen seiner Familie geführt hatte, doch mit Hilfe des Alkohols gewann er allmählich etwas Mut zurück. Whisky wurde sein Beruhigungsmittel, und mit jeder Woche, die verging, brauchte er mehr. Allmählich trank er nicht nur am Abend, sondern fing schon am Morgen damit an, und schließlich nahm er jede Stunde einen Drink. Die Wirkung des Alkohols auf ihn war erstaunlich: Er löste seine Zunge, befreite seine Gefühle und vertrieb die vielen fixen Ideen und immer wiederkehrenden Grübeleien.
Mit der Zeit konnte Martin immer mehr Alkohol vertragen, und da er auch an Gewicht zunahm, wurde seine Widerstandsfähigkeit noch größer. Er genoß es, wenn die Leute freundlich zu ihm waren und er Kontakt in den verschiedenen Bars hatte.
Durch seine berufliche Tätigkeit und die Macht des Geldes fiel es ihm nicht schwer, Frauen zu finden, die er sexuell beherrschen konnte, während er gefühlsmäßig unberührt von ihnen blieb. Die Welt war in Martins Worten eine Männer-Welt, in der die Frauen ihren beschränkten Platz hatten. Er verbrachte seine Zeit auch gern mit Männern an der Bar, beim Essen oder bei Geschäften. Allmählich nahm die Zahl seiner männlichen Freunde zu, und sie erkannten ihn an. Er äußerte sich freimütig, manchmal gewagt, und die Gewandtheit, mit der er im Mittelpunkt stehen, Witze reißen, trinken und Geschichten erzählen konnte, gab ihm ein Ansehen, das er noch nie genossen hatte. Mitten in einem ernsthaften Gespräch kam es vor, daß Martin durch einen reizvollen Frauenkörper abgelenkt wurde. Die eingehende Schilderung seiner Liebesaffären entzündete die Phantasie seiner Umgebung und fachte seine eigene Begierde noch mehr an.
In einer solchen Stimmung befand er sich, als er Adeline begegnete. Sie saß allein in einer Bar, die Martin häufig besuchte. Ihre zarte Haut und ihr langes, schwarzes Haar zogen ihn sofort an. Er starrte sie fast eine Stunde lang an, während er sich mit Whisky Mut machte. Eine sanfte Weiblichkeit umgab sie, eine Zartheit, die er bei den Frauen, mit denen er sich sonst umgab, nicht kannte. Er hielt sie für eine »Dame« in den Dreißi-

gern, aber es beunruhigte ihn, daß sie allein in einer Bar saß; für ein anständiges Mädchen schickte sich das nicht.
Er setzte sich neben sie und machte einen Annäherungsversuch. Er sprach höflich und freundlich, aber ernsthaft mit ihr, und sie war genauso ernsthaft und freundlich wie er. Sie gefiel ihm. Alle Zweifel, die er an ihrer Ehrbarkeit gehegt hatte, schob er beiseite, als er sie zum Essen einlud. Sie unterhielten sich weiterhin gut, und Martins wachsende Zuneigung zu Adeline war dem Gefühl eines scheuen Jünglings vergleichbar, der unbeholfen versucht, zu dem Mädchen, das er achtet und gern hat, nett zu sein. Es war ein neues Gefühl für Martin, und er nannte es Liebe.
Nach diesem Abend sahen sie sich häufig, und sein Gefühl für sie verstärkte sich noch. Sie war ein empfindsames, hilfloses, schönes Geschöpf, das ebenfalls aus zerrütteten Familienverhältnissen kam. Ihre Mutter starb, als sie zwei Jahre alt war. Schon von klein auf mußte sie deshalb für die vier Geschwister und den Vater sorgen. Als sie zehn war, heiratete der Vater wieder, eine viel jüngere Frau, und Adeline und ihre Stiefmutter vertrugen sich nie. Adeline respektierte sie jedoch und blieb ihrem Vater zugetan. Der Vater starb, als Adeline sechzehn war, und das Leben zu Hause wurde unerträglich.
Diese biographischen Einzelheiten über Lauras Mutter, die fünfunddreißig Jahre alt war, als Martin sie kennenlernte, ergaben sich bruchstückhaft aus den Unterlagen, die ich las. Weitere Angaben gingen aus den Personalakten der Frau selbst hervor, die ich später durchging. Ich schreibe sie hier nieder, damit Lauras Geschichte keine Unterbrechung erfährt.
Jedenfalls hatten die beiden, wie Dr. Crager richtig andeutete, vieles gemeinsam: im gleichen Maße das Verhältnis von Abhängigkeit und Wut, die wechselseitigen Bedürfnisse von Unterwerfung und Beherrschung. Hier war ein Lamm, dachte Martin, und er war nur zu sehr bereit, seine Liebe zu ihr dadurch zu beweisen, daß er sie heiratete. So besiegelte ein Friedensrichter drei Wochen später offiziell diesen heiligen Bund. Die Feier dauerte zwei volle Tage, da Martin und seine Frau sich einen Rausch nach dem anderen antranken. Das Durcheinander von leeren Whiskyflaschen, angebissenen Broten und leeren Kaffeekannen bildete den ständigen Hintergrund ihres Ehelebens. Als Adeline ihrem Mann mitteilte, daß sie ein Kind erwarte, sagte Martin geradeheraus: »Schau, daß du's los wirst.«
Ein andermal sagte er: »Ich kauf dir statt dessen einen Mantel. Du möchtest doch gern einen schönen, warmen Pelzmantel haben, nicht wahr, Liebling?«
Trotz des Geredes über einen Pelzmantel wurde jedoch das Leben für Martin Meyer immer schwieriger. Soweit ich zwischen den Zeilen lesen

konnte, setzte er seiner Kundschaft hart zu, ihre Schulden zu bezahlen. Dadurch vertrieb er viele zukünftige Kunden, und schließlich verlor er seine »Konzession«, wie er es gern nannte.

Er hatte kein Geld, eine schwangere Frau und nur eine winzige Kammer, und so verzagte er erneut, und seine alten Ängste befielen ihn wieder.

Adeline verbrachte anscheinend die Zeit meistens mit Schlafen und Trinken, und Martins Ängste trieben sie nur noch tiefer in diesen Zustand hinein, der sich bald der völligen Stumpfheit näherte. Das Paar schrie sich an und stritt sich, und mehr als einmal erhielt Adeline Prügel »zu ihrem eigenen Besten«.

Wenn er betrunken war, rief er ihr zu: »Ich bin dein Sohn . . . ich lebe . . . nenn mich nicht ein Tier . . . ich bin Martin, dein Sohn.«

»Kriech nur, Martin, kriech. Da sieh einer meinen starken Mann an, heult wie ein Baby. Wer hat jetzt Angst? Komm zu Mama, komm«, sagte sie einmal zu ihm.

Da kamen ihm die Tränen. Er griff nach der nächsten Flasche, schlug sie am Bettpfosten entzwei und ging mit der scharfkantigen Hälfte, die er in der Hand hielt, auf sie los. Aber der Anblick seiner ersten Tränen machte sie sicher, sie trotzte seiner Drohung.

»Los, Martin, warum tötest du mich nicht?«

»Ich habe Evelyn nicht getötet . . . Wer sagt, daß ich sie getötet habe? Ich habe nur eine Katze umgebracht. Ich hab ihr den verdammten Hals umgedreht.«

Er brabbelte weiter, der Gefahrenmoment ging vorbei, und eine Trink-Orgie folgte. Schließlich ging er an einem Vormittag weg und kam nicht wieder. Adeline wurde bewußt, daß Martin sie verlassen hatte.

Das Schreckgespenst ihres Lebens stand vor ihr. Sie war allein und einsam und erwartete ein Kind. Immer öfter ging sie abends in die Bar nebenan, um ihre Einsamkeit zu vergessen. Hin und wieder gabelte sie einen Betrunkenen auf, der ihren dicken Bauch nicht gesehen hatte, den aber das blasse Gesicht und das lange schwarze Haar anzogen, und ging mit ihm heim. Als sie eines Abends allein nach Hause stolperte, brach sie auf der Straße zusammen und wurde eilends ins nächste Krankenhaus gebracht, wo sie ein kleines Mädchen mit dem ersten goldenen Haarflaum zur Welt brachte. Eine Schwester schlug vor, sie solle das Kind Laura nennen.

Das Kind war ein Jahr alt, als es Martin einfiel, nach Hause zurückzukommen. Jetzt waren sie drei in der Kammer, eine zynische Adeline, der mürrische Martin und das goldhaarige Baby. Die Mutter versuchte erfolglos, die beiden zusammenzubringen.

Martin konnte mit dem Kind nichts anfangen.

Er berührte es niemals. Er gestand, daß er sich zwingen mußte, an seinen ausgestreckten Armen mit abgewandtem Gesicht und zusammengepreßten Lidern vorüberzugehen. »Ich weiß nicht, was mit mir los war«, sagte er. »Aber sie hat zuviel geschrien.«

Das Kindergeschrei, so kam es ihm vor, verschlimmerte seine heftigen Kopfschmerzen noch.

»Kinder sind wie alle anderen Menschen«, beschwerte er sich einmal bei Adeline. »Wenn man nicht aufpaßt, wachsen sie einem über den Kopf.«

Das Kind brüllt. Kopfschmerzen. Die Nachbarn beschweren sich. Die Meyers mußten umziehen. Durch einen Zechgenossen hörten sie von einer Wohnung über einer Bäckerei, und eines Nachmittags zogen sie dort mit ein paar Möbelstücken, einem Vorrat an Alkohol und dem kleinen Mädchen ein. Es dauerte nicht lange, ehe die Nachbarn sich auch hier beschwerten.

»Wenn dieser Satansbraten schreit«, stöhnte Martin Meyer und hielt den schweren Kopf in den schwieligen Händen, »dann ist es genauso, als wenn die verdammte Nadel durch meinen Kopf geht. Ich sage Ihnen, ich halt's nicht aus. Diese Kopfschmerzen. Um *mich* scheint sich keiner zu scheren.«

Vielleicht gemahnte es ihn quälend an seinen eigenen Schrei, der ungehört verhallt war, die ohrenzerreißend böse Erinnerung an seine tote Schwester. Was immer es für ihn bedeutete, er litt in seinem Innersten an Laura. Und so beschloß er eines Abends, dieser Verkörperung all dessen, was er an sich und anderen haßte, ein Ende zu bereiten. An diesem Abend legte er Laura in eine Bratpfanne und drehte die Flamme an.

Ich erinnere mich, daß an dieser Stelle jemand irgendwo weit entfernt schrie. Ich hörte Wärter laufen. Langsam schloß ich den Aktendeckel, entspannte mich eine Minute und starrte aus dem vergitterten Fenster in einen Himmel, der wie Löschpapier aussah. Ich dachte an all die Martins und Adelines in unseren Städten und an die schmale Grenze, die ihr Elend von unserem sogenannten normalen Leben trennt. Menschen können aus verschiedenen Gründen zu Sündenböcken werden – aus rassischen, religiösen, herkunftsmäßigen.

Bei einem Blick auf die Uhr sah ich, daß ich mich beeilen mußte. Das Lesen hatte mehr Zeit als erwartet in Anspruch genommen. Ich warf noch einmal einen Blick in die Akten. Es ging daraus hervor, daß Martin Meyer noch in derselben Nacht, in der er Laura zu töten versuchte, in die Nervenklinik eingewiesen wurde. Die offizielle Diagnose lautete: Schizophrene Reaktion, paranoider Typ.

Das Handbuch der »American Psychiatric Association« definiert eine Diagnose dieser Art folgendermaßen:

> »Diese Art Reaktion wird durch autistisches, unrealistisches Denken charakterisiert, das sich hauptsächlich aus Verfolgungs- und/oder

Größenwahn, Beziehungswahn und häufig auch Halluzinationen zusammensetzt. Sie wird oft durch unvorhersehbares Verhalten und eine ziemlich konstant feindselige oder aggressive Haltung gekennzeichnet ... Es treten dabei Wahnvorstellungen auf, in denen der Patient sich allmächtig, als Genie oder auf andere Weise besonders begabt vorkommt.«

In Martins Fall hatten die Krankenhausärzte außerdem bemerkt: »Prognose – abwartend«. Das bezog sich auf eine mögliche Besserung, denn eine Heilung gibt es bei dieser Geistesstörung nicht. Die Vorbeugung gegen diese Krankheit und ihre Behandlung gehören zu den größten Aufgaben unserer Zeit, allein schon deshalb, weil Schizophrenie derart häufig auftritt.

Während des zweiten Aufenthaltes in der Klinik wurde Martin wiederum verschiedentlich mit Elektroschocks behandelt. Obwohl er viele Monate eindeutig unter Wahnvorstellungen litt, beruhigte er sich und wurde beinahe zum Musterpatienten. Die Krankheitserscheinungen werden geringer, wenn die Psychose abklingt.

Seine Sekundär-Symptome und der Beziehungswahn verschwanden, und er nahm erfolgreich an der Krankenhaustherapie und den Resozialisierungsprogrammen teil. Nach drei Jahren Aufenthalt in der Klinik lautete seine Diagnose: Schizophrene Residualpsychose. Im vierten Jahr wurde er aus der Anstalt entlassen, aber noch ambulant betreut. Schließlich befreite man ihn ganz von der Beaufsichtigung.

Zum drittenmal innerhalb von zehn Jahren wurde er eingewiesen, weil er in einem alkoholischen Wutanfall versuchte, seine Frau zu erwürgen. Er befand sich in dem Glauben, er käme geradewegs aus einem Sarg in seine Wohnung, wo er Adeline wiederum mit seiner Mutter verwechselte. Adeline rief die Polizei.

Dr. Crager stand an der Tür. »Fertig?« fragte er lächelnd.

»Er wartet jetzt bei mir, und wenn Sie mein Büro benutzen wollen ...«

»Vielen Dank. Das wäre nett. Diese Unterlagen haben mir sehr geholfen.«

Sie hatten mir tatsächlich geholfen, beunruhigten mich aber auch. Martin Meyer stand gesetzlich immer noch die elterliche Gewalt über Laura zu.

»Wie lange, glauben Sie, wird er noch hier in der Klinik bleiben?« fragte ich Dr. Crager, als wir durch die trostlosen Korridore gingen.

»Wir versuchen, die Leute nicht zu lange hierzubehalten. Sobald die Symptome verschwunden sind, entlassen wir ihn und behandeln ihn nur noch ambulant.«

»Kann das nicht gefährlich sein?«

»Er kann ja nicht für immer hierbleiben. Er erholt sich viel schneller, wenn er wieder draußen unter den anderen lebt und arbeitet.«
»Er hat eine Tochter, wissen Sie«, unterbrach ich ihn.
Der Mann neben mir nickte freundlich. »Er hat einmal versucht, sie zu töten, nicht wahr?« Er zuckte die Achseln. »Wer weiß, wo sie jetzt ist? Mit dem Problem können wir uns erst befassen, wenn es soweit ist. Ehrlich gesagt, wir halten nichts davon, unsere Patienten für immer hier einzusperren, nur weil sie jemanden töten *könnten*. Wenn wir das tun wollten«, schloß er mit einem Lachen, »müßten wir beinahe die ganze Welt einsperren, nicht wahr? Nein, der Prozentsatz der möglicherweise gefährlichen Fälle in der Gesamtzahl der Geisteskranken ist relativ klein. Im Gegensatz zu der öffentlichen Meinung werden die allermeisten Schwerverbrechen nicht von Geisteskranken begangen.«
»Sie halten also Martin Meyer nicht für gefährlich?«
Dr. Crager klopfte mir väterlich auf die Schulter, als wir um die letzte Ecke bogen. »Sagen wir, er ist unberechenbar, wie eben Paranoiker sind. Im Augenblick geht's ihm gut. Aber hier ist mein Büro; wenn Sie warten, bringe ich ihn her.«
Wenige Augenblicke später saß mir Lauras Vater gegenüber. Mir war, als kennte ich ihn schon mein ganzes Leben lang.
Er sah so aus, wie ich ihn mir vorgestellt hatte. Er war ein kräftig gebauter Mann mittlerer Größe, Anfang Fünfzig, hatte breite Schultern und welliges, ergrauendes Haar, das niedrig über einer zerfurchten Stirn ansetzte. Die farblosen Augen lagen tief und bewegten sich unruhig. Seine behaarten Nasenlöcher zuckten energisch, wenn er sprach.
»Behandeln *Sie* meinen Fall jetzt?« fragte er mit einem argwöhnischen Blinzeln, als Dr. Crager uns verließ.
»Nein«, antwortete ich, »ich wollte nur mit Ihnen über Ihre Familie sprechen.«
»Gern«, erwiderte er mit überraschender Bereitwilligkeit. »Dr. Crager hat gesagt, ich soll Ihnen Auskunft geben, und was er sagt, gilt bei mir. Wie war doch Ihr Name?«
Ich nannte ihn.
»Netter Name«, sagte er nachdenklich und grinste. »Was für eine Art Doktor sind Sie denn, Mac?«
»Psychoanalytiker.«
»Oh.« Eine Pause. Seine Nasenflügel zuckten kurz. »Ich bewundere gebildete Männer immer.«
»Möchten Sie eine Zigarette, Martin?«
»Ja, danke, wie gesagt, ich wäre vielleicht selbst ein guter Doktor geworden. Ich sage Ihnen, es war nicht leicht.«
»Das glaube ich Ihnen gern«, sagte ich.
»Jetzt müssen wir uns konzentrieren, wissen Sie. Auf die Zukunft. Und

das bedeutet, daß ich wieder gesund werden muß. Man kann die Gesundheit erst richtig schätzen, wenn man selber einmal krank war. Man bekommt Respekt vor dem Leben.« Er warf mir einen flüchtigen Blick zu. »Das ist jetzt mal ein interessantes Wort. Respekt, meine ich. Ihr Gebildeten seid alle so voll von Respekt und ... und ... Bildung. Ich sage Ihnen, in meinem Beruf habe ich auch Respekt genossen, *sehr* viel Respekt.«

»Sie waren ein Zinswucherer, nicht wahr, Martin?« sagte ich. Ich gebrauchte das Wort absichtlich, denn ich wollte sehen, wie dünn die Fassade war. Und natürlich provozierte es die erwartete Reaktion.

»Ich habe Sie auch nicht Tiefenheini genannt, oder?« Er war böse. Dann gewann das Lächeln die Oberhand, breitete sich langsam über dem finsteren Gesicht aus. »Ich war im Geldverleih, das stimmt. Aber ich war kein Gangster.«

»Tut mir leid, Martin. Ich wollte Sie nicht beleidigen.«

»Ja, das gefällt mir. Daß Sie sich entschuldigen.« Er blies mir eine Rauchwolke ins Gesicht. »Da kommen Sie sich groß dabei vor, hm?«

»Wenn Sie's so ansehen wollen.«

»Viele Burschen hatten Respekt vor mir und haben's noch. Nennen Sie nur meinen Namen in irgendeiner Bar auf der Lower East Side, Sie werden sehen, daß man Martin Meyer dort sehr wohl kennt.«

»Erzählen Sie mir von Ihrer Familie.«

»Das ist nicht schwer. Ich habe eine sehr hübsche, anhängliche Frau mit schönem ... wunderschönem schwarzem Haar und eine Tochter, die gewissermaßen bei einer Tante lebt, bis meine Frau und ich wieder draußen und auf der Höhe sind.«

Ich schwieg.

»Es sind diese Kopfschmerzen«, fuhr er dann fort.

»Wie alt ist Ihre Tochter?« fragte ich.

Seine struppigen Brauen zogen sich zusammen. »Muß jetzt so um dreizehn sein. Dreizehn, vierzehn. Hübsches Mädchen mit goldenem Haar. Das schönste Haar, das Sie sich vorstellen können. Donnerwetter, ich bin ganz verrückt nach Laura.« Das Wort hing einen Augenblick in der Luft. Dann lachte er nervös. »Wenn Dr. Crager das hört, sperrt er mich ein und wirft den Schlüssel fort, he?«

»Und Ihre Frau, Adeline?«

»Na ja, sie hat's schwer gehabt. Hat auch immer viel getrunken. Sie wissen ja, wie's ist. Sie sagen, ich wollte sie umbringen. Muß betrunken gewesen sein, als ich das versucht hab, denn ich liebe diese Frau. Ich sage Ihnen, Doktor, sie ist so schön und fein, und ich liebe alle schönen Dinge.«

Er lehnte sich vor und starrte mir direkt in die Augen. »Ich meine – seh ich denn aus wie einer, der einen anderen umbringt? Sie haben ... Sie haben

doch keine *Angst* vor mir, Doc? Mag ja sein, daß ich zuviel trinke und hin und wieder mal die Geduld verliere. Na und? Ich habe in meinem ganzen Leben noch keinen umgebracht, oder?«
»Das habe ich auch nicht behauptet, Martin.«
»Nicht?« Seine Nasenflügel zuckten heftig, die Lippen bewegten sich. Dann flog ein katzenhaftes Lächeln über sein Gesicht, und er hob den Finger. »Doc, Sie sind schlau. Jetzt wär ich Ihnen beinahe in die Falle gegangen. Beinahe hätten Sie's erreicht, daß ich etwas zugegeben hätte. Hat man Worte! Aber es hat nicht geklappt, nicht? Jetzt gehen Sie nur und sagen Sie ihr, daß es nicht geklappt hat.«
»Wem sagen, Martin?«
Das Lächeln wurde breiter, wirkte komplicenhaft. »Das Spiel können zwei spielen, Doc. Martin Meyer läßt sich von keinem für dumm verkaufen.«
Es folgten noch ein paar ähnliche Bemerkungen, dann steckte Dr. Crager den Kopf herein und nahm Martin, auf ein Nicken von mir, wieder mit auf seine Station. Ich bedankte mich bei ihm und machte mich auf den Weg zur Frauenstation, wo ich Adeline aufsuchen wollte.
Dort traf ich einen Dr. Austin, der, obwohl er erst ein paar Monate hier war, gut über Adeline Meyer Bescheid wußte. Dies war ihr zweiter Aufenthalt in der Klinik, und auch sie war jetzt gut drei Monate »drinnen«. Bei der Einweisung war sie betrunken, erregt, hatte Wahnvorstellungen und Halluzinationen.
Dr. Austin stellte mir sein Büro zur Verfügung und sagte, er würde Mrs. Meyer holen.
Aus ihrer Krankengeschichte ging hervor, daß die Diagnose bei der ersten Einweisung ebenfalls »Schizophrene Reaktion, paranoider Typ« lautete – genau wie bei ihrem Mann. Bei der zweiten hieß es: Schizophrene Reaktion, akut antriebsgestört.
Das war auch nicht weiter verwunderlich. Bevor Martin versuchte, sie zu töten, hatte er sie mit einem Stuhl bewußtlos geschlagen. Adeline wurde hereingeführt: Jetzt stand Lauras Mutter vor mir. Ihr ungekämmtes Haar war stellenweise grau. In ihren Gesichtsfalten hatte sich Puder festgesetzt, und sie sah älter aus als siebenundvierzig. Sie setzte sich und legte die Hände in den Schoß, den Kopf leicht vorgeneigt.
Sie schien sich alle Mühe zu geben, meinen Worten zu folgen. Während wir sprachen, suchte ich nach einer Ähnlichkeit zwischen ihr und Laura. Sie war gering, aber vorhanden. Ich erzählte ihr, daß ich gerade mit ihrem Mann gesprochen hätte.
»Ach, der.« Ihr Kopf hob sich. »Sie haben Martin gesehen. Geht's ihm gut? Irgendwie vermisse ich ihn. Der arme Dummkopf, der Angst vor Geistern hatte.«
»Geistern?«

»Ja. Können Sie sich das vorstellen, Herr Doktor? Der Geist eines kleinen Babys hat meinen Martin verrückt gemacht. Angst vor der Dunkelheit. Dieser große, starke Kerl. Kann man nur staunen. Weint nachts wie ein Kind, und tagsüber prügelt er sich mit Männern. Wissen Sie, weil ständig das Licht brennen mußte, konnte Laura – das ist meine Tochter – nicht einschlafen. Wie kommt es, daß jemand so stark und zur gleichen Zeit so schwach wie ein Baby sein kann? Erklären Sie mir das mal! Hm? Himmel, Sie haben keine Ahnung, was ich durchgemacht habe. Einmal hat er sogar versucht, mich zu *töten*. Können Sie sich das vorstellen? Wie ein Tier. Dann hat er mich mit andern Leuten verwechselt. Teufel, ich wünschte, ich hätte etwas zu trinken. Mein Haar muß gewaschen werden. Haben Sie nichts zu rauchen, Doc? Was für ein mieser Laden das ist.«
Sie sprudelte alles heraus.
»Behandeln einen hier wie ein Tier ... ich vermisse ihn, trotz allem ... will, daß die Leute ihn wie einen Fürsten behandeln, wissen Sie, und wenn sie's dann tun, sind sie wie Dreck für ihn. Gott, was für ein Mensch.«
»Warum gehen Sie immer wieder zu ihm zurück, Adeline?« warf ich einmal ein.
Sie legte den Kopf auf die Seite und dachte einen Augenblick nach. »Wahrscheinlich, weil ich einsam bin«, sagte sie schließlich mit einem trägen, beinahe lüsternen Lächeln. »Freut mich, wenn er zu mir will ... trotzdem er so grausam ist ... zu töten, töten ...« Sie barg den Kopf in den Händen.
»Wen töten, Adeline?«
»Meine Laura, die, *die*«, rief sie hysterisch. Ihre Schultern zuckten vor Schluchzen. »Sie war mein Baby, aber er hat sie ein schreiendes Balg genannt. Von der Minute an, als sie geboren wurde, konnte er sie nicht ausstehen. Sie hat immer geschrien, sie hatte Angst, und ich konnte den Lärm auch nicht ertragen ... ich hab alles versucht, damit sie aufhört ... und dann ging alles durcheinander, ich weiß nicht, und Martin schrie, ich soll machen, daß der Lärm aufhört, der verdammte Lärm, und immerzu hat das Kind geschrien, und mein Kopf wollte platzen. Er hat sie an Armen und Beinen hochgehoben und, und ... oh, ich *kann* nicht mehr darüber sprechen.«
Ich ließ sie ein paar Minuten verzweifelt weinen, dann sagte ich leise: »Adeline, ich habe Ihre Tochter gesehen. Sie lebt, und es wird für sie gesorgt.«
Langsam hob sich das tränenverschmierte Gesicht. »Sie lebt?« sagte sie wie benommen. »Meine Laura lebt? Oh, Gott segne Sie, Herr Doktor, Gott segne Sie ...«
Ich hielt eine Hand hoch. »Ich kann Ihnen nicht sagen, wo sie ist, Adeline. Aber Sie sollen wissen, daß wir alles Menschenmögliche tun, um ihr zu helfen.«

Sie begriff nur halb, und ein argwöhnischer Ausdruck trat in ihre Augen. »Warum? Warum wollen Sie ihr helfen? Wie sieht sie aus? Ist sie hübsch? Nein, sie kann nicht hübsch sein. Sie muß ja überall Narben haben von den Brandwunden. Dieser Schweinehund ... Sie müssen mir glauben ... Martin war es, der sie töten wollte, damit das Schreien aufhört, wissen Sie ... Sie *müssen* mir glauben, Herr Doktor ... ich bin doch ihre Mutter, nicht wahr? Ich *liebte* sie doch. Sie müssen ihr sagen, daß ich sie immer geliebt habe. Versprechen Sie mir das« – mit aller Heftigkeit, die sie aufbrachte, fuhr sie hoch – »versprechen Sie mir, daß Sie's ihr sagen, Herr Doktor. Ich *weiß*, daß meine Laura mich liebhat. Sehen Sie«, fügte sie in einer Art hinzu, als würde sie einem Idioten etwas erklären, »ich – bin – ihre – Mutter.«
Im Zimmer war es still, und auch draußen auf dem Gang herrschte Ruhe. Irgendwo, weit fort in der Stadt, schrillte eine Sirene.
»Was sagt Laura über mich?« Die Frau vor mir schrie fast. *»Sie müssen es mir sagen, Herr Doktor.«*
»Adeline, Ihre Tochter spricht nicht«, sagte ich und sah, wie ihr Gesicht erstarrte und der Mund sich wie zu einem ›O‹ öffnete, als sie den Sinn meiner Worte erfaßte. »Sie ist stumm, Mrs. Meyer. Sie hat noch niemals ein Wort gesprochen.«

5

Ich sollte Lauras Heim-»Familie« gleich nach meiner nächsten Stunde mit ihr kennenlernen. Sie fand nach den Ferien statt und verlief genauso ergebnislos wie die erste, ja entmutigte mich noch mehr. Danach also wartete ich auf den Anruf der Oberin.
Ich wußte, daß einige Schwestern außerhalb des Heims in Schulen unterrichteten, andere wieder im Heim selbst arbeiteten, wo sie zum Beispiel als Gruppenmütter für ungefähr fünfundzwanzig Mädchen verantwortlich waren. Jeder Gruppenmutter unterstanden zwei Hausmütter und manchmal auch eine Laienhelferin. Ich war überrascht, als ich hörte, daß fast alle diese Frauen trotz ihrer ausgefüllten Tage noch Zeit fanden, sich weiterzubilden – als Lehrerin, Kinderschwester oder Fürsorgerin.
Bisher hatte ich es hauptsächlich mit der Oberin und der Pförtnerin zu tun gehabt. Ich war nicht so sicher, wie ich reagieren würde, wenn ich der Gruppe gegenübertrat.
Mein Telefon läutete. »Würden Sie bitte in den großen Konferenzsaal kommen, Herr Doktor?« sagte eine sanft zwingende Stimme. »Wissen Sie, wo er ist?«

Ich bejahte und machte mich auf den Weg durch die langen Korridore. Dabei wurde ich mir bewußt, was für eine qualvolle Tour es jedesmal für Laura sein mußte.
Als ich den Saal betrat, stutzte ich: Ich hatte drei oder vier Schwestern erwartet, und nun saßen da sechzig um einen langen, glänzenden Tisch.
Die Oberin hatte sämtliche Schwestern zu meiner Begrüßung zusammengerufen. Und jede einzelne stand mit militärischer Exaktheit auf, als ich eintrat.
Ich hatte keine Ahnung, was ich tun sollte. An einem Ende des Tisches stand ein leerer Stuhl, und zögernd ging ich, geleitet von einer Schwester, auf den Platz zu. Sobald ich ihn erreicht hatte, begann eine andere Schwester zu beten. Das beruhigte mich ein wenig, denn es schien zu bedeuten, daß sie einen festen Rahmen für derartige Zusammenkünfte hatten.
Als das Gebet beendet war, blieb ich stehen – schließlich konnte ich mich nicht in Gegenwart von sechzig Frauen als erster hinsetzen! Auch die Schwestern blieben stehen. Der Augenblick, während dem wir uns gegenüberstanden, zog sich hin wie eine Ewigkeit. Endlich sagte die Oberin: »Wäre es nicht bequemer für Sie, Herr Doktor, wenn Sie sich hinsetzten?«
Dankbar stimmte ich zu. Sobald ich saß, nahmen auch die Schwestern Platz. Ich begriff allmählich, daß sie mir gegenüber genauso unsicher waren wie umgekehrt. Jede hatte einen kleinen weißen Block vor sich liegen, und auf dem Tisch war ein zusätzlicher Stapel von Notizblöcken. In einer Pappschachtel daneben befanden sich säuberlich gespitzte Bleistifte. Mechanisch zündete ich mir eine Zigarette an.
Sofort merkte ich, daß ich einen Schnitzer gemacht hatte. Ich ließ verlegen den Blick über die glänzend polierten Möbel und den spiegelblank gewachsten Boden schweifen: Bestimmt war ich der erste Mensch, der je in diesem Raum geraucht hatte. Entsetzt beobachtete ich, wie die Aschenspitze immer größer wurde.
Da stand die Schwester rechts neben mir auf, machte eine Bewegung, die aussah wie ein Flügelschlag, und zog wie ein Zauberer aus ihrem riesigen Ärmel einen glänzenden Aschenbecher hervor.
»Wir dachten, Sie würden vielleicht gern rauchen«, sagte sie lächelnd, als sie ihn triumphierend vor mich hinstellte.
Mit einem Seufzer der Erleichterung streifte ich die Asche an dem makellosen Aschenbecher ab und wartete darauf, was die Oberin nun tun würde. Sie nickte Schwester Paulette, Lauras Gruppenmutter, zu. Diese dankte mir daraufhin im Namen aller in einer sehr sanften, warmen Art dafür, daß ich ein wenig von meiner Zeit für ein Kind ihres Heimes hergeben könne.

»Wissen Sie, Herr Doktor, es ist ein so großes Unrecht, daß unsere Kinder gerade zu einer Zeit von ihren Familien getrennt werden, in der sie Liebe so sehr brauchen. Und daher«, fuhr sie in geduldigem, würdevollem Ton fort, »sind viele verbittert, enttäuscht, aus dem Gleichgewicht gebracht und verängstigt. Wir lieben sie und versuchen ihnen in körperlicher, seelischer und geistiger Hinsicht unser Bestes zu geben. Aber es kommt immer wieder vor, daß ein Kind in einer so schwierigen Lage ist, daß es die Hand zurückstößt, die ihm Gutes tut. Es verletzt sie tief, daß sie in einem Heim leben müssen, wissen Sie. Sie kommen sich schrecklich vernachlässigt und unnormal vor im Vergleich zu den Kindern, die bei ihrer Familie sind. Ja«, sagte sie, wandte den Blick von mir ab, schlug die Augen nieder und schüttelte traurig den Kopf, »es ist eine bittere Pille für sie, wenn sie hierherkommen müssen. Einige lehnen sich auf, andere geben vielleicht den Kampf ganz auf, ziehen sich in sich selbst zurück und sind nicht mehr ansprechbar...« Ihre Stimme verklang. »Sehen Sie, und dann ist es schwer für uns, an sie heranzukommen.«
Wie gut ich sie verstand und wie treffend sie die Sorge der Schwestern um diese verlassenen Kinder ausgedrückt hatte. Laura war das beste Beispiel für das in ein Heim verpflanzte Kind.
Ich sagte: »Ich bin sicher, daß Laura ein solcher Fall ist, Schwester. Sie scheint den Kampf aufgegeben zu haben, genau wie Sie sagen.«
Eine Diskussion schloß sich an, und die Atmosphäre lockerte sich, als die Schwestern über die ihnen anvertrauten Kinder sprachen. Dabei schimmerte immer wieder die unerschöpfliche Liebe durch, die sie ihren Schutzbefohlenen entgegenbrachten, und gleichzeitig auch – eine natürliche Folge dieser Liebe – ihre tiefe Enttäuschung über Laura. Keineswegs waren diese Schwestern kühl und distanziert, wie ich mir als Kind Nonnen immer vorgestellt hatte – sie äußerten sich im Gegenteil mit Begeisterung zu dem Problem, wie man an Laura herankommen könne. Selbst jene, die als Lehrerinnen außerhalb des Heims tätig waren, kannten sie und hatten alle irgendwann versucht, Kontakt mit ihr aufzunehmen.
Ich nahm eine zweite Zigarette aus dem Paket, und mit einem weiteren Flügelschlag zauberte die Schwester an meiner Seite Streichhölzer aus ihrem Ärmel hervor. Sie sprachen jetzt ganz offen miteinander, und ich hörte ihnen eifrig zu, denn ich wollte keinen Hinweis, der sich auf das Mädchen bezog, überhören.
Schwester Paulette interessierte mich besonders. Sie war seit sieben Jahren Lauras Gruppenmutter und kannte sie am besten. Während sie erzählte, sah ich sie mir genau an. Sie war – wie die meisten der anwesenden Schwestern – ziemlich jung, eine Frau Anfang Vierzig, schmal und mit einem anziehenden, ernsthaften und sehr ausdrucksvollen Gesicht. Vieles von dem, was sie sagte, hatte ich schon in den

Unterlagen gelesen, aber ich wollte alles über das Kind erfahren, dessen Leben wie ein böser Traum begonnen hatte.
Leise berichtete sie, wie sie Laura in den sieben Jahren beigebracht hatte, für sich selbst zu sorgen. Als das Kind ins Heim kam, mußte es wie ein Baby angezogen und versorgt werden. Sie hatte keine Ahnung von Sauberkeit und auch kein Verlangen danach. Aber nach und nach lernte sie sich anzuziehen, für ihre Kleidung zu sorgen, ihre wenigen Habseligkeiten ordentlich aufzuräumen, sich zu waschen und sich der einfachen Heimroutine ohne Schwierigkeiten anzupassen.
»Hatte sie nie Besuch?« fragte ich.
»Es gab ja nur die Tante, wissen Sie«, antwortete Schwester Paulette und lehnte sich über den Tisch, »und die verschwand bald ganz. Als ich am Anfang noch mit ihr in Verbindung war, lud ich sie ein ... ich flehte sie an ... Laura doch zu besuchen, aber sie hatte jedesmal eine andere Entschuldigung, warum sie nicht kommen konnte.«
»Haben die Kinder in der Gruppe gelernt, mit ihr zusammen zu leben?«
»Ja-a, ich glaube schon. Natürlich, Sie wissen ja, wie Kinder sind.« Schwester Paulette senkte den Kopf und runzelte nachdenklich die Stirn. »Im ganzen nehmen sie sie hin, und manche haben auch versucht, mit ihr zu spielen, andere wieder haben sie gefoppt ... ihr Schimpfworte nachgerufen. Sie war immer so verängstigt und scheu. Ich fürchte, hauptsächlich hat sie ihre Zeit damit verbracht, aus dem Fenster zu starren ... Oh, und wir haben uns solche Mühe gegeben.«
»Manchmal hat sie gern gestrickt«, warf eine andere Schwester ein.
»Ja, Schwester Jean, Sie haben recht. Ich habe sie oft stricken sehen. Das schien ihr Spaß zu machen.«
»Wissen Sie, Herr Doktor«, sagte Schwester Paulette vom anderen Ende des Tisches, »jetzt, wo Sie sich bereit erklärt haben, Laura zu helfen, muß ich Ihnen noch etwas erzählen. Es wurde bisher nicht erwähnt, um Sie nicht abzuschrecken. Wir bemühen uns darum, daß die Kinder in die Ferien gehen können, wie alle anderen Kinder auch. Es gibt ein paar Familien, die hin und wieder eines unserer Kinder mit sich in die Ferien nehmen. Am Anfang sträubte sich Laura gegen diesen Gedanken, aber dann schöpften wir Hoffnung, als sie sich mit dem Plan anzufreunden schien. Aber, nun ja ...« Sie brach zaghaft ab und blickte auf ihre großen weißen Fingernägel.
»Fahren Sie fort, Schwester«, drängte ich sie.
Schwester Paulette blickte auf. Sie sah sehr unglücklich aus. »Die einzigen Familien, zu denen sie gehen wollte, berichteten, daß Laura völlig unzugänglich und apathisch blieb –« Sie brach ab und blickte krampfhaft auf den Boden. »Sie haben sie niemals wieder eingeladen.«
Eine Minute lang herrschte Schweigen. Mir kam es vor wie Lauras eigenes Schweigen, ein Eingeständnis des Versagens, das wir alle zu

überwinden hatten. Als könne sie meine Gedanken lesen, fuhr Schwester Paulette fort:
»Ich muß Ihnen noch etwas sagen, Herr Doktor, wenn es auch nur eine Vermutung ist. Obwohl sie die ganze Zeit, seit sie hier ist, noch nie ein Wort gesagt hat, habe ich doch immer das Gefühl, daß sie sprechen kann. Ich bin davon überzeugt, sie hat eine Sprache.« Die Schwester nickte so heftig, daß ihre Haube flatterte. »Sie verbirgt sie nur vor uns.«
»Welchen Grund haben Sie für diese Annahme, Schwester?« fragte ich.
»Es ist einfach so, nun ja, auch wenn Laura keine Worte gebraucht, verstehe ich doch, wie sie sich fühlt. Ich weiß immer, wann sie Angst hat oder aufgeregt ist. Dann kommt sie zu mir, sitzt in ihrer krummen Haltung auf meinem Schoß, legt mir die Arme um den Hals und klammert sich weinend an mich. Ich habe sie nie gefragt, wovor sie sich so fürchtet – es schien so sinnlos, vielleicht sogar grob. Abends setzte ich mich zu ihr und las ihr aus einem ihrer Lieblingsbücher vor. Sie mag Kurzgeschichten gern, und manchmal, nur sehr selten, mußte sie über dies oder jenes ein klein wenig lächeln. Das war für mich jedesmal ein Triumph, und ich dankte Gott dafür. O ja, ja«, schloß die Schwester und sah mich mit brennenden Augen an, »ich bin sicher, daß Laura sprechen kann.«
»Wovor hat sie denn besonders Angst, Schwester?« erkundigte ich mich nach einem Augenblick.
»Oh, abgesehen von Feuer und Hitze scheint sie die Nacht am meisten zu fürchten. Das habe ich bald herausgefunden. Sie war erst kurze Zeit bei uns, als ich bei meiner Abendrunde durch die Schlafsäle entdeckte, daß sie als einziges Kind nicht schlief, sondern weinte. Sie hatte den Kopf unter das Kissen gesteckt und auch die Decke noch über den Kopf gezogen.«
Ein Kind, das in der Nacht weint. Das Bild paßte in den Rahmen. Als ich Schwester Paulettes klangvoller, gleichmäßig tönender Stimme lauschte, wußte ich, daß es in diesem Raum keinen gab, den ihre Schilderung nicht tief bewegte. Für die Schwestern bedeutete es fast eine Demütigung, ein Versagen . . .
»Jeden Abend fand ich sie so, sie versteckte sich und weinte vor sich hin. Und ich blieb bei ihr, wenn es dunkel war, nahm sie in die Arme und wiegte sie. Es schien sie etwas zu beruhigen, Herr Doktor, denn wenn ich es lange Zeit tat, wurde sie schläfrig, und manchmal schlief sie sogar ein.«
Wovon sie sich sicher noch einmal überzeugte, dachte ich, bevor sie um fünf Uhr früh den nächsten anstrengenden Neunzehn-Stunden-Tag begann.
»Und eines Nachts sah ich dann Licht unter ihrer Decke, und als ich sie hochhob, war Laura wie zu einem Ball zusammengerollt, in der Hand eine Taschenlampe. Tränen strömten ihr übers Gesicht. Als ich ihr die

Taschenlampe wegnehmen wollte, sträubte sie sich entsetzlich, und so ließ ich sie ihr, da sie ein solcher Trost für sie war. Ich habe es keinem erzählt«, sagte Schwester Paulette mit einem mutwilligen Lächeln, »aber gleich am nächsten Tag ging ich zu ihr und gab ihr eine ganze Schachtel Taschenlampenbatterien. Ich habe ihr gesagt, daß sie neue bekäme, wenn diese verbraucht wären. Das war eine der seltenen Gelegenheiten, bei der ich sicher war, daß eine Verständigung zwischen uns bestand, denn als ich ihr die Schachtel gab, hatte sie Tränen in den Augen.«

Wieder war es einen Augenblick lang still, dann sagte die Oberin würdevoll: »Also das ist des Rätsels Lösung, Schwester Paulette. Ich habe mich schon gewundert, warum Sie immer wieder Taschenlampenbatterien verlangten.«

Die Schwestern lachten und kicherten, raschelten in ihren Stühlen, die Hauben wippten auf den Köpfen. Schwester Paulettes Wangen zuckten verdächtig, und sie errötete wie ein verlegener Backfisch.

Ich sah mich im Zimmer um, gelöst und gleichzeitig erregt. Nein, diese Schwestern waren keine distanzierten Wesen, sondern wirkliche, fühlende Menschen. Für die Kinder – die auf eine solche Sprache des Herzens mit höchster Empfindsamkeit reagieren und oft viel scharfsinniger sind, als wir annehmen – waren sie genauso wirklich wie für mich. Vielleicht noch wirklicher. Ich wußte, daß ich die blasse Schwester Paulette mit ihren scheuen Augen noch sehr oft sehen würde.

Als die Besprechung beendet war, stand ich auf. Mit einer Art Seufzen der Luft, als sechzig weiße Hauben sich bewegten, erhoben sich die Schwestern sofort wie eine einzige.

Ich bat sie – ich glaube, ich flehte sie sogar an –, sich doch wieder zu setzen, während ich hinausging. Dankbar stellte ich fest, daß sie mit einem Lächeln meinem Wunsch nachkamen. Mein letzter Eindruck war ein Stapel sauberer, unbenutzter Notizblöcke.

6

Schwester Margaret begrüßte mich, als ich ein paar Tage später in die Sozialabteilung kam, deren Leiterin sie war. Diese Abteilung des Heimes beschäftigte sieben Sozialhelferinnen, die mit den Kindern und ihren Familien zu tun hatten, zwei erfahrene Fürsorgerinnen und ... eben Schwester Margaret.

Sie war eine eher klein gewachsene Frau Anfang Dreißig mit rundem Gesicht und ausdrucksvollem Mund, die eine zurückhaltende Weiblichkeit ausstrahlte. Man konnte sehr leicht mit ihr reden – sie schien so schüchtern und nachgiebig. Sie beschrieb die Arbeit ihrer Fürsorgerinnen mit den Kindern und deren Familien und betonte wiederholt, daß jede einzelne Fürsorgerin viel zu viele »Fälle« übernehmen mußte.

Hier begegneten sich unsere Ansichten. Meiner Meinung nach ist das Problem der Geisteskrankheiten unter Kindern und Jugendlichen im Begriff, zu einem der größten Probleme Amerikas, vielleicht sogar unserer Zeit zu werden. Ich erzählte ihr, daß nach statistischen Untersuchungen ungefähr eine halbe Million Kinder in Amerika irgendeine Geisteskrankheit haben. Dabei sind in dieser Zahl noch nicht einmal alle die Kinder und Jugendlichen enthalten, die an allgemeinen seelischen Störungen leiden.

»Nehmen Sie den Fall Laura«, sagte ich. »Er ist ein gutes Beispiel. Bei so vielen Kindern zeigen sich schon früh Anzeichen dafür, daß seelisches Leid vorhanden ist, und nichts wird für sie getan – bis es zu spät ist. Manchmal kommt es mir wirklich so vor, als wäre es besser für ein Kind, sichtbare Symptome körperlicher Krankheiten zu haben, als innerlich still dahinzuleiden.«

Diese Angelegenheit lag mir sehr am Herzen, und ich sprach erregt darüber. Schwester Margaret stimmte mir zu.

»Sie haben recht, Herr Doktor, es sind leider nur zu viele«, sagte sie in ihrer irgendwie demütigen Art. »Wenn ein Kind Ausschlag hat oder einen gebrochenen Arm oder einen simplen Schnupfen, wird ihm niemand Hilfe versagen. Wenn es jedoch seelisch gestört ist, benimmt es sich vielleicht wie jedes andere Kind, und dann ist es schwer, die Leute zu überzeugen.«

Sie hielt kurz inne, als wäre sie nicht sicher, ob sie weitersprechen solle. Dann fuhr sie jedoch mutig fort: »Es ist für uns hier auch nicht immer so einfach, unsere Vorgesetzten zu überzeugen, wie Sie vielleicht denken. Manche älteren Schwestern wollen ihre Ansichten ganz und gar nicht ändern.« Ihre Wimpern gingen auf und nieder. »Die Rute schonen und das Kind verwöhnen, wissen Sie.«

»In solchen Fällen wie bei Laura«, fuhr ich fort, nachdem ich die leisen Andeutungen zur Kenntnis genommen hatte, »haben wir es eigentlich mit Verbrechen von Eltern an der Seele ihrer Kinder zu tun. Man müßte die Sprache ändern. Die Reaktionen der Kleinen auf überwältigende Erlebnisse sind mit denen zu vergleichen, die der Soldat im Krieg hat.«

»Ja, nennen wir es Kriegsneurose, nicht wahr?« sagte sie munter und lachte dann vergnügt. »Aber jetzt muß ich Sie zu Mrs. Clancy führen.«

Schwester Margaret war sehr daran gelegen, daß ich einige ihrer Sozialhelferinnen kennenlernte und dann mit einer der Fürsorgerinnen sprach, Mrs. Clancy, die auch Lauras Fall bearbeitete. Als ich neben der Schwester aus dem Büro ging, wurde mir bewußt, daß ich noch selten mit solchem Feuereifer über ein Problem gesprochen hatte, gegen das ich einen ganz persönlichen Feldzug führte: Es war, als hätte diese Frau es aus mir herausgeholt. Im Heim wußte man sehr wohl, welche Rolle der Zufall im Leben der anvertrauten Kinder spielte. Laura hatte deshalb Glück gehabt, weil in den staatlichen Nervenkliniken kein Platz für sie frei war. Aber es gab viele andere Lauras, die noch bei ihren Eltern lebten und für die wenig Aussicht auf Hilfe bestand. Die amerikanischen Nervenkliniken und die örtlichen Behandlungszentren waren nicht nur gezwungen, eine strenge Auswahl unter den Patienten zu treffen und sich auf die zu beschränken, für die »es sich lohnte« – sie halfen auch vor allem denen, die von selbst um Hilfe nachsuchten, die eine gewisse Intelligenz hatten und aus ungestörten Familienverhältnissen stammten. Die große Zahl der seelisch gestörten Kinder aus sehr armen oder zerrütteten Familien konnte also mit den bestehenden klinischen Einrichtungen gar nicht erreicht werden.

»Wir können heute viel mehr für die seelisch gestörten Kinder tun, als die meisten Leute denken«, versicherte ich ihr, als wir nebeneinander hergingen. »So wie Sie hier – ohne Ansehen von Rasse und Religion. Das schlimme ist, daß die Gesellschaft die Verantwortlichkeit auf die Fachleute abschiebt. Dabei ist es ein soziales Problem, und zwar ein gewaltiges, und geht deshalb alle an.«

»Das ist bestimmt richtig.« Dann wandte sie mir das runde Gesicht zu. »Wir sind so froh, daß Sie Laura helfen wollen, Herr Doktor.«

Sie lächelte erneut, und ihr Gesicht leuchtete wie von innen auf. »Sagen Sie uns bitte, was Sie für sie brauchen, und wir werden unser möglichstes tun, um es zu beschaffen.«

Ich habe diese Worte nie vergessen. Damals antwortete ich nur: »Davon bin ich überzeugt«, aber ich sagte es mehr vor mich hin, denn sie war mir bereits in das chaotischste Büro vorausgegangen, das ich je gesehen habe.

Auf dem Boden stapelten sich Schachteln mit Dokumenten, aus Aktendeckeln quollen Papiere, Schränke standen offen, und eine Wand war mit verstaubten Büchern und gebundenen Fachzeitschriften tapeziert. Hinter einem Schreibtisch, auf dem sich Akten und Korrespondenz zum Teil schulterhoch türmten, erhob sich eine hagere, sommersprossige Frau, in der einen Hand eine Kaffeetasse, in der anderen eine brennende Zigarette.

»Vom Rauchen bekommt man Krebs«, war ihre Begrüßung.

»Das scheint Ihnen gleichgültig zu sein.« Ich lachte.

»Hier«, entgegnete sie energisch, »braucht jeder irgendein Laster, und das ist nun mal meins. Bitte.« Sie hielt mir ein Päckchen Zigaretten hin, zwei weitere befanden sich unter dem Chaos auf ihrem Schreibtisch. Er sah so aus, als wäre ein Tornado darüber hinweggefegt. »Rauchen Sie?«

»Ja«, sagte ich. »Danke.«

»Mein Reservetank«, erwiderte sie und zündete sich selbst eine neue an, obwohl die letzte kaum halb aufgeraucht war.
Schwester Margaret gelang es schließlich, mich formell vorzustellen, und Mrs. Clancys aufgesprungene Lippen verzogen sich zu einem Lächeln, das das ganze Zimmer zu umfangen schien.
Ich wußte, daß ich mich mit ihr gut verstehen würde. Sie war eine der zähen, überarbeiteten, unterbezahlten Frauen, die für die Sozialarbeit geboren sind. Sie war Ende Vierzig und arbeitete bereits seit über zwanzig Jahren im Heim.
Beim Sprechen ging sie lebhaft umher, stieß ein paar Kästchen und Stühle um und ließ Aktendeckel herumfliegen. Sie war aufgezogen wie ein Kreisel, eine Frau von erstaunlicher Energie.
Es gibt Leute, die gern in einer Atmosphäre gedämpften Infernos arbeiten, und Mrs. Clancy gehörte zu ihnen. In all den Jahren, in denen ich mit ihr zu tun hatte, verlor sie niemals ein einziges Dokument oder eine Akte. Wohin sie auch ging, immer trug sie die Tasse schwarzen Kaffee wie ein Banner mit sich herum und schwappte ihn über, wenn sie gerade diskutierte. Wie oft sollte ich in den kommenden Jahren an diese Kaffeetasse und die nicht abgestreifte Zigarette als Symbole für Hingabefähigkeit denken. Kaffeeduft auf einem Korridor erinnert mich heute noch an Mrs. Clancy.
»Sie brauchen einen Plan«, erklärte sie mir und kam aus einem Nebenraum auf mich zugeschossen.
»Gut«, sagte ich, »wenn Sie meinen.«
Also setzten wir uns zu dritt hin und arbeiteten einen Plan aus, der festsetzte, wann ich Laura jeweils sehen würde.
»Zwölf Durchschläge«, knurrte Mrs. Clancy und setzte die Walze ihrer vorsintflutlichen Schreibmaschine in Bewegung, als wäre sie der Lauf eines Gewehrs. Später erfuhr ich, daß Mrs. Clancys Pläne im Heim zu den stehenden Scherzen gehörten. Sie gingen durch Flüsterpropaganda von einem Büro zum anderen und wurden dann nur selten befolgt. In Wirklichkeit war Mrs. Clancy nämlich ein leidenschaftlicher Gegner jeder Art von Bürokratismus und konnte stets improvisieren. Aber sie bestand auf ihren Plänen.
Ich verabschiedete mich also von unserer »Organisatorin«, die, seit ich sie kennengelernt hatte, ungefähr bei der achten Zigarette angelangt war. Dann folgte ich Schwester Margaret zu der einzigen Person im Kreise um Laura, die ich bisher nicht kannte. Das war Dr. Clemente, der Psychiater.
Er wollte gerade nach Hause gehen, als Schwester Margaret mich in sein Büro führte und mich dann mit ihm allein ließ.
Dr. Clementes Büro war ein Muster an Ordnung. Hier konnte nicht die geringste Spur davon entdeckt werden, daß irgendwelche Schreibarbeit

erledigt wurde. Abgesehen von zwei Telefonen und einer Schachtel Tabletten schien der Stahlschreibtisch unberührt.

Dr. Clemente hatte dichtes, noch dunkles Haar. Ich schätzte ihn auf fünfzig. Schwester Margaret hatte mir erzählt, daß er als fachärztlicher Berater angestellt war und aus dem »Fonds« des Heims bezahlt wurde. Er kam ungefähr zweimal wöchentlich.

Wir unterhielten uns eine Weile. Er war sehr umgänglich, wenn auch offensichtlich in Eile. Während ich sprach, flitzten seine Augen wie die einer Eidechse immer wieder zur Uhr. Schließlich senkte er mit einem lächelnden Kopfschütteln etwas verschwörerisch die Stimme und sagte: »Hören Sie, lassen Sie sich's gesagt sein: Für die meisten Kinder hier können Sie nicht sehr viel tun.«

»Nein?«

»Nein. Es ist traurig, aber man muß der Wahrheit ins Auge sehen.« Er streckte die rundlichen Hände aus, die Handflächen eindrucksvoll nach oben gekehrt.

Vielleicht war es diese Haltung, die mich reizte. Ich sagte: »Also, ich habe trotzdem beschlossen, es bei einem Mädchen mit Psychotherapie zu versuchen.«

»Bei wem?« fragte er, und seine Augen verengten sich.

»Laura«, sagte ich.

Sein Gesicht verzog sich, als fühlte er sich angewidert.

»Ist das Ihr Ernst?«

»Und wie.«

Er zuckte gewaltig mit den Achseln, breitete die Arme aus und spreizte die Hände. »Warum Zeit verschwenden ...?« Er brach ab und wandte sich mir mit ernster Stimme zu, in die er das ganze Gewicht seiner Jahre legte. »Junger Mann, ich kenne dieses Heim schon lange, lange Zeit. Nehmen Sie mein Wort, es gibt Kinder hier, denen die Therapie helfen würde, o ja, sicher, das streite ich gar nicht ab. Aber Laura?«

»Ich behandle sie jetzt«, sagte ich. Da ich nicht die Beherrschung verlieren und mich auch nicht auf Diskussionen einlassen wollte, stand ich auf und ging zur Tür. Er warf wieder einen Blick auf die Uhr.

Um gerecht zu sein, muß ich sagen, daß Dr. Clemente mir jede Hilfe anbot, die ich brauchte. Aber es war nur zu deutlich, daß er den Standpunkt vertrat, gegen den ich ankämpfte – die zu retten, bei denen die größte Wahrscheinlichkeit auf Erfolg bestand. Bis zu diesem Zeitpunkt hatte es bei Laura keinerlei Anzeichen auch nur der geringsten Anpassung gegeben.

»Es ist Ihre Sache«, sagte er lächelnd und zuckte erneut die Achseln, als er mir die Hand schüttelte.

Ich eilte hinaus und sah auf die Uhr. Ich hatte an diesem Abend Patienten in meiner eigenen Praxis, aber ich wollte mich vorher noch überzeugen,

daß alles für Lauras nächste Stunde in dem neuen Büro, das man mir zugeteilt hatte, bereit war.
Auch dieses Zimmer ging auf einen langen, hohen Gang hinaus, aber es war kleiner und freundlicher eingerichtet. Auf Regalen und Tischen verteilt fand ich alle Gegenstände, um die ich die Oberin gebeten hatte. Die Gräue des Gebäudes schien aus diesem fast gemütlichen Raum verbannt.

7

Ein paar Tage später saß ich in dem neuen Zimmer und wartete auf Laura. Das ganze Heim machte jetzt auf mich einen so freundlichen Eindruck, wie ich es an jenem ersten Tag nie für möglich gehalten hätte. Die Schwester am Eingang kam mir nun besonders wohlwollend entgegen, und alle, denen ich auf dem Weg zu meinem Büro begegnete, lächelten mir liebenswürdig zu. Sie gewöhnten sich an mich, wie ich mich an sie gewöhnte.
Die blasse, ernste Schwester Paulette, die impulsive Schwester Margaret, Mrs. Clancy, die Kettenraucherin – es gab so viele warme Herzen in diesen grauen Mauern, daß es mir jetzt allmählich vorkam, als wehre der widerwärtige Stacheldraht die Menschen von draußen ab, als schütze er die Schwestern in ihrer liebevollen Hingabefähigkeit vor der selbstsüchtigen Welt.
Während ich auf Laura wartete, mußte ich immer wieder an ihre Lebensgeschichte denken. Das einzige Bild von ihr, das ich klar vor Augen hatte, so schien mir, war das eines Kindes, das Nacht für Nacht von einer Schwester in den Armen gehalten wurde. Warum sollte Laura mir vertrauen? Warum die sichere Isoliertheit um einer neuen Beziehung willen aufgeben, die alle möglichen unbekannten Gefahren in sich barg? Was konnte ich ihr bieten? Was zu ihr sagen? Vor allem, wie konnte ich ihrem Schweigen begegnen – und sie schließlich aus diesem Schweigen herauslocken? Ich zweifelte immer mehr an mir. Vielleicht hatte ich mir mehr vorgenommen, als ich ahnte. Ich mußte an meine Erfahrungen denken, die ich selbst als Kind und später als Psychoanalytiker gemacht hatte. Aus diesen Erfahrungen wußte ich, daß Einsamkeit sich nicht unbedingt selbst heilt – im Gegenteil: Oft ist die Angst, von anderen verletzt zu werden, größer als das Bedürfnis, sich den anderen anzuschließen. Und in Lauras Fall traf das in extremem Maß zu. Ich mußte mich also schon sehr bemühen, um an dieses Kind heranzukommen.
Als Psychoanalytiker muß man Geduld haben können. Es kommt vor, daß man jahrelang auf ein Anzeichen von Erfolg warten muß. Manchmal

wissen wir nicht einmal, ob sich das Leben unserer Patienten nach der Behandlung entscheidend geändert hat. Ein Techniker, Arzt oder Lehrer sieht zumeist irgendwelche unmittelbaren Ergebnisse seiner Arbeit. Ich wußte, daß es bei Laura einen langen Kampf geben würde, aber ich war bereit, Zeit und Energie ohne jegliche Erwartung einzusetzen. Nach dem, was sie durchgemacht hatte, war für Laura alles, was sie von sich aus gab, auch das Kleinste, von Bedeutung. Ich lehnte mich in meinem Stuhl vor und starrte auf den Gang hinaus, der im Augenblick leer war. Die Minuten vergingen.

Ich sah auf die Uhr. Die Schwestern, so hatte ich festgestellt, waren stets überpünktlich, und Laura erschien auch auf die Sekunde genau nach Mrs. Clancys Plan am Ende des langen Korridors. Die gleiche Schwester begleitete sie.

Wieder ging sie mit gesenktem Kopf, lehnte sich schwerfällig an die Wand und hielt die linke Hand vors Gesicht. So wie sie da ankam, mit dem unordentlichen Haar, in der gebückten Haltung und ohne jede Vitalität, hätte sie eher eine sehr alte Frau sein können als ein Kind, das sich seiner Jugend freut. Die Schwester brachte sie in mein Büro, nickte mir zu und verließ uns.

Laura saß wie leblos zusammengesunken da. Wieder lief ihre Nase, ohne daß sie es beachtet hätte. Sie erschien so reglos, daß ich fast das Gefühl hatte, ich könnte ihr Herz schlagen hören. Da der Schnee draußen die Geräusche bereits dämpfte, schien die Stille im Raum noch zu wachsen, wurde ungeheuerlich.

Und dann sah ich, daß sie weinte.

Große Tränen stiegen in ihren Augen auf und rollten die mit Narben bedeckten Wangen hinunter. Es kam mir vor, als sprächen diese stummen Zeugen von wer-weiß-welcher inneren Qual eine lautere Sprache, als es Worte vermochte hätten. Ich beobachtete, wie sie an ihrer Haut hinunterliefen und in ihren Schoß fielen.

»Hallo, Laura«, sagte ich. »Erinnerst du dich noch an mich?«

Sie bewegte sich nicht, aber ich sagte mir, daß die Tränen ihre Seele symbolisierten, die sich unter der starren Oberfläche teilnahmsloser Unbeweglichkeit verbarg. Ihre Verzweiflung war ein Lebenszeichen, eine aktive Negation.

»Hast du schöne Weihnachten gehabt, Laura?« fragte ich.

So begannen Hunderte ähnlicher Stunden. Sie fanden Woche für Woche, Monat für Monat, Jahr für Jahr statt. Und zu Beginn verliefen alle anderen genauso wie die erste. Ich sprach auf eine leere Wand ein.

Jedesmal, wenn ich sie sah, begrüßte ich sie mit aller Herzlichkeit, die ich für sie empfand. Aufrichtigkeit war vor allem wichtig, wenn sie mir vertrauen sollte. Aber ihr Verhalten, ihre Stimmung, ihre Eigenheiten im Benehmen änderten sich nicht. Manchmal wischte sie sich die Nase ab, genauso oft aber auch nicht. Nur die Tränen sagten mir, daß hier Leben war, jemand, den ich erreichen mußte.

Ich entschied mich für ein System der Dreiteilung in den Stunden. Zuerst sprach ich über Dinge, die außerhalb des Heims geschahen. Ich ging durchs Zimmer, sah aus dem Fenster und beschrieb, was ich draußen sah. Dann machte ich sie allmählich mit den Gegenständen im Zimmer vertraut, dem Spielzeug und den Spielen. Und zuletzt schwieg ich manchmal selbst, saß abwartend da. Und dann war es mein eigenes Herz, das ich schlagen hören konnte.

Fachmännisches kam bei den Stunden mit Laura kaum ins Spiel. Ich sprach mit ihr, wie jeder mit einem Kind spricht. Ich wählte einfache Worte, beschrieb so lebendig wie möglich und in vielen Bildern.

»Oh, da drüben steht ein Feuerwehrwagen. Der ist aber rot, nicht wahr? Gehört der Stadt. Sieht aus, als wäre er erst gestern gestrichen worden...«

Ich war kein Neuling in der Anwendung der Spieltherapie, und es gab auch nichts besonders Neues in der Art, wie ich sie Laura gegenüber anwandte – mit der einzigen Ausnahme vielleicht, daß sie mir in den unzähligen Stunden, die ich mit gestörten Kindern verbrachte, die wenigsten Anhaltspunkte lieferte, wie ich weiter vorgehen sollte.

Ein typisches Spieltherapie-Zimmer enthält Dinge wie ein Puppenhaus und eine Puppenfamilie, Puppenmöbel, Spielsoldaten, Tiere, kleine Stühle und einen Tisch, ein Puppenbett, Kochgeräte, auch Stoffpuppen, Marionetten, ein Marionettentheater, Buntstifte, Ton, Fingerfarben, Sand, Spieltelefone – kurz, beinahe alle Gegenstände, die sich zu einem Ausdrucksspiel eignen, das heißt, mit denen das Kind Gefühle ausdrücken kann. Wenn ich Laura nur dazu gebracht hätte, die weiche, bunte Farbe zu benutzen, die ich vor sie hinstellte, so hätte ich einen Zugang zu ihren Gefühlen gehabt. Da ihre Motorik ebenfalls gleich Null war, hatte ich auch hier keine möglichen Anhaltspunkte, zum Beispiel für Infantilismus und ähnliches. Wenn ein Analytiker mit einem solchen Kind arbeitet, beachtet er alle Arten der Reaktionen auf äußere Situationen und alle zweckbetonten Bewegungen.

Ich hatte einmal einen siebenjährigen gestörten Jungen als Patienten, der viele Beratungsstunden lang nur ein Seil von seiner Hand hinunterbaumeln ließ und es gelegentlich, ohne sichtbare Bedeutung, herumwirbelte. Einmal bemerkte er eine Pferdefigur in meinem Büro und fragte, ob er damit spielen dürfe. Das Pferd trug eine kleine Kette um den Hals, und diese hatte es dem Jungen mehr angetan als das Pferd selbst. Er saß auf dem Boden und ließ die Kette rotieren. Als ich ihm das Seil zurückgab, setzte er das ritualistische Verhalten damit fort. Er hatte noch andere Gewohnheiten: So hielt er zum Beispiel die Hände auf eine verkrampfte Art vor das Gesicht und blies dann darauf; es waren regelmäßig wiederkehrende Angewohnheiten, die noch ausgeprägter wurden, als ich einen Rorschach-Test auszuführen versuchte. Danach besserte sich der Kontakt zwischen ihm und mir.

Der Analytiker muß also, wenn er es mit stark seelisch gestörten Kindern zu tun hat, oft von den allerkleinsten Andeutungen ausgehen. Er muß die Anhaltspunkte beim Patienten suchen. Aber sogar das geringste Zeichen fehlte mir in den langen, langen Stunden mit Laura. Ein Rorschach-Test kam gar nicht in Frage. Sie hätte die Tafeln nicht einmal angesehen, ganz zu schweigen von mündlichen Äußerungen.

Kurz und gut, ich mußte einen Monolog zu einem Dialog machen, ich mußte sie auf irgendeine Art mit einbeziehen. Gewöhnlich wird fast jedes Kind, das in ein Spielzimmer kommt, die Gegenstände neugierig untersuchen. Auch wenn es nicht spricht, so äußert es sich doch fast immer in irgendeiner Tätigkeit, die dem Arzt, wenn sie wiederholt wird, etwas verrät. Oder es mag, wie augenblicklich bei einem meiner kleinen Patienten, eine Zwangsvorstellung über die Sauberkeit der Gegenstände vorhanden sein, mit denen sich das Kind beschäftigt. Auch das Gehen an sich – die Art, wie das Kind die Schritte setzt – kann dem in dieser Therapie ausgebildeten Fachmann Anhaltspunkte liefern. Laura aber ging nur mit Unterstützung.

Jedesmal, wenn sie mein Büro betrat, beobachtete ich ihre Augen in der Hoffnung, daß sie vielleicht auf einem leeren Glas verweilten, das bei ihrem letzten Besuch nicht dagewesen war, oder auf Keksen, die mir die Heimküche hinaufgeschickt hatte. Ich beobachtete auch, ob sich eine geringfügige Veränderung in ihrer Reaktion zeigte, wenn ich zum Beispiel die Zigarette auf eine neue Art anzündete – oder so tat, als könne ich meine Zündhölzer nicht finden, wenn sie doch direkt vor mir lagen. Ein andermal ließ ich die Schachtel neben ihr fallen und hoffte, daß sie sie vielleicht aufheben würde, was sie natürlich nicht tat. Der größte Nachteil war jedoch das Fehlen jeder sprachlichen Äußerung, denn gerade durch sie kann ein Kind, indem es zum Beispiel einen Dialog zwischen Puppen erfindet, seinen Gefühlen und Problemen Ausdruck verleihen. Ich wählte Spielzeug und Puppen als Symbole für Lauras Leben aus, und manchmal besorgte ich auch eine kleine Schürze oder einen Kittel für sie, damit sie die Farben benutzen könnte, ohne Angst haben zu müssen, ihre Kleider zu beschmutzen.

Manchmal versuchte ich ihr Interesse durch Straßengeräusche zu wekken: das Klappern der Mülltonnen, das Heulen einer Sirene. »Das bedeutet, daß die Feuerwehr jetzt heimfährt«, sagte ich vielleicht. »Sie hat ihre Arbeit getan und bahnt sich jetzt einen Weg durch den Verkehr, damit sie schnell wieder zurück ist.«

Und so weiter, und so weiter. Ich durchstöberte nicht nur mein Gehirn und meinen sich immer mehr verringernden Wortschatz, um die Straße für sie zu beschreiben, ich versuchte nach und nach auch, Begriffe zu erklären – wie zum Beispiel das Abstraktum Winter. So schilderte ich etwa, wie der Schnee an den Ästen der Bäume gefror, was ähnlich aussehe wie die Weihnachtsdekorationen in den Korridoren. Oder ich wies auf einen Schornstein, aus dem Rauch aufstieg, und erzählte ihr, daß die Leute im Haus nun nicht frieren müßten, weil im Kessel Öl verbrannt wurde. Oder ich entwarf für sie das Bild einer Gruppe von Kindern, eingemummt wie Eskimos, die von einer Schwester, die sehr unsicher auf den Füßen war, über die Straße geführt wurden. Die Schwester klammerte sich an ihren Schirm, und auf ihrer Haube hatte sich eine kleine Schneewehe gebildet.

Als aus dem Winter Frühling wurde und sich bei dem Kind vor mir keine Veränderung zeigte, dachte ich an die Analogie ihres eigenen Lebens zu dieser Jahreszeit. Ich versuchte Mut daraus zu schöpfen, denn wartete nicht auch sie darauf, geboren zu werden, endlich zu leben?

Schließlich hatte sie jetzt zwölf Jahre lang nicht richtig gelebt. Ich benützte ihren Namen immer mehr und bemühte mich, alles so interessant wie möglich zu gestalten. Allmählich schob ich auch immer öfter Fragen ein und hoffte, daß sie sich eines Tages doch irgendwie zu einer Antwort verleiten ließ, und wenn sie nur zu sich selbst spräche.

Zu der Neugier, die ein Kind in Lauras Alter normalerweise dazu bewegt hätte, ein Zimmer voll Spielzeug näher zu untersuchen, war Laura anscheinend noch nicht fähig. Also brachte ich in jeder Stunde ein paar Gegenstände wie zufällig zum Schreibtisch und direkt in ihr Gesichtsfeld.

Darunter war auch eine Spieldose, und als ich sie einmal laufen ließ, die Karussellmusik aus der Dose ertönte und die kleinen Pferdchen sich beim Drehen auf und ab bewegten, schien ein erstaunter Blick in Lauras Augen zu treten. Von da an ließ ich die Spieldose in jeder Stunde ablaufen. Die paar Akkorde verfolgten mich in meine Träume – und auch in meine Alpträume! Aber die Musik war ein wichtiges drittes Geräusch für uns beide, eine Erholung nach meinem Reden. Worte sind der Versuch des Geistes, die Dinge zu ordnen, und Laura war noch nicht zu dem Wagnis bereit, sich in dieser verlorenen Fähigkeit zu versuchen.

Alles in allem war ich froh, als der lange, kalte Winter endete. Die Tage wurden länger, und die Straßen belebten sich. Als es noch wärmer wurde, schlenderten die ersten alten Leute hinaus zu den Bänken und lasen unter den noch kahlen Bäumen ihre Zeitungen. Ich beschloß, mit meiner Patientin einen Spaziergang zu machen. Ich wußte allmählich nicht mehr, was ich Laura erzählen sollte.

Das Heim besaß hübsche Anlagen, die rundherum von den Gebäuden geschützt waren. Dort gab es Spielplätze mit Schaukeln, Rutschbahnen und Wippen, Sandkästen für die Kleinkinder, die übliche Einrichtung. Hier gingen auch die Schwestern im Sommer abends spazieren, wenn sie ein paar Minuten Zeit hatten. Ich fand, daß diese Anlagen der Welt eines Kindes näherkamen als ein Büro, und wenn Laura schon nicht mit mir sprach, so konnte sie genausogut auch draußen in der ersten Frühlingssonne schweigen.

Ich ging ganz langsam mit ihr. Es freute mich, daß sie sich vorwärtsbewegen konnte, ohne sich an eine Mauer zu lehnen oder meinen Arm zu nehmen, den ich ihr zuerst anbot. Dieser kleine Schritt zur Unabhängigkeit ermutigte mich. Ich sprach ständig mit ihr, wies einmal auf diesen Baum, dann auf jene erste Blume hin. Und während wir so gingen, kamen die anderen Kinder auf uns zugelaufen und sprachen mich an. Sie schienen alle vor Lebenskraft überzuschäumen und waren sehr gesprächig. Ich beobachtete Laura, wenn sie kamen, aber sie zeigte keine Reaktion.

Sie fragten sie, ob sie nicht mit ihnen Seil springen oder Ball spielen wolle. Sie konnten nicht wissen, daß diese Tätigkeiten, die ihnen soviel Spaß machten, für Laura voller Schrecken steckten. Sie gehörten der realen Welt an, gründeten auf Wettbewerb, auf sozialer Kommunikation schlechthin, vor der Laura ja gerade zurückscheute. Wenn sie auch noch so gern mitgemacht hätte, sie war dazu verdammt, Zuschauer zu bleiben. Sie hatte zu große Angst, daß sie verlieren könnte; denn wenn sie verlor, so verlor sie nicht nur ein Spiel, sondern den inneren Schutz gegen ihre Verwundbarkeit.

Laura hätte ihr Schneckenhaus auch nicht immer ungestraft verlassen können. Eines Tages, als ich sie auf dem Spielplatz treffen sollte, fand ich sie umringt von einer Gruppe Mädchen, die sie verhöhnten, verspotteten und Gesichter schnitten.

»Bucklige ... Bucklige«, hörte ich sie laut rufen. Ich schickte sie schnell fort.

Während der ersten Monate, die ich mit Laura im Freien verbrachte, munterten mich nur zwei Vorfälle auf.

Einmal entdeckte ich, daß Laura die Schaukel Spaß zu machen schien, und so schaukelte ich sie sanft, während sie sich an den Ketten neben dem Sitz festklammerte. Im Gegensatz zu anderen Kindern bemühte sie sich nicht, durch Bewegung von Körper und Beinen von selbst in Schwung zu kommen. Ich hoffte, sie würde es tun, aber sie saß nur einfach da. Und ich stieß sie an.

Das zweite Ereignis war noch etwas erfreulicher. Ich stellte fest, daß Laura die Vorliebe für Süßigkeiten mit allen anderen Kindern teilte. Also deckte ich mich nun jedesmal, bevor ich zu ihr kam, mit Schokolade und Bonbons ein, und bald kannte ich das ganze Angebot, das den Zahnärzten ihr Geschäft erhält.

»Donnerwetter, Sie haben's aber mit dem Süßen, Doc«, murmelte der Besitzer des kleinen Geschäftes, das am Weg zum Heim lag und in das ich jetzt stets ging, wenn ich dorthin fuhr.
Diese Süßigkeiten bildeten die erste wirkliche Kommunikation zwischen Laura und mir. Ich bot ihr eine Tafel Schokolade an, und sie nahm sie. Es war, wenn man es recht überlegte, das einzige, was sie bisher von mir angenommen hatte. Und dann mußte sie die Kommunikation fortsetzen und die Schokolade auswickeln, das Papier zusammenknüllen und wegwerfen, bevor sie das süße Zeug schließlich in den Mund steckte.
Es war natürlich die primitivste Form einer Beziehung, die denkbar ist. Aber die vielen Stunden des Schweigens hatten mich für alles empfänglich gemacht, und ich spürte, daß wir eine Schranke durchbrochen hatten. Die nachsichtige Annahme meines Geschenkes und der schweigende Tränenstrom deuteten für mich darauf hin, daß irgendwo in Laura ein lebendiger Mensch existierte.

8

Die Sonne war heiß in jenem Jahr. Sie brannte mir nun nachmittags auf den Rücken, wenn ich auf dem Weg zum Heim war. Sie schien auf Obststände, Beerdigungs-Institute und Fleischerläden in der Gegend, die ich jetzt gut kannte. Und an manchen Tagen strahlte sie die riesige Reklametafel an der Ecke besonders an, auf der ein Mädchen in knappem Mieder unter der Überschrift VERDREH IHNEN DIE KÖPFE fast kreischend lachte.
Als ich mich eines Tages wieder in dem kleinen Geschäft mit Süßigkeiten eindeckte, schob der Besitzer den nassen Zigarrenstummel im Mund auf die andere Seite, kratzte sich in der Achselhöhle und sagte: »Glauben Sie, daß Sie das so weitermachen können, Doc?«
»Was?«
Ich war immer befangen, wenn ich das Zeug kaufte, und bin sicher, daß es mir anzusehen war. Der Mann deutete nur auf die grell verpackten Dinger in meiner Hand.
»Sie müssen's am besten wissen, Doc. Man lebt nur einmal.«
Man lebt nur einmal.
Ich ging auf das Eisengitter am U-Bahn-Eingang zu. Beim Hinabgehen stopfte ich die Süßigkeiten für Laura in die Tasche und hoffte nur, daß sie nicht zu sehr schmolzen. Um sie nicht zu zerdrücken, blieb ich in der U-Bahn stehen und lauschte den Gesprächen um mich herum. Als ich die Treppe heraufkam, war der Himmel über Staten Island und der Bay grau; noch vor Einbruch der Nacht waren Gewitter angesagt, und ich war froh

darüber. Es würde die Luft reinigen. An diesem Abend sollte ich einen Vortrag im anderen Teil der Stadt halten, und da sich das Thema um zurückgebliebene Kinder drehte, hatte ich die Schwestern durch die Oberin offiziell eingeladen.

Auf meinem Weg zum Heim fiel mir auf, wie sehr es sich in meinen Augen seit dem Schneetag verändert hatte, an dem Dorothy mich zum erstenmal hinführte. Jetzt machte es einen fast freundlichen Eindruck, so sehr war es für mich mit menschlicher Güte verbunden. Ein paar Kinder spielten an einem Hydranten, den ein Polizist gerade für sie aufgedreht hatte. Ein großer, braungebrannter Junge stülpte eine alte, durchlöcherte Bierdose über die Öffnung, und die Kinder hüpften wie Äffchen in dem künstlichen Regen herum. Ich würde sogar die Gegend vermissen.

Denn in diesem Sommer sollte ich meine Stunden mit Laura unterbrechen. Mitte Juni zog das Heim jedes Jahr mit Personal und Kindern an die See; man wollte auch diesen einsamen Kleinen den Eindruck verschaffen, wie andere Kinder in ein Sommerlager zu gehen. Bisher war Laura fast jeden Sommer mit im Lager gewesen, und jetzt war kaum der Augenblick, diesen Ablauf zu durchbrechen. Nur drei oder vier Schwestern blieben im Heim zurück und sahen dort nach dem Rechten.

Ich traf Laura draußen auf dem Spielplatz und ging ein wenig mit ihr in der dampfenden Hitze spazieren. Wir sahen zu, wie ein paar Kinder durch bunte Tunnels sausten und andere unter der Aufsicht einer Schwester im Sandkasten spielten. Ich schaukelte Laura ein bißchen.

»Ich habe dir Schokolade mitgebracht«, sagte ich schließlich. »Sie wird wohl jetzt etwas weich sein.«

Sie war weich. Laura nahm die Gabe jedoch an, entfernte das Papier und beförderte die Schokolade in den Mund. Las ich für den Bruchteil einer Sekunde ein Lächeln auf ihrem Gesicht? Jedenfalls war es der Lohn, den ich mir selbst für die Arbeit dieses Jahres zuerteilte, als ich sah, wie ihre Kiefer langsam, aber sehr entschieden kauten und ihr Rhythmus sich mit Genuß, so nahm ich an, beschleunigte. Mein Blut pulsierte. Ja, ich war sicher, daß ich zu ihr durchdrang. Ich nahm ihr das klebrige Papier aus der rechten Hand und warf es in einen Papierkorb.

»Bis September sehen wir uns jetzt nicht, Laura«, sagte ich.

Schweigen.

»Aber dann sehen wir uns wieder.«

Wir schlenderten unter den fast kühlen Schatten eines Baumes dahin.

»Ich möchte, daß du das weißt. Du fährst jetzt ins Lager ... sicher wird es dir großartig gefallen. Es liegt am Meer. Erinnerst du dich daran, Laura? Du bist gern dort, nicht wahr? Und wenn du im September zurückkommst, sehen wir uns wieder, ja?«

Die Schwester, die sie zu mir auf den Spielplatz gebracht hatte, wartete auf einer Steinbank. Lächelnd nahm sie Laura wieder unter die Fittiche.

Ich sah ihnen nach. War da nicht ein wenig, nur ein ganz klein wenig mehr eigene Kraft in Lauras Gang?
»Auf Wiedersehen, Laura«, rief ich ihr nach.
Ich brauchte nicht hinzuzufügen: »Paß auf dich auf.« Das würde schon jemand anders tun.
Ich drehte mich um und ging schnell in mein Büro. Ich hatte mich mit den Schwestern Paulette und Margaret dort verabredet. Sie gingen beide mit in das Lager auf Long Island, und ich wollte mich von ihnen verabschieden. Ich hatte sie persönlich zu dem Vortrag eingeladen, den ich am Abend um sechs halten sollte.
Während ich auf den Abschiedsbesuch von Lauras Gruppenmutter wartete, überlegte ich, ob wohl der unerschütterliche Glaube dieser Frauen auf mich abgefärbt hatte und ich eine Besserung bei meiner Patientin sah, die gar nicht vorhanden war.
Die Schwester erschien genau dann, als die Heimuhr die dritte Stunde schlug. Ich wußte schon, daß man seine Uhr nach den Schwestern stellen konnte, aber dieses Maß an Pünktlichkeit erschien mir fast übermenschlich. Ich erhob mich und bot ihr den Stuhl neben meinem Schreibtisch an. Dann schloß ich die Tür hinter ihr.
Schwester Paulette sah blaß und ein wenig abgespannt aus, fand ich, sie brauchte Erholung. Ihre Augen lagen sehr tief und beobachteten meine Bewegungen. Alles, was ich über diese zurückhaltende Frau wußte, war, daß sie Laura sehr liebte. Es war wichtig für mich, sie besser kennenzulernen, etwas über die Atmosphäre zu erfahren, die sie in ihrer Gruppe schuf. Denn ebenso wie eine Mutter prägt auch eine Schwester, die für Kinder verantwortlich ist, das emotionale Klima, in dem diese Kinder leben, ganz entscheidend mit. An diesem Nachmittag erfuhr ich etwas über die Atmosphäre, die Schwester Paulette um sich verbreitete – auf eine Lektion über die Grundbegriffe der religiösen Etikette war ich allerdings nicht gefaßt.
Als ich mich setzte, stand Schwester Paulette auf. Mit einer anmutigen, halb entschuldigenden Bewegung ging sie zurück zur Tür und öffnete sie halb.
Es gab keine Klimaanlage im Heim, und mein Zimmer schien unerträglich stickig. Für eine Schwester in Tracht mußte es doppelt beschwerlich sein. Es ist jedoch meine berufliche Gewohnheit, bei Unterredungen für Ungestörtheit zu sorgen. Daher stand ich wieder auf, öffnete das Fenster und murmelte: »Wenn ich hier drinnen rauche, ist es wahrscheinlich für Sie besser so, Schwester.« Und so unauffällig wie möglich schloß ich hinter ihrem Rücken die Tür, bevor ich mich wieder an den Schreibtisch setzte.
Ich saß kaum und blickte auf – da öffnete Schwester Paulette die Tür erneut. Sie setzte sich wieder und sagte mit einem Lachen, das man fast als

Kichern bezeichnen konnte: »Sehen Sie, Herr Doktor, wir haben eine Vorschrift, nach der wir die Tür immer offenlassen müssen, wenn wir einen Raum betreten, in dem sich ein Mann befindet. Ich hoffe, ich falle Ihnen nicht lästig, aber wir müssen uns nach diesen Vorschriften richten.«

Ich lächelte verständnisvoll, sagte dann aber, daß solche Vorschriften von meinem Standpunkt aus falsch seien.

»Glauben Sie, daß sie wirklich helfen?« fragte ich sie.

Sie beugte sich vor, die Stirn leicht gerunzelt: »Wie bitte?«

»Sie müssen doch eher Mißtrauen bei Ihnen hervorrufen, oder nicht?«

»Mißtrauen?«

Sie war ehrlich verwirrt, sogar beunruhigt, daß sie mir auf meine Fragen nicht vernünftig antworten konnte, also ging ich sofort zu einem anderen Thema über.

Schwester Paulette gehörte einer anderen Welt an. Sie war ein zurückhaltender Mensch, der sein bescheidenes Leben ohne Fragen und Zweifel lebte. Sie gehorchte Gott.

Wir begannen uns ernsthaft über Laura zu unterhalten, und sofort wurde die Schwester gesprächiger.

Meine Ahnung bestätigte sich nur zu sehr. Laura war so ziemlich die gleiche geblieben, die sie immer gewesen war. Wenn ich an Fortschritte glaubte, machte ich mir nur etwas vor. Dr. Clementes spöttisches Lachen schien bei diesem Gespräch über uns zu schweben.

Dann mußte ich mich wieder gegen die Überzeugung der Schwester wehren, daß Laura im tiefsten Innern lebendig sei und nur nicht zu uns durchdringen könne. Ich hatte zwar insgeheim denselben Eindruck, doch ich provozierte sie: Ich wollte etwas Ermutigendes hören, etwas, an das ich mich in den kommenden Monaten klammern konnte. Aber es war nur zu klar, daß Schwester Paulette rein intuitiv an das Problem heranging.

»Ich weiß nicht, wie es kommt, Herr Doktor«, sagte sie und bemühte sich, sich verständlich zu machen, »es ist einfach so, daß ich es immer weiß, wenn Laura an bestimmten Tagen sehr traurig ist.«

»Durch ihren Gesichtsausdruck?«

»Nicht nur das. Ach, es ist so schwer auszudrücken. Wir sind jetzt schon so viele Jahre zusammen. Daß sie nicht spricht, ist nur für die eine Behinderung, die sie nicht kennen. Für mich«, schloß sie stolz, »macht es nichts. Ich kenne ihr Herz.«

Ich schlug die Augen nieder. Das war eine unlogische Auskunft und rein fachlich überhaupt keine Hilfe. Und doch glaubte ich ihr; so, wie sie es sagte, klang es plausibel. Als sie fortfuhr, ihr streng geschnittenes Gesicht auf mich gerichtet, erkannte ich wieder ihre grenzenlose Liebe für dieses verlorene Mädchen. Es war die vollkommene Hingabe jeder Mutter, die ein benachteiligtes Kind hat.

Die Geduld der Schwester war unermeßlich, ein Tribut an den Gehorsam, den ich an ihr kritisiert hatte. Niemals zwang sie Laura zu etwas, was sie nicht tun wollte; sie wies sie nie zurecht – wie es verständlich gewesen wäre –, weil sie sich nicht zu den anderen gesellte. Das Kind und die Schwester waren eins, erkannte ich – Außenseiter, Sonderlinge, Einzelgänger, wenn man so will. Trotz der vielen Kinder im Heim, um die sie sich kümmern mußte, trotz der vielen Arbeit hatte diese Frau es irgendwie fertiggebracht, einem behinderten, leidenden Mädchen so viel von sich selbst zu geben! In ihrer Intuition war sie über alle Schwierigkeiten hinweg zu einer Gemeinschaft des Geistes mit Laura gekommen. Als ich aufsah, um weiterzusprechen, erschrak ich zutiefst: Schwester Paulette weinte.

Sie konnte meine Gedanken lesen! Das Gesicht in Falten gelegt, den Mund zusammengepreßt, sah sie in diesem Augenblick fast alt aus. Große Tränen rollten über ihre Wangen.

»Ich versichere Ihnen ... ich *verspreche* Ihnen, Herr Doktor, daß es Laura eines Tages besser gehen wird. Geben Sie nicht auf. Bitte. Ich bin so sicher, wie man es nur sein kann – Laura wird eines Tages sprechen und spielen wie andere Kinder.«

»Aber wir stimmen beide überein, daß in ihrem Verhalten keine Besserung eingetreten ist.«

»Es wird sehr lange dauern, Herr Doktor, sie wurde doch in einem so zarten Alter verletzt.«

Ich lächelte. »Ich gebe nicht auf, Schwester.«

Sie trocknete sich eilig die Augen, und ich ergriff meine Chance: Der Augenblick war gekommen, ein Thema anzuschneiden, das mir schon seit Monaten am Herzen lag. Ich sprach so schlicht und aufrichtig, wie ich nur konnte.

»Sie braucht ärztliche Hilfe«, sagte ich. »Ich bin überzeugt, daß Lauras äußere Erscheinung einen wesentlichen Einfluß auf ihr Verhalten hat.«

»Eine Operation?« sagte sie zweifelnd.

Ich nickte, und zu meiner Überraschung erwiderte sie sofort: »Sie haben recht.«

Ermutigt fuhr ich fort: »Da sind einmal ihre Augen.«

»Und dann auch ihr Rücken, Herr Doktor.«

Ich hielt inne. »Die Sache ist nur ...«

»Was?«

»Es wird sehr teuer sein.«

»Das werden wir schon irgendwie arrangieren.«

»Wie?«

Die Schwester senkte die Lider. »Wenn es soweit ist«, war jedoch alles, was sie sagte.

Ich sah Schwester Paulette scharf an. Ich war überzeugt, sie hatte keine

Ahnung, wie sie das Geld für die Operation an Laura beschaffen würde, aber irgendwie würde es ihr gelingen. Es ist eine Tragödie, daß medizinische Spezialbehandlungen für Anstaltskinder im Falle körperlicher Krankheit ohne weiteres bewilligt werden, während man solche Behandlungen, bei denen es vor allem um das geistige Wohl geht, nicht für notwendig hält – man betrachtet sie als kosmetische Eingriffe. Die Behebung von Lauras Sehfehler würde man kaum als wesentlich für ihre Gesundheit ansehen, davon war ich ziemlich überzeugt. Ich war etwas gereizt.

»Man wird Spezialisten brauchen, Schwester.«

»Ja, zweifellos.«

»Haben Sie eine Ahnung«, bedrängte ich sie, »was heutzutage eine große Operation in einem städtischen Krankenhaus kostet?«

»Ich veranstalte eine Sammlung, Herr Doktor.«

»Bei wem?«

»Bei meinen Freunden.«

Ich sah sie eine Sekunde lang sprachlos an.

»Oder wir leihen uns das Geld von einer Bank, wissen Sie, und zahlen es in Raten zurück. Das kann man«, sprach sie mir gut zu, da sie wohl meine Stimmung spürte. Draußen ertönte eine Glocke, und sie stand rasch auf. Dabei klopfte sie mir auf die Hand. »Machen Sie sich keine Sorgen, Herr Doktor, wir finden schon einen Weg. Wenn es soweit ist. Warten Sie nur ab.« Dann lehnte sie sich über den Schreibtisch. »Ich bete jeden Tag, daß Laura gesund wird, und meine Gebete haben bewirkt, daß Sie jetzt hier sind. Ich muß also noch etwas mehr für das Geld beten, das wir brauchen, nicht wahr? ... Und jetzt wünsche ich Ihnen einen schönen Sommer.«

Ihre Röcke wirbelten hoch, als sie hinausfegte.

9

Ich sah auf die Uhr und räumte meine Unterlagen für die Ferien fort. Ich mußte meine Zeit zusammennehmen, wenn ich heute abend nicht abgehetzt zu meinem Vortrag kommen wollte.

Schwester Margaret würde bestimmt gleich da sein. Wie gesagt, lief das Leben im Heim nach der Uhr ab, was bei den Anforderungen, die hundertfünfzig Mädchen täglich stellten, auch so sein mußte, denn sonst wäre es zum Chaos gekommen. Für die meisten Schwestern war das Leben eine ständige Hetze. Sie erledigten eine endlose Reihe von Aufgaben, die »einfach nicht warten können«. Und waren die Probleme von heute gelöst, so brachte der nächste Tag eine neue Ladung.

Doch Schwester Margaret kam heute eine ungewöhnliche halbe Stunde

zu spät. Sie erklärte, sie hätte gerade einer Vierjährigen in der Krankenabteilung eine Geschichte vorgelesen, und sie hätten doch beide noch sehen müssen, wie sie ausgeht. Noch ein einziges anderes Mal verspätete sich Schwester Margaret. Sie sagte: »Wissen Sie, Herr Doktor, ich war bei den ganz Kleinen, und eins hat mir die Haube heruntergerissen. Dann hat es eine Weile gedauert, bis ich den Haferflockenbrei aus meinem Haar bekam.« Sie sah mich sanft an. »Lassen Sie sich nicht entmutigen, Herr Doktor«, fügte sie hinzu. Ich glaube, ich starrte sie fassungslos an.
Diesmal sagte ich fast nichts, sondern ließ sie mit leiser Stimme schildern, wie wenige Schwestern in Psychologie und Sozialarbeit ausgebildet seien, besonders im Hinblick auf die schwierigen Probleme, die sich für Kinder in einem Heim ergäben. Es war das erste Mal, daß eine Schwester Unzulänglichkeiten in den eigenen Reihen offen zugab. Eine psychologisch ausgebildete Sozialarbeiterin, die große Erfahrung im Umgang mit seelisch gestörten Kindern hatte, begegnete mir hier sozusagen auf gleicher Ebene. Diese zimperlich sittsame Frau zeigte einen ungewöhnlichen Einblick in individuelle Motivationen und die Gründe für seelisch gestörtes Verhalten und sprach mit größter Selbstverständlichkeit darüber.

Ihre Einstellung war in gewissem Sinn das genaue Gegenteil von Schwester Paulettes Haltung. Schwester Margaret war keineswegs sicher, daß sie in den Himmel kam. Sie war ganz und gar eine Frau. Ihre Kraft war eher von dieser Welt als von der nächsten. Für sie konnte nicht jeder zum Wundertäter werden, der die Tracht anlegte, und auch die Fehler verwandelten sich dadurch nicht zu Vorzügen.

Sie war, genauso wie Schwester Paulette, nur in entgegengesetzter Weise, eine echte Außenseiterin, hielt an ihrem unabhängigen Denken innerhalb des strengen Ordens fest und hatte sich als Mensch voll verwirklicht. Man wird selten jemanden finden, der die Weltklugheit und Intelligenz der modernen Frau mit der strengen Lebensführung einer jahrhundertealten Tradition so verbinden kann, wie sie es verstand.

Für Schwester Margaret schien es sich dabei nicht um Gegensätze zu handeln. Sie lebte in dem Glauben, daß ihre religiöse Aufgabe darin bestand, anderen Menschen zu helfen. Sie hielt die konventionellen Regeln und Vorschriften für förderlich und für den einzelnen hilfreich, und wenn sie nicht dieser Ansicht gewesen wäre, hätte sie den Orden wahrscheinlich verlassen. Für diese Frau, die sich fast unauffällig zwischen zwei Welten bewegte, gab es keinen blinden Gehorsam. Wenn sie eine rebellische Halbwüchsige besänftigte, ein weinendes Kind tröstete oder eine aufgebrachte Mitarbeiterin beruhigte, spiegelte sich in ihr das Beste aus beiden Welten wider. Sie blieb eine Einzelgängerin mit der Empfindsamkeit des Künstlers, der Klugheit eines weiblichen Machiavelli und der Demut, ja, einer Heiligen.

Nachdem wir unser Gespräch über Laura beendet hatten, unterhielten wir uns über gemeinsame Freunde – über Dorothy, die immer noch eifrig im Sozialen Außendienst tätig war, über Dr. Clemente und andere, bis ihr Besuch zu Ende war. Ich bedauerte, daß ich Schwester Margaret nun eine Zeitlang nicht mehr sehen würde.

»Leider kann ich heute abend nicht zu Ihrem Vortrag kommen, Herr Doktor«, sagte sie, »aber ich schaffe es einfach nicht.«

»Das verstehe ich schon«, erwiderte ich. »Ein andermal.«

»Ja, ich hoffe, Sie laden mich wieder einmal ein. Es freut mich so, daß Sie im Herbst weiter mit Laura arbeiten werden. Aber Sie sehen aus, als ob Sie Urlaub brauchen könnten. Erholen Sie sich gut, Herr Doktor.«

»Danke, Sie auch«, erwiderte ich mechanisch, und dann wurde mir klar, daß die Schwestern selbst niemals Urlaub nahmen. Schwester Margaret würde mit den anderen das Sommerlager für die Kinder führen. Zehn Tage im Jahr gingen die Schwestern zu Exerzitien, und diese Zeitspanne der Einkehr und geistigen Erneuerung für die kommenden Kämpfe war alles, was sie an Ferien kannten.

Schwester Margaret lächelte, als sie meine Gedanken erriet. Halb entschuldigend sagte sie: »Die Probleme der Kinder machen nie Urlaub, nicht wahr, Herr Doktor?« Sie stand auf. »Ich hoffe, Ihr Vortrag verläuft gut. Ich bin sicher, daß ein paar von uns da sein werden«, fügte sie hinzu, als wolle sie mich trösten.

Zwölf kamen. Die Veranstaltung wurde im Auftrag einer Fachvereinigung abgehalten und fand in einem Hotel in Manhattan statt. Als der erste Referent mit seiner Ansprache begann und ich die zwölf Schwestern in einer Reihe sah, klopfte ich mir im Geiste auf den Rücken. Ich hatte dazu beigetragen, daß sie einmal aus dem Heim herauskamen und auch andere Hilfsmöglichkeiten kennenlernten. Weder Schwester Margaret noch Schwester Paulette waren anwesend. Die einzige, die ich kannte, war die kleine, energische Schwester Philomene, die den Ruf besaß, eine glänzende Biologielehrerin zu sein.

10

Den ganzen Sommer über dachte ich viel über Laura nach, und als ich dann zum erstenmal wieder auf dem Weg zum Heim in der U-Bahn saß, wußte ich, daß ich den Fall nicht aufgeben konnte, obwohl meine eigene Zeit und die Praxis sehr dadurch beansprucht wurden.

Auf dem Korridor begrüßte mich Kaffeeduft. Einen Augenblick später kam Mrs. Clancy, Lauras Fürsorgerin, um die Ecke, in der einen Hand die Kaffeetasse, in der anderen die Zigarette.

»Krebs tötet«, sagte sie und verstreute Asche. »Wie geht's Ihnen, Herr Doktor? Haben Sie den Sommer gut verbracht?«

»Ja, danke, Mrs. Clancy. Und Sie?«

Eine unnütze Frage – Mrs. Clancy hatte sich wirklich erholt. Die vierschrötige Frau war braungebrannt, munter und energisch. In einem Monat würde sie anders aussehen, besessen von den Problemen ihrer Kinder und darauf bedacht, ihnen so gut wie möglich zu helfen.

Sie erzählte mir, daß bei Laura keine Veränderung eingetreten sei. Im Lager war sie so wie immer – apathisch, nicht ansprechbar ... schweigsam. Die Kinder waren vor ein paar Tagen zurückgekommen, und Laura würde zur üblichen Stunde zu mir gebracht werden. Die altgewohnte Routine hatte mich wieder erfaßt, und im Augenblick war nicht abzusehen, wann ich wieder davon befreit wäre.

In meinem Büro war großreinegemacht worden, typisch für die Gründlichkeit, die im Heim herrschte.

Auf meinem Schreibtisch lag eine Notiz der Oberin, in der sie mich nach den Sommerferien formell, aber freundlich begrüßte.

Ich sah rasch die Post durch, die in einem Mäppchen auf meinem Schreibtisch lag. Dann prüfte ich nach, ob die Farben, das Papier und die Buntstifte, um die ich schon vor den Ferien gebeten hatte, da waren. Nichts fehlte, was ich bei meiner Arbeit mit Laura brauchen würde – nicht einmal die Putzlappen, die man stets zur Hand haben mußte, wenn ein Kind mit Fingerfarben spielt. Sonst kann es vorkommen, daß das ganze Büro beschmiert wird und man selbst dazu.

Auf die Minute pünktlich sah ich Laura, von einer Schwester begleitet, den Gang entlang auf mein Büro zukommen.

Das Kind hielt sich an der Wand und tappte langsam vorwärts. Hin und wieder wurde es von der Schwester gestützt.

Laura war die gleiche geblieben. Und wenig später saß sie in der üblichen Art neben mir – nach vorn gekrümmt, die Augen auf den Boden gerichtet, eine Hand ins Gesicht gedrückt. Die einzige sichtbare Veränderung war, daß ihre Nase nicht mehr tropfte.

Obwohl ich sie herzlich begrüßte, versuchte ich diesmal alle Fragen zu vermeiden, um sie nicht zu Antworten zu drängen. Da es ein warmer Tag war, entschloß ich mich nach einer Weile, mit ihr spazierenzugehen; es lagen noch genug Monate vor uns, in denen wir drinnen bleiben mußten.

Es war der langsamste Spaziergang, den ich je gemacht habe. Aber auch einer der aufregendsten, wie sich herausstellte.

Wir kamen nur mühsam vorwärts. Ich spürte die verstohlenen Blicke der vorübergehenden Erwachsenen, das offene Starren der Kinder. Ich versuchte, unsere Schritte möglichst an Läden vorbeizulenken, damit ich Bemerkungen über die Schaufenster machen konnte.

»Sieh dir all die Schuhe an, Laura, sie sind gerade repariert worden. Und diese da kommen noch an die Reihe.«

KURZPARKZONE. Ein Altwarenhändler. Eine Zweigstelle des Gesundheitsamtes, die offensichtlich nicht mehr in Betrieb war. Prospekte baumelten nutzlos von Haken.

Jemand ging vorbei und sagte: »Diese Strolche werden...«

Eine Aufschrift quer über einen Bretterschlag. Dann eine Frau mit einem Kind an der Hand. »Paß auf den Randstein auf«, sagte sie.

Ich wischte mir das Gesicht mit dem Taschentuch. Was würde geschehen, wenn das so weiterginge – immer weiter? Wenn es mir niemals gelänge, zu Laura durchzudringen, niemals?

An der Ecke, an der wir die Straße überquerten, roch es nach Würstchen und Sauerkraut. Kinder standen nach Hot Dogs und Limonade an. Der Verkäufer hatte einen bunten Schirm über seinem Karren und ein gefurchtes Gesicht. Aus irgendeinem Grunde wußte ich, daß es nur das Gesicht eines Italieners sein konnte.

»*Va ben'?*«

»*Non c'è male!*«

Ich unterhielt mich ein bißchen mit ihm, und als die Jungen alle abgefertigt waren, bezahlt hatten und auf quietschenden Rollschuhen davonstürmten, bestellte ich auch einen Hot Dog.

»Und für die *piccola*... für die Kleine auch?« fragte er mit gütiger Stimme.

Ich glaube, in diesem Augenblick sah ich Laura fast beschwörend an. Würde sie sich niemals ändern?

»Möchtest du einen, Laura? Sie sind gut.«

»Natürlich möchte sie einen«, sagte der Verkäufer, schichtete seinen buttrigen Senf zwischen die heißen Würstchen und das aufgeschnittene Brötchen und reichte es ihr. Sie nahm es sofort.

Ich versuchte möglichst zu verbergen, daß ich sie beobachtete, während ich bezahlte. Hand in Hand wanderten wir weiter und kauten dabei die köstlichen Würstchen.

Es war eine geschäftige Gegend, in der wir uns jetzt befanden. In kleinen Läden war ein lebhaftes Hin und Her; Lastwagen entluden ihre Ladungen; Kinder, die aus der Schule kamen, hüpften vor ihren Eltern einher; Zeitungshändler und Süßwarenkioske waren von Jugendlichen umlagert.

Eine besonders lebhafte Gruppe spielte auf dem Gehsteig; die Mädchen hüpften der Reihe nach über ein Seil, und die Jungen spielten Schlagball. Weiter hinten auf der Straße bemerkte ich die Bande auf den Rollschuhen. Langsam gingen wir weiter.

Wir kamen an noch mehr Läden vorbei, und hin und wieder machte ich lakonische Bemerkungen zu meiner Schutzbefohlenen. Zu diesem Zeitpunkt wurde mir bewußt, daß eine Art Angriffsstimmung in der Luft lag, wie man sie in jeder Großstadtstraße spüren kann. Die vier oder fünf jungen Burschen auf den Rollschuhen waren jetzt hinter uns auf einer kleinen Anhöhe und lachten und johlten miteinander. Diese ziemlich harmlosen, sich zur Schau stellenden Bengels betrieben einen Sport meiner eigenen Jugend: Sie rasten auf ihren Rollschuhen hinter irgendeinem Opfer, möglichst einem Mädchen, her und ließen im letzten Moment eine Art Indianergeheul ertönen, das ihre Beute in Schrecken versetzen sollte. Vorsichtshalber führte ich Laura aus der Gefahrenzone hinaus in eine Seitenstraße.

Plötzlich stürmte die Bande um die Ecke. Berauscht von ihrer Jugend, schwangen sich die Burschen über den unebenen Gehsteig, wobei sie mühsam das Gleichgewicht hielten. Ich begann, fieberhaft zu überlegen.

Sie würden an uns vorbeikommen, auf uns treffen. Das war unvermeidbar. Aber sie konnten ihre überschüssige Kraft kaum an einem Krüppel wie Laura auslassen. Es konnte jedoch auch sein, daß sie ihr einen Schock versetzen wollten. Und in diesen Bruchteilen einer Sekunde war ich nicht so sicher, ob dies nicht das beste für meine Patientin sein würde.

Ich habe schon erwähnt, daß es dem Schizophrenen schwerfällt, zwischen Phantasie und Wirklichkeit zu unterscheiden. Aber ich wollte, daß sich Laura etwas *vorstellte.* Als die lärmenden Rollschuhläufer näher kamen, war ich daher glücklich, als sie sich an mich klammerte.

Vorstellungskraft, verbunden mit Wahrnehmung, ist wesentlich für eine gesunde Anpassung an die reale Welt, doch bedingt die Vorstellungskraft auch, daß der Mensch sich in gewisser Weise in sich zurückzieht. Sie kann daher ironischerweise die Ursache einer Geisteskrankheit sein. Laura preßte sich an mich. Schreiend und kreischend kamen die vier oder fünf Rollschuhläufer jetzt auf uns zu. Ein ohrenzerreißender Lärm herrschte. Da packte Laura meinen Arm!

»Paß auf!« schrie einer der Jungen.

»Wir kommen dich holen«, ein anderer.

Laura umklammerte meinen Arm fester. Ich sah ihr angespanntes, hochrotes Gesicht. Ihre erschreckten Augen bewegten sich, lebten. Beinahe behende sprang sie aus dem Weg. Dann legte sie einen Arm um mich. Sehr verängstigt und hilflos weinend hielt sie sich zum Schutz an mir fest. Ich hatte sie noch nie vorher so maßlos weinen sehen, und als sie in diesem Augenblick mit tränenüberströmtem Gesicht zu mir aufsah und nach Luft rang, muß sie sich gewundert haben, warum ich lächelte.

»Du brauchst keine Angst zu haben, Laura, keiner tut dir etwas. Die Jungen haben nur gespielt. Sie sind jetzt fort, siehst du?«

Eben hatte ich Laura zum ersten Male gesehen – den hinter der Maske verborgenen Menschen, das verschreckte Kind, dessen Verschanzung für eine Sekunde durchbrochen worden war. Sie hatte in einem Angstmoment ganz normal reagiert. Wie jeder andere hatte sie nach Schutz gesucht. *Laura war nicht geisteskrank.*

Als wir am Heim angelangt waren, hatte sie ihr übliches, isoliertes Verhalten wieder angenommen, aber mir war zumute, als müßte ich singen.

»War der Spaziergang schön, Herr Doktor?« fragte die Schwester an der Tür meines Büros.

»Ja, Schwester, sehr schön, danke.«

»Komm, Laura, wir gehen zurück in den Schlafsaal, nicht wahr?«

Die Schwester führte sie hinaus. Ich starrte aus dem Fenster auf die Straße, ohne etwas wahrzunehmen. Im Geiste sah ich ein einsames Mädchen, vom Leben bitterlich mißhandelt, daß sich zum Schutze an ein anderes menschliches Wesen wandte. Ich konnte ihre Arme beinahe immer noch um mich spüren. Meine Aufgabe war es jetzt, Laura dazu zu bringen, dieses Vertrauen zu entwickeln und zu verstärken.

Als die Bedrohung von außen immer heftiger wurde, wie es bei den Rollschuhläufern der Fall gewesen war, hatte sie die Sicherheit ihrer inneren Welt verlassen und Hilfe gesucht. Laura brauchte sowohl einen Grund, um aus sich herauszugehen, als auch einen Menschen, zu dem sie sich flüchten konnte. In ihrem tiefsten Innern *wollte* sie zugänglicher sein. Begann sie endlich, zu ihrer Umwelt Beziehungen aufzunehmen? Nur die kommenden Monate würden es zeigen. Ich mußte warten – warten, bis Laura mich wieder brauchte.

11

Ich hatte also in bezug auf Laura nicht unrecht gehabt. Oder vielleicht sollte ich lieber sagen, daß Schwester Paulette schon immer recht hatte.

Obwohl in den folgenden Monaten, soweit es meine Stunden mit Laura betraf, nur die Jahreszeiten zu wechseln schienen, spürte ich doch gewisse Anzeichen einer Veränderung, die ich bisweilen auch dringend brauchte, um nicht mutlos zu werden.

Das Mädchen verhielt sich nach dem Vorfall mit den Rollschuhläufern sofort wieder wie üblich. Ja ihre Teilnahmslosigkeit konnte kaum übertroffen werden. Trotz allem spürte ich ihre Gegenwart, ich fühlte, daß sie reagierte und wachsam war. Während der langen Monologe gab es Augenblicke, in denen sie den Kopf hob, ich ihr ins Gesicht sehen und einen Kontakt von Auge zu Auge herstellen konnte. Zur Beruhigung sagte ich mir, daß Laura immer zu den Kindern gehört hätte, in denen innerlich mehr vor sich geht, als an der Oberfläche sichtbar ist.

Das zeigte sich auf verschiedene Weise. So brachte die Musik der Spieldose auf meinem Tisch fast unmerklich Reaktionen auf Lauras Gesicht hervor, und wenn sie auch nicht sprechen konnte, so war es doch, als würde sie mir antworten. Die Folge war, daß auch mir die Worte irgendwie leichter zuflossen. Ich lernte eine Art neuer Sprache. Ein Rhythmus, eine subtile Form der Verständigung entwickelte sich zwischen uns.

Auf unseren gemeinsamen Spaziergängen führte ich Laura auf den Spielplatz des Heims, wo wir die Zeit auf der Schaukel und neuerdings auch auf der Wippe verbrachten. Besonders letztere stellte ebenfalls eine Beziehung zwischen uns her, denn Laura mußte auf mein Balancieren eingehen. Sie fürchtete sich jetzt vor beiden Geräten nicht mehr, und beide erregten sie offensichtlich auf irgendeine Art.

Als es zu kalt wurde, um hinauszugehen, verbrachten wir unsere Zeit in meinem Büro, das jetzt mehr einem Spielzimmer glich. Behutsam nahm ich ein Spielzeug nach dem anderen aus den Regalen und stellte sie auf meinen Schreibtisch, so daß sie in ihr Gesichtsfeld kamen, ohne ihr aufgezwungen zu werden. Und ich redete und redete.

In dieser Zeit wurde ich beinahe zum Fachmann auf dem Spielzeugsektor. Zuvor hatte ich keine Ahnung gehabt, welche Wirklichkeitstreue hier herrscht. Wenn ich in diesem Winter an Schaufenstern vorbeikam, fielen mir, dank der Bedürfnisse meiner Patientin, Puppen auf, die essen konnten, urinieren, sabbern, aufstoßen, die Zähne bekamen, »Mama« schrien und sangen (auf einem Transistor innen lief eine Platte ab). Manchen konnte man die Fußnägel abnehmen, um Nagellack aufzutragen; andere stellten sich als echte Babypuppen mit allen anatomischen Einzelheiten heraus, wenn man sie auszog. Kein Püppchen, das nicht mit einem Fläschchen, mit Seife, Zellstoff, Schnuller, Tupfer zur Reinigung der Ohren oder, wie ich in einem Fall feststellte, einer Klistierspritze ausgerüstet war. Es soll keiner behaupten, daß die Amerikanerin nicht darauf vorbereitet wird, ihre Kinder aufzuziehen.

Trotzdem ging mir allmählich bei Laura der Stoff aus, und ich wußte auch nicht mehr, was ich ihr erzählen sollte. Da entdeckte ich eines Tages ein großes Puzzlespiel und kaufte es. Es bestand aus zweihundertfünfzig Einzelteilen und beschäftigte uns fast einen Monat lang.

Es stellte eine hübsche Szene dar, einen Bauernhof mit einem anheimelnden Haus unter Bäumen, um das herum verschiedene Tiere grasten. Es war bunt und reizvoll, und als ich es allmählich vor Laura zusammensetzte, konnte ich nach Herzenslust über die noch fehlenden Teile sprechen. Und während ich diese in der Schachtel suchte, beobachtete ich Laura aus einem Augenwinkel. Manchmal hob sie den Kopf hoch, und ihre Augen bewegten sich, als wolle sie mir bei der Suche nach dem Stück helfen. Ich erreichte also meinen Zweck: ihre Aufmerksamkeit zu fesseln, ohne daß sie sich dessen bewußt wurde; ihre Anteilnahme an Dingen der Außenwelt zu wecken, ohne daß dabei direkte Forderungen an sie gestellt wurden.

Schon wieder stand ein Weihnachtsfest vor der Tür. Gänge und Hallen im Heim erstrahlten im Schmuck, und jedesmal, wenn ich jetzt kam, hörte ich, wie eine Gruppe Mädchen Weihnachtslieder übte. Ich behandelte Laura nun seit einem Jahr, und ich war nicht sehr weit gekommen.
Ich habe mich daran gewöhnt, meine Zeit in dem Heim nach den Weihnachtsfesten zu berechnen, zu denen ich stets eingeladen wurde. Sie werden mir immer in Erinnerung bleiben. In der Vorweihnachtszeit waren die Schwestern stets hektisch betriebsam und so aufgeregt wie Teenager. Ich sah sie unsicher auf Leitern stehen und Rauschgoldgirlanden in den Zimmern der Mädchen aufhängen. Oder ich beobachtete, wie sie den Baum vor der Kapelle mit Glühbirnen besteckten und dabei jede Vorschrift der Feuerschutzpolizei brachen, denn ihre Verlegung der elektrischen Leitungen war verheerend. Oder ich begegnete ihnen in der Vorhalle, wo die Pakete mit Spielzeug, Süßigkeiten und Puppen eintrafen und wo jede Schwester aussortierte, was ihren bestimmten Kindern gehörte.
Die Schwestern achteten darauf, daß jedes ihrer Kinder wenigstens einen Gegenstand erhielt, der auf seinem Wunschzettel stand. Das bedeutete ein ständiges Einkaufen und Organisieren. Jedes Geschenk wurde einzeln verpackt, mit dem Namen des Empfängers und einer persönlichen Botschaft versehen. Diese Arbeiten wurden meist zusätzlich sehr spät in der Nacht oder am ganz frühen Morgen durchgeführt. Es war erstaunlich, daß die Schwestern nicht vor Erschöpfung zusammenbrachen.
Als ich in jenem Jahr am Heiligen Abend mit Schwester Margaret durch die Korridore ging, lachten und spielten die Kinder und waren sehr vergnügt. Die reine Freude, die hier überall herrschte, sprach für sich selbst. Jedes Kind, das ich hier sah, hatte Unglück kennengelernt. Es war ein Wunder, daß sie überhaupt noch lachen und spielen konnten – der schönste Lohn für die Schwestern.
Wir gingen nacheinander in die Wohnräume. Die Mädchen eilten auf uns zu, zerrten an uns und umfaßten uns. Wir mußten bleiben, Eis und Kuchen essen und ihre kleinen Darbietungen anhören. Manche Gruppen sangen ein Weihnachtslied, andere tanzten, und die ehrgeizigeren spielten ein Weihnachtsstück, vielleicht ein Krippenspiel mit einer naturgetreuen Krippe.
Als ich zu der dritten Gruppe kam, hatte ich bereits genug Eis und Kuchen für die nächsten fünf Jahre gegessen. Aber es war unmöglich, die Kinder zurückzuweisen.
»Lucy ist zur Zeit verrückt nach Tomaten-Ketchup«, erklärte Schwester

Margaret, als wir wieder nebeneinander über den Korridor gingen. »Ich konnte ihr welches für ihr Eis verschaffen.« Ich erinnerte mich an das blasse Gesicht mit dem Ketchup-Klecks in einem Mundwinkel; ich hatte es für Erdbeermarmelade gehalten. »Und dann Betty, die praktisch nur von Crackers und Erdnußbutter lebt. Wir wollen den Kindern ihre Vorliebe für bestimmte Lebensmittel wenn möglich nicht nehmen. Aber bei den ganz Kleinen«, schloß sie in ihrer zerstreuten Art, »ziehe ich die Grenze bei drei Kaugummikugeln pro Tag.«

»Ich würde Laura gern einen wirklich großen Baum zeigen und beobachten, wie ihre Augen aufleuchten«, sagte ich. »Im Rockefeller Center steht ein riesiger dieses Jahr.«

»Eine fast siebzehn Meter hohe Tanne«, sagte Schwester Margaret leise, und ich war versucht zu sagen: »Haben Sie sie etwa selbst bestellt?« Doch als ich sie ansah, hatte sie die Stirn gerunzelt. »Sind Sie entmutigt, Herr Doktor, wegen Laura?« fragte sie.

»Nun ja, ich kann vielleicht eine ganz leichte Reaktion bei ihr feststellen. Bei der Arbeit mit dem Puzzlespiel, von dem ich Ihnen erzählt habe. Im neuen Jahr möchte ich gern ein Modellhaus kaufen und es mit ihr zusammensetzen.«

Die Frau lächelte mich offen und vertrauensvoll an. Sie berührte meinen Arm. »Machen Sie sich keine Sorgen, Herr Doktor. Ich weiß ganz sicher, daß Laura bald mit uns sprechen wird.«

Wir standen jetzt vor einer offenen Tür, aus der Licht strömte und Gesang ertönte. Wir betraten den Raum. Ich war in Lauras Abteilung angelangt. Schwester Paulette kam sofort auf mich zu und zog mich mit sich.

»Möchten Sie nicht etwas Eis und Kuchen haben, Herr Doktor?« fragte sie.

»O bitte, o bitte«, ertönten hohe Kinderstimmen um mich herum.

Automatisch nahm ich die riesige Portion Schokoladeneis und das große Stück Kuchen in Empfang. Ein Kind zupfte an meiner Hose, weil es mir den neuen Puppenwagen zeigen wollte. Ein anderes pries die Schönheit seiner Stoffpuppe. Aber ich hörte nur halb zu. Meine Augen suchten jemanden.

Es war nicht schwer, Laura zu finden, denn sie war die einzige, die nicht lachte, spielte, rannte oder sang. Sie saß allein in einer entfernten Ecke und aß langsam ihr Eis.

Ich entschuldigte mich bei Schwester Paulette, durchquerte, immer noch den Teller in der Hand, den Raum und ging auf sie zu. Sie machte keine Bewegung. Neben ihr stand ein leerer Stuhl, und ich setzte mich darauf.

»Gut, nicht wahr?« sagte ich und bewegte meinen Löffel im Takt mit dem ihren. »Ich glaube, das ist mein Lieblingseis.« Sie sagte nichts. Ich beugte mich zu ihr hinab. »Frohe Weihnachten, Laura«, sagte ich.

Sie sah zu mir auf. Dann wandte sie sich wieder ihrem Eis zu. Ich bemerkte, daß die Karte, die ich ihr geschickt hatte, über ihrem Bett hing.
Ich blieb eine Zeitlang bei ihr, dann ging ich.
»Frohe Weihnachten«, sagte ich noch einmal, bevor ich aufbrach. Und wieder blickte mich ihr seltsames, vernarbtes Gesicht stumm an.
Ich bedankte mich bei der Schwester für die Einladung und fragte leise, ob Laura, so wie viele andere Mädchen, den Weihnachtsfeiertag bei einer Familie verbringen werde. Ihr mitleidiges Lächeln sprach Bände. Laura würde im Heim bleiben.
»Sie scheint es so zu wollen, Herr Doktor.«

12

Als mein zweites Jahr mit Laura begann, war mir klar, daß ich wenig Grund zu Optimismus hatte. Gleichzeitig hatte ich jedoch das Gefühl, daß irgend etwas erreicht war; einen Augenblick lang wenigstens hatte ich das verängstigte Kind hinter der Maske des Schweigens erblickt. Außerdem hütete ich mich davor, zuviel von ihr zu erwarten; ein hypersensibler Mensch wie Laura könnte meine Enttäuschung sehr wohl spüren und sich dann nur um so mehr in die Welt der Phantasie zurückziehen. Die Fähigkeit von Patienten, die Gefühle ihrer Therapeuten intuitiv zu erfassen, ist bekannt; oft ist sie geradezu unheimlich. Diese Risiken mußte ich in Kauf nehmen. Und das Jahr begann gut – dank dem Spiel aus Plastikbausteinen, das ich Schwester Margaret gegenüber erwähnt hatte.
In jeder Stunde mit Laura beschäftigte ich mich nun damit, aus einer komplexen Auswahl von ineinanderpassenden Einzelteilen ein Haus zu bauen. Was meine Patientin dachte, weiß ich nicht; ich selbst aber staunte immer wieder über die sinnreiche Konstruktion dieses Spielzeugs, als nach und nach, vom Fundament bis zum Dach, ein höchst wirklichkeitsgetreues Haus auf meinem Tisch entstand. Im ganzen brauchten »wir« drei Monate dazu. Und ständig beobachtete ich Laura dabei.
Ich las zuerst die Gebrauchsanweisung laut vor und steckte dann die Teile langsam zusammen. Ich wußte, daß mein Werk sie immer mehr fesselte. Ich tat mein möglichstes, um eine Gemeinschaftsarbeit daraus zu machen, und gelegentlich beugte sie den Kopf vor, wenn sie auch das Gesicht immer noch mit der Hand bedeckte. Sie saß auf ihrem Stuhl und beobachtete gespannt, wie ich jeden Baustein an die passende Stelle schob. Ihre Augen folgten wie hypnotisiert den Bewegungen meiner Hand, und hin und wieder wandte ich einen Trick an, um sie aus sich herauszulok-

ken: So steckte ich absichtlich zwei falsche Bausteine zusammen oder ließ ein Stück fallen und beobachtete dann, wie ihre Augen es bis zum Boden verfolgten. An manchen Nachmittagen schien ihr Blick von meiner Hand zu der Gebrauchsanweisung zu wandern, so als wolle sie den nächsten Zug bereits voraussehen.

In solchen Augenblicken drängte es mich, sie zur Mithilfe aufzufordern. Ich hatte jedoch Angst, zu weit zu gehen, sie so zu erschrecken, daß sie sich noch mehr in sich zurückzog. Trotzdem war es erfreulich zu wissen, daß ich wenigstens ihre Aufmerksamkeit erregt und sie beinahe zum ersten Male mit der Außenwelt in nähere Berührung gebracht hatte. Überdies war die Brücke, die ich zwischen uns schlug, symbolisch: Ich baute etwas, das sie noch nie gehabt hatte – ein Haus, ein Heim. Ich hatte das Gefühl, daß dieses Spiel die Basis für die zuverlässigste und sicherste Beziehung bildete, die ich zu diesem Zeitpunkt zu ihr herstellen konnte. Es mußte eine absolut verläßliche Beziehung sein.

Ich bin jedoch kein Techniker, und mir wurde, als ich mich mit der höchst komplizierten Gebrauchsanweisung herumschlug, bald klar, daß die heutigen Spielzeugfabrikanten bei den Kleinen eine ganze Menge Vorkenntnisse voraussetzen. Manchmal mußte ich die schwierige Anweisung mit nach Hause nehmen und dort studieren, bevor ich Laura wieder sah, damit ich sicher sein konnte, daß unsere Stunde glatt und produktiv verlief.

Es war eine sehr realistische Behausung. Wenige Menschen konnten es besser haben. Die Türen waren eingehängt, die Fenster ließen sich beinahe besser öffnen und schließen als meine eigenen, und das Ganze war so eingeteilt, wie es ein typisches Haus mit drei Schlafzimmern ist. Das Dach konnte man zurückklappen und dann das Innere betrachten.

Als »wir« mit unserem Bau fertig waren, stand er mit einer stolzen Länge von fünfundsiebzig und einer Höhe von dreißig Zentimetern vor uns.

Der Nachmittag, an dem ich das Haus möblieren wollte, war ein regnerischer Märztag. Bevor Laura, halb gestützt von einer Schwester, ihren langen Weg den Gang entlang machte, brütete ich über den einzelnen Möbelstücken. Und die beiden überraschten mich dabei. Die Schwester lächelte und setzte Laura neben mich. Ich begann mit ihr über unser Problem zu sprechen. Meine Unsicherheit mußte sich sehr stark bemerkbar gemacht haben, so daß ihre Scheu gelöst wurde; denn etwas Ungewöhnliches geschah.

Es war noch nie meine Stärke, auszutüfteln, wohin man die Möbel stellen soll, und ich habe immer gestaunt, mit welcher Leichtigkeit Frauen genau die richtige Stelle für irgendein Sofa oder einen Stuhl finden. Nun, hier sah ich mich der gleichen Schwierigkeit gegenüber – wohin mit den Miniaturstücken? Ich fing mit einem »alten« Lehnstuhl an und stellte ihn neben den Kamin, in dem künstliche Holzscheite anheimelnd »glimm-

ten«. Und plötzlich merkte ich, daß ich Lauras Aufmerksamkeit gefesselt hatte. Es war fast körperlich zu spüren. Sie war restlos in Bann gezogen. Ich setzte meine Tätigkeit langsam und unschlüssig fort, gab dazu Kommentare ab und äußerte meine Zweifel.
Im Gegensatz zum Zusammenfügen des Puzzlespiels und der Errichtung des Hauses mußte man beim Möblieren eine Wahl treffen. Persönlicher Geschmack spielte eine Rolle. Ich gruppierte gerade ein paar Stühle um einen Tisch, als Lauras Hand mein Handgelenk streifte. Sie griff über mich in das Haus hinein und stellte die Möbel um.
Ich werde diesen Augenblick niemals vergessen. Mein Herz schlug vor Freude, als Laura mit sicheren Händen, festem Griff und fast glänzenden Augen die Stücke umsetzte. Ihre Befriedigung war deutlich zu spüren. Sie war vollkommen vertieft. Innerhalb von Sekunden hatte sie alles verändert. Es war, als hätte sie es schon seit Wochen im Geiste geplant.
»Aha«, sagte ich, »dahin gehören sie also.«
Sie wußte genau Bescheid. Sie war mir zu Hilfe gekommen.
Ich reichte ihr weitere Einrichtungsgegenstände. Auch diese fanden sofort ihren Platz.
»Du hast recht«, sagte ich, »das paßt dort gut hin.«
Es fiel mir schwer, gleichmäßig zu sprechen. Wieder hatte sie sich aus ihrem Schneckenhaus herausgewagt. Und als ich zusah, wie sie so sicher das Puppenhaus einrichtete, kam es mir vor, als beobachtete ich die Bewegungen ihrer Augen, Arme und Hände zum allerersten Mal – als hätte keiner zuvor diese Bewegungen gesehen. Mir war zumute wie jemandem, der ein gelähmtes Kind die ersten Schritte tun sieht oder ein Kleinkind zum erstenmal sprechen hört. Man sagt, es gäbe einen Engel, der über den Dächern schwebt, in die Häuser hineinschaut und denen, die in Not sind, hilft. Als ich Laura jetzt mit verhaltenem Atem zusah, war sie eine Zeitlang dieser Engel für mich. Und ich war glücklich und wollte ihr zeigen, daß ich sie gern hatte.
Eine Schwester stand in der Tür.
»Sehen Sie«, sagte ich stolz, »was wir gemacht haben. Wir haben ein Haus eingerichtet.«
»Wie hübsch!«
»Laura hat die Möbel hineingestellt.«
Die Schwester bewunderte unser Werk höflich, und als sie das Mädchen hinausführte, schloß ich behutsam das Dach. Ich war sicher, daß Laura einen letzten sehnsüchtigen Blick darauf warf. Mein häßliches Entlein war jetzt eine Prinzessin.
Obwohl es zu früh für übertriebenen Optimismus war, hielt ich in meinen Aufzeichnungen fest, daß dieser denkwürdige Nachmittag nicht nur das Ausmaß ihres Vertrauens, sondern vielleicht auch den Beginn ihrer Rückkehr zur realen Welt kennzeichnete.

Ihre offensichtlich durchdachte Anordnung der Möbel zeigte mir, daß sie an dem Haus und daher auch an seiner symbolischen Bedeutung stark interessiert war. Und an diesem Interesse erkannte ich ihr Verlangen, ein wirkliches Heim zu haben, Mitglied einer Familie zu sein. Ich zog meine Schublade auf. Dort lag die Familie versteckt – ein Puppenvater, eine Puppenmutter und drei Puppenkinder.

An diesem Abend verließ ich den Raum mit federndem Schritt. In der Vorhalle spielten Mädchen, die gerade aus der Schule gekommen waren. Sie wirbelten einander herum, daß die Röcke unter den kurzen Mänteln flogen. Während ich meinen Schal umband und den Mantel zuknöpfte, beobachtete ich diese wilden Spiele und die Gesichter, die vor Aufregung fast wie im Fieber glühten.

Eines Tages, so schwor ich mir im stillen, würde auch Laura unter ihnen sein. Draußen war es stockfinster. Ein Lichtergewirr stand über Manhattan. Die Sterne kamen hinter Wolkenmassen hervor und flimmerten auf einmal sehr hell, bevor die ziehenden Wolken sie wieder verdeckten. War der lange Winter endlich vorbei?

13

Im wörtlichen Sinne traf es zu, im übertragenen jedoch brachten die ersten Blumen keine neue Hoffnung für mich.

In der Woche nach »Lauras Hilfe im Haus«, wie ich es jetzt nannte, nahm sie die kleinen Puppen, die ich hervorholte – Mutter, Vater und alle drei Kinder –, und setzte sie sorgfältig in die passenden Räume: die Frau in die Küche, den Mann bequem ins Wohnzimmer und die Kinder in die kleinen Betten. Durch das Spiel rekonstruierte sie einen wesentlichen Teil des Lebens, der ihr selbst auf so tragische Weise vorenthalten worden war.

Doch nach dieser Bemühung zeigte sich bei ihr auch nicht das geringste Anzeichen einer Veränderung. Meine eigenen Gedanken und Gefühle mußte ich, das war mir klar, vorsichtig zurückhalten. Was dieser junge Mensch jetzt am dringendsten von mir brauchte, war die Bereitschaft zu Geduld, und nichts durfte sich störend dazwischendrängen. Denn wenn Laura sich entwickeln und innerlich reifen sollte, so mußte es zu ihren eigenen Bedingungen geschehen. Sie mußte das Tempo angeben, sich bei jedem Schritt sicher fühlen; ich konnte ihr nur folgen, immer bereit, ihr zu helfen, wenn sie Hilfe brauchte. Das Beispiel der Schwestern, die so mutig Geduld übten, konnte mir Kraft geben.

Abgesehen von dem Vorfall beim Bau des Hauses verlief das ganze zweite Jahr von Lauras Behandlung ereignislos. Sie blieb, wie sie immer gewesen war – schweigsam. Der Himmel wurde blauer, die Sonne stieg jeden Tag

höher. Ich ging mit ihr wieder hinaus in den Garten, schaukelte sie durch die Luft und beobachtete ihr grüblerisches Gesicht und das strähnige Haar, das unter der Mütze, die ihr eine der Schwestern dieses Jahr geschenkt hatte, hervorflog. Die Blätter flimmerten in der Hitze, die Blumen, die die Kinder angepflanzt hatten, standen in voller Farbenpracht, Grillen hüpften über die Wege, aber Laura war die gleiche: immer starr vor Spannung und mißtrauisch bei jeder Anstrengung, die ihr die Besuche bei mir abverlangten. Haltung und Bewegungen waren so gleichförmig, daß man sie mit ein paar stereotypen Sätzen beschreiben konnte, und so geschah es auch in meinen immer umfangreicher werdenden Notizen über den Fall.
Ich versuchte es mit Puzzlespielen und einer unvorstellbaren Zahl anderer sinnreicher Erfindungen, ohne das geringste Interesse in ihr wachzurufen: »Echte« Kindertelefone ... »Wunder«-Seifenblasen ... Modellierspiele ... Autorennen ... ich kannte das Angebot bald auswendig. Doch sie blieb passiv und, abgesehen von geringfügigem visuellem Interesse, teilnahmslos, außer daß sie gelegentlich die Schokolade nahm, die ich ihr anbot. Auch unsere Spaziergänge durch die Gärten und die Nachbarschaft wurden zur Routine. Jede einzelne Stunde schien sich nun quälend in die Länge zu ziehen. Ich begann die Hoffnung zu verlieren, daß ich etwas für sie tun konnte.
Ich durchforschte ihr trauriges, blasses Gesicht, das so oft Tränenspuren zeigte, und überlegte, welche Kämpfe sich wohl in ihr abspielten. Ich versuchte, meine Spannung zu verbergen.
Als sie im Herbst unverändert aus dem Sommerlager zurückkehrte und ich unsere Stunden wieder aufnahm, sanken meine Hoffnungen noch tiefer. Jetzt sah sie die Spielsachen und mich selbst nicht einmal mehr an, sondern starrte auf die Wand oder ihre Hände. Ich sagte mir immer wieder, daß diese Abkapselung die einzige Möglichkeit für sie bildete, ihre übergroße Angst zu bewältigen. Denn Absonderung von der Welt bedeutete Sicherheit, bedeutete Schutz davor, wieder verletzt zu werden. Ich hielt mir auch vor Augen, daß durch unsere enge Beziehung und meine ständige kritische Beobachtung alles, was sie tat, eine übertriebene Bedeutung annahm. Bei Kindern ist der Behandlungsprozeß in einem gewissen Ausmaß eine künstlich geschaffene Situation, denn der Erwachsene wird seine Aufmerksamkeit eher dem Kind in einer Gruppe zuwenden, das Schwierigkeiten verursacht, als dem schweigsamen Einzelgänger.

Die Wochen vergingen. Zum dritten Male näherte sich für mich ein Weihnachtsfest im Heim. Ich behandelte Laura jetzt bereits zwei volle Jahre. Und doch war der Ablauf der Zeit wichtig. Wenn es Lauras geheime Absicht war, meine Ausdauer auf die Probe zu stellen, so mußte ich wie die Schwestern durchhalten und die Prüfung mit ihnen bestehen. Es war eine Herausforderung. In diesem Stadium kann man den Psychoanalytiker mit einem Blinden vergleichen, der zwar spürt, daß sich ein Fremder im Zimmer befindet, aber nicht genau weiß, wo er ist. Auch ich mußte Laura finden. Dabei half mir meine Erfahrung mit den vielen vernachlässigten Kindern, die niemals Wärme und Liebe kennengelernt hatten. Außerdem trieb mich die Beharrlichkeit an, die ich in meiner eigenen Kindheit entwickelt hatte, um die starken kulturellen Schranken zu überwinden, die mich als Kind armer Einwanderer von den anderen trennten.

Im Verlauf der Wintermonate erkannte ich langsam, daß das zweite Behandlungsjahr eine Reaktion darstellte. Für Laura war es ein Augenblick unaussprechlichen Wagemuts gewesen, als sie sich aus ihrer Isoliertheit löste und meinen Schutz suchte. Vielleicht war die Tatsache, daß ich den ganzen Sommer hindurch keinen Kontakt zu ihr hatte, schon beinahe mehr, als sie ertragen konnte, und erhöhte die Qual ihres Verlangens nach einer menschlichen Beziehung. Vielleicht empfand sie diese Trennung gar als eine weitere Zurückweisung. Dann war es allerdings besser für sie, sich in die Einsamkeit der inneren Welt zurückzuziehen. Solche Auslegungen sind keine Hirngespinste. Immer wieder sind mir Kinder begegnet, die sich buchstäblich dazu zwangen, gar nicht mehr nach Trost und Anteilnahme zu verlangen, die ihnen die Eltern versagten.

Die kalten Tage dauerten an. Auf Gängen und in Zimmern hörte man Weihnachtslieder. Wieder traf ich auf Gruppen von Schwestern, die über eine Puppe oder ein anderes Spielzeug in Entzücken gerieten.

Und wieder wurden die Dekorationen aufgehängt, und ich erkannte, wie sehr doch das Weihnachtsfest den Kindern ein Gefühl der Sicherheit und Freude gab. Wie geschickt sie beim Schmücken halfen, Girlanden aufhängten, Nüsse vergoldeten, kleine Popcorn-Bälle oder Ketten aus Beeren anfertigten!

In diesem Jahr schenkte ich Laura einen Hampelmann, denn ich hoffte, er würde ihre Phantasie anregen. Er hatte bauschige Hosen und Stelzen, die sich lustig in viele Richtungen bewegen ließen. Ich sah sie niemals damit spielen.

Das war das Weihnachten der Seifenplätzchen. Das Heim wurde von einer riesigen, altmodischen Küche aus versorgt. Ich hatte mir angewöhnt, dort ab und zu eine Tasse Kaffee zu trinken und mit der Küchenschwester ein Schwätzchen zu halten. Schwester Martha war eine korpulente, fröhliche Frau, deren buddha-ähnlicher Körper die Tracht zu sprengen drohte. Ein mindestens dreifaches Kinn quoll aus ihrer Halskrause, das fast immer bebte, weil sie ständig lachte oder Geschichten erzählte. Sie war ein echtes Plappermaul.

Schwester Martha war sehr stolz auf ihre Küche und führte sie reibungslos. Dieses Jahr kamen jedoch zu Weihnachten von allen Seiten Klagen über die hausgemachten Plätzchen.
Wie es sich herausstellte, hatte der Hilfskoch in der dunklen Vorratskammer ein Faß Seifenpulver mit Mehl verwechselt!
Während der Feiertage verfolgte mich Lauras Bild. Wo ich auch war – in einem Warenhaus, in der Untergrundbahn oder zu Hause –, immer sah ich ihr vernarbtes Gesicht vor mir, über das große Tränen rollten, oder die bestimmte Bewegung, mit der sie manchmal ihr biegsames Handgelenk erst hierhin und dann dorthin drehte. In jenen Tagen bildeten ihre Augen für mich den einzigen Zugang zu ihrem Wesen. Wenn sie auch schielte, so hatte sie doch im ganzen letzten Jahr angefangen zu beobachten und dadurch die Bedürfnisse ihrer verwundeten Seele offenbart.

Das neue Jahr begann. Hinter den massiven Mauern gingen Kinder und Schwestern ihren täglichen Geschäften nach. Nach meinen Besuchen im Heim hing ich an einem Griff in der Untergrundbahn und betrachtete trübsinnig das heiter lächelnde Mädchen auf dem Werbeplakat, das aller Welt versicherte: DIE PERFEKTE BLONDINE HAT ALLES!
Zu dieser Zeit wurde mir klar, auf wie überraschende Weise Heimkinder sich Ersatzfamilien schaffen, die aus Gruppen Gleichgesinnter bestehen. Diese Gruppen spielen im Leben der Kinder eine noch fast wichtigere Rolle als die Gruppenmutter – die Schwester, die als Mutter-Ersatz fungiert.
Die Kinder suchten gegenseitig nach Anerkennung, wetteiferten um Rang und waren einander gleichzeitig durch eine Loyalität verbunden, die ich in gewöhnlichen Familien nicht häufig gefunden habe. Sie hatten ein scharfes Auge für Fehler und Mängel, sowohl körperlicher als auch geistiger Art. Die älteren Mädchen liehen sich gegenseitig Kleider, halfen sich bei den Hausaufgaben, verliehen großzügig das wenige Geld, das sie hatten, und – überaus wichtig – legten einander abends die Haare ein. Ich bin überzeugt, daß es beim Legen und Auskämmen viele traumatische Augenblicke gab.
In einer Familie kann ein Kind Anerkennung durch Erwachsene erlangen, indem es geistige Leistungen erbringt, sich nützlich macht und anderes; die Persönlichkeit des Heimkindes hängt jedoch eng von der Mitgliedschaft in der Gruppe ab. Kontaktmangel bringt daher für ein Heimkind außerordentliche Schwierigkeiten mit sich – Schwierigkeiten, die noch dadurch verdoppelt werden, daß übertriebene Eigenart von den anderen mißbilligend betrachtet wird. Das Kind, das anders ist – Einzelgänger oder Sonderling –, ist benachteiligt. Es besteht Gefahr, daß Abweichung von der Norm einfach als Fehler an sich angesehen wird, eine Fehleinschätzung, die in unserer Gesellschaft nicht unbekannt ist.

Laura litt in dieser Beziehung intensiv, denn sie war deutlich anders als die anderen. Ihre Verzagtheit und Isolierung beraubten sie jeglicher Persönlichkeit; denn diese beruht hauptsächlich auf einem Gefühl der eigenen Wichtigkeit, das entsteht, wenn wir geliebt und gebraucht werden. Sie hatte keine Familie, keine Verwandtschaft.

Am schlimmsten war es, daß die Grundvoraussetzung für menschliche Verständigung fehlte und ihr Anderssein noch betonte. Da Laura nicht sprach, wurde sie auf die primitivste Stufe der Existenz hinabgedrückt, auf der nur körperliche Bedürfnisse gefühlt und erfüllt werden. Auch das gedruckte Wort in den Geschichten, die man ihr vorlas, brachte sie nicht zum Sprechen; oft wird uns aber erst beim Aussprechen eines Wortes dessen Bedeutung wirklich bewußt.

Bevor ich mit Laura zu arbeiten begann, hatte ich keine Ahnung, wie behindert ein Stummer sein kann.

Erst später, glaube ich, konnte ich das allgemeine Erstaunen des Heimpersonals richtig würdigen, daß ich gerade Laura als Patientin ausgewählt hatte. Die Schwestern hatten mehr als genug mit aggressiven, Aufmerksamkeit heischenden Kindern zu tun, die sie täglich beinahe bis an den Rand der Erschöpfung brachten. Ein Kind lernt nur zu bald, daß der die meiste Beachtung findet, der am lautesten und rücksichtslosesten ist, genau wie im Leben.

Wenn ich daher jetzt durch die Korridore ging, fielen mir die Mädchen auf, die abseits standen und den anderen beim Spielen zusahen. Sie lutschten in dunklen Ecken am Daumen oder standen am Rande einer Gruppe um eine Schwester herum. Und ich blieb stehen und unterhielt mich mit ihnen und versuchte, Interesse an irgendeiner Einzelheit in ihrem Leben zu zeigen, wobei ich wußte, daß ich leider nur Augenblicke geben konnte. Man weiß nie, welche Möglichkeiten in einsamen Kindern schlummern und geweckt werden können.

Gegen Ende des Winters kam ich mit den Schwestern in Arbeitsgruppen zusammen und drückte dabei diese Gedanken aus. Sie waren erstaunt, daß ich Dinge betonte, die ihnen so selbstverständlich vorkamen. Von mir hatten sie fachmännische Ratschläge erwartet, nehme ich an, irgendeine hypermoderne »Methode«, mit der man das schwierige Kind ansprechen konnte. Dabei wußten sie doch genausogut wie ich, daß weiter nichts erforderlich war als menschliches Verständnis. Als Folge davon tauten sie auf. Unsere Gespräche wurden außerordentlich fruchtbar. Ich versuchte, den Geisteskrankheiten das Geheimnisvolle zu nehmen, und sie verloren die Scheu, über die täglichen Bedürfnisse ihrer Kinder zu sprechen.

In den ersten Tagen jenes Jahres hatte ich jedoch kaum eine Vorahnung, daß es zu irgendeinem Durchbruch bei Laura kommen könnte, ganz zu schweigen davon, daß wir am Rande eines heftigen Gefühlsausbruches standen.

14

Die Spieluhr, das Puppenhaus und die Puppen, die darin wohnten, beschäftigten Laura und mich nun hauptsächlich. Durch sie entstand eine gewisse Beständigkeit, und da Laura innere Sicherheit gewinnen mußte, wollte ich, daß sie in jeder Stunde das beruhigende Gefühl haben konnte, diese Dinge ganz gewiß vorzufinden.

Meistens hörte sie zu, wenn ich erzählte; und wenn ich Geschichten um die Hausbewohner erfand, wurde sie jedesmal etwas aufmerksamer. Manchmal, wenn ich im Leben dieser kleinen Leute einen Konflikt auftauchen ließ, biß sie sich auf die trockene Unterlippe oder feuchtete sie mit der Zunge an. Bei der Darstellung dieser Konflikte, die ganz normale familiäre Situationen behandelten, spiegelte sich Spannung oder Angst auf ihrem Gesicht wider. Ich wußte, daß sie Mitgefühl mit den Menschen im Haus hatte. Sie sollte ihre gelegentlichen Reibereien beobachten, sich selbst dabei aber sicher fühlen.

Auf diese Art konnte ich ihr vielleicht helfen, ihre Gefühle besser zu bewältigen. Unsere Puppen lebten ein Leben, wie Laura es nur für ganz kurze Zeit als kleines Kind kennengelernt hatte. Im allgemeinen herrschten Harmonie und Glück in der Puppenfamilie vor. Die Eltern waren in ihrer Grundhaltung liebevoll und positiv zu ihren Kindern eingestellt, und die innere Sicherheit jeder einzelnen Person kam deutlich zum Ausdruck.

So entstand im Laufe der Wochen das Bild einer normalen, gesunden Familie, deren Verantwortungsbewußtsein voll entwickelt war. Laura sollte von dieser Ebene aus einen Vergleich mit ihren eigenen Erfahrungen ziehen und die Reaktionen der anderen verstehen lernen. Aber es ging wieder sehr langsam vorwärts.

»Machen Sie Fortschritte, Herr Doktor?« fragte mich Schwester Margaret eines Abends, als sich unsere Wege kreuzten.

Ich fürchte, ich war recht kurz angebunden. »Es geht, aber Wunder kann ich auch nicht vollbringen, wissen Sie.«

Manchmal schien das Mädchen völlig gefangen zu sein, wenn sie, das Kinn in der Hand, den Mund leicht geöffnet, meinen Geschichten lauschte und zusah, wie ich die kleinen Figuren durchs Haus bewegte und sie ihren verschiedenen Tätigkeiten nachgehen ließ. Und wenn ich die Puppen laut sprechen ließ, vergaß sie meine Gegenwart, als ob ich ein Puppenspieler wäre. Die Figuren lebten. Lauras Augen weiteten sich, und sie kam näher an das Haus heran, damit sie eine bessere Sicht hatte. Denn wie alle Schielenden sah sie die Dinge hinter dem Schnittpunkt ihrer Sehlinien doppelt. Ihre Muskeln spannten sich, und mit einiger Nervosität spürte ich, daß die Zeit gekommen war, das Spiel noch einen Schritt weiter zu führen: Ich würde die Tragödie ihres eigenen Lebens spielen.

An diesem Abend machte ich mich auf den Weg zu meinem bevorzugten Spielzeugladen, um ein paar ganz bestimmte Einkäufe zu erledigen.
Ich wollte Laura mit der gleichen Situation provozieren, die für ihre Ängste und Verwirrungen verantwortlich war. Zusammen wollten wir uns ihrem Alptraum nähern.
Das große Puppenhaus in meinem Büro eignete sich ausgezeichnet als Krankenhaus oder später als Heim, aber für ihr eigenes Zuhause, in dem der Angriff auf sie stattgefunden hatte, mußte ich noch eine Nachbildung finden. Dafür waren meine früheren Gespräche mit den Meyers sehr nützlich, und ich konnte ein glaubhaftes Modell der Meyerschen Wohnung zusammenstellen, in der sich auch ein Gitterbettchen mit einer Babypuppe darin befand. Erwachsene Puppen, die ich selbst ziemlich ungeschickt als Ärzte, Krankenschwestern und Helfer anzog, rundeten den Hintergrund ihres Lebens vor dem Eintritt ins Heim ab. Das Bühnenbild war fertig, das Drehbuch längst geschrieben. Ich gestehe, daß ich an dem Nachmittag, an dem Laura langsam den Korridor entlang kam, um die quälende Neuaufführung ihres Lebens zu sehen, unruhig auf der Kante meines Stuhls herumrutschte.
Mit dem üblichen Lächeln und verständnisvollem Kopfnicken überließ die Schwester sie mir. Diesmal lauschte und beobachtete Laura von Anfang an sehr aufmerksam. Ihr Gesichtsausdruck wurde lebhafter, die Lippen bewegten sich ruhelos, die umherschweifenden Augen zeigten, wie sehr sie von dem Geschehen gefesselt war.
Ich ging langsam vor, denn jetzt galt es, äußerst behutsam zu sein. Man kann nur sehr schwer feststellen, was uns aus unserer Kindheit in Erinnerung ist. Außerdem ist heute ziemlich sicher bewiesen, daß unser Gedächtnis unerfreuliche Erlebnisse zum Schutz verdrängt – wenigstens viele. Doch gerade die Tatsache, daß diese Geschehnisse innerhalb unseres Bewußtseins nicht mehr greifbar sind, führt zu unkontrollierbaren Ängsten. Diese Ängste können sich zu einem bedenklichen Gefühl der Hilflosigkeit steigern – es ist, als ob man mit Phantomen kämpfte.
Was Laura betraf, so waren ihre Ängste inzwischen so grundlegend geworden, richteten sich ganz allgemein auf alles, daß fast jeder spezifische Vorfall schon als Bedrohung angesehen wurde und eine Selbstschutz-Reaktion auslöste. Sie war wahrlich ein Mensch, der die Welt fürchtete, und ich hielt den Atem an, als ich ihr Vorstellungsvermögen in diesem letzten Experiment auf die Probe stellte.
Wesentlich war die Tiefe ihrer Ängste. Da sie nicht ausgedrückt werden konnten (sie sprach ja nicht), verstärkten sie sich wie in einem Teufelskreis und lösten sich gegenseitig aus. Die Schwierigkeit lag in ihr selbst – sie war ihr eigener Feind –, und als meine Hände über ihrem Miniaturheim verweilten, rechnete ich damit, daß sie die Puppen in ihre eigene Welt aufgenommen und sich mit ihnen identifiziert hatte.

»Schau, Laura«, sagte ich. »Hier ist der Vater. Er sieht zum Fenster hinaus. Unten ist die Bäckerei, also ruft er vielleicht seiner Frau zu, daß sie ihm ein paar Brötchen mitbringen soll. Oder vielleicht möchte er, daß sie einen Kuchen kauft. Sie machen so gute Apfelkuchen ...«

Einen Monat lang lebten wir in Lauras nachgebildetem Zuhause. Ich setzte das Spiel so lange fort, bis ich den richtigen Augenblick für gekommen hielt, um den entscheidenden Schritt zu wagen. Dabei sah ich mehr und mehr, welche ausgezeichneten Gefährten die Puppen für sie waren. Mit den fleischfarbenen, fast engelhaften Gesichtern und der wirklichkeitsgetreuen Kleidung waren sie ihr zwar vertraut, doch viel zu klein, um eine Bedrohung zu bedeuten. Sie konnte am Leben der Puppen unbemerkt und ohne Frage teilhaben und wieder daraus verschwinden. Es mußten keine Erwartungen erfüllt werden, und ich sorgte dafür, daß sie ausreichend Gelegenheit hatte, in der Vorstellung mit verschiedenen »sicheren« Situationen zu experimentieren. Ihr Einfühlungsvermögen wurde niemals verletzt.

Unser Spiel war wie ein dramatischer Filmstreifen, den man nach Belieben abstellen oder noch einmal laufen lassen, das Gemetzel beenden oder die Umarmung verlängern kann. Ich rechnete damit, daß sie sich wirklich engagierte, denn in jeder Stunde spielten wir jetzt den Beginn ihres eigenen Lebens. Und nach einigen Wochen, als sie sich zu Beginn einer Stunde neben meinen Schreibtisch setzte, begann ich: »Und das, Laura, ist jetzt die Geschichte eines kleinen Mädchens, das ich kenne. Wir wollen doch mal sehen, was geschieht, ja?«

Die Babypuppe lag im Bettchen, und ich ließ die Mutter das Kind füttern. Man konnte das Gitterbett sogar etwas schaukeln. Hunger, Liebe, das Umsorgen der Mutterhände – sie zeigten die Grundbedürfnisse des Kindes ganz klar. Es weinte, schlief, krabbelte und schrie.

Dann ging etwas schief. Die Puppeneltern dachten gar nicht daran, ihr Kind zu trösten, sondern sie wurden gereizt und ungeduldig. Sie bestraften das Kind. Ihr Verhalten dabei war widersprüchlich: Es reichte von Fürsorglichkeit bis zu Augenblicken flammender Wut.

Lauras Augen funkelten. Ihr ganzer Körper war angespannt. Bei jeder Szene, die ich spielte, wechselte sie die Stellung. Ängste flackerten über ihr vernarbtes Gesicht wie Schatten über die Wasseroberfläche. Ich merkte an ihrem immer schneller gehenden Atem, daß ihre Gefühle einem Höhepunkt zustrebten. Ich steigerte die Frustration des kleinen Kindes, als es sich vergeblich vor seinen Eltern das Herz aus dem Leibe schrie.

Für mich war es der Augenblick höchster Spannung, den wir miteinander verlebten: Ich spielte auf ihren Gefühlen wie ein Geiger auf einer Stradivari. Jetzt, wo sie derart gefesselt war, wollte ich nicht, daß sie am Ende der Stunde wieder in ihre schützende Gleichgültigkeit zurückfiel

und von der Schwester in ihre »Festung« gebracht wurde. Laura mußte den Weg zu Ende gehen. Ich mußte sie mit in die Handlung verwickeln.
»Jetzt hör auf!« ließ ich die Mutter ausrufen.
»Sie schreit zuviel!« Das war der Vater, heftig und grob.
Die Handlung verlegte sich jetzt auf den Streit zwischen den Eltern. Der Vater quälte seine Frau und tobte. Die Mutter reagierte auf gleiche Weise. Ihre gegenseitigen Beschuldigungen steigerten sich langsam zur Wut. Lauras Augen gingen in einer Art hingerissener Leidenschaft von einem zum anderen; trotz ihrer Wirbelsäulenkrümmung richtete sie sich fast in ihrem Stuhl auf.
Das Kind schrie. Der Mann wandte sein kleines rotes Puppengesicht mit einem Ruck seiner Frau zu.
»Sorg dafür, daß das Gör aufhört!«
»Sorg doch selbst dafür!«
Sie stieß nach ihm, und sie schlugen sich. Ich brachte ein ziemlich überzeugendes Gepolter der Möbel zustande, winziges Geschirr klapperte. Dann taumelten sie beide unsicher ins Schlafzimmer, wo sie finster auf das Kinderbett starrten.
Laura stand auf.
Die Eltern begannen das Kind zu schlagen, und plötzlich ertönte ein schrilles Wehklagen durch mein Büro, ging mir durch Mark und Bein und schien das Heim bis in die Grundmauern zu erschüttern: »NEIN! NEIN! NEIN!«
Schwankend, mit aufgerissenen Augen und verzerrtem Gesicht zerquetschte Laura die Mutter-Puppe mit der rechten Hand, dann entriß sie sie mir mit der Kraft der Verzweiflung und hieb mit der Faust auf sie ein, wobei sie fortwährend »NEIN! NEIN! NEIN!« kreischte.
Sie stand keuchend, atemlos da – und plötzlich fegte sie mit der gleichen fiebernden Kraft beide Puppenhäuser und ihren gesamten Inhalt mit einer einzigen Bewegung krachend zu Boden. Puppen und Puppenmöbel flogen im ganzen Zimmer umher. Sie weinte jetzt hysterisch, wiegte, halb betäubt, den Kopf, um das Gleichgewicht zu halten, und schrie immer noch gellend: »Nein ... nein!« Ich nahm sie in die Arme und zog sie eng an mich, beruhigte sie und drückte ihren Kopf an mich. Sie umklammerte mich ebenfalls fest; ihr gebrechlicher Körper wurde von krampfhaften Schluchzern erschüttert.
»Alles ist gut, Laura, alles ist gut. Weine jetzt nicht mehr.«
Lauras Schreie, die sich anhörten, als wäre ein Kind in Gefahr oder hätte Schmerzen, hatten das ganze Stockwerk in Aufruhr gebracht. Mindestens drei besorgte Schwestern erschienen Sekunden später in meiner Tür. Zufällig kannte ich keine von ihnen und merkte, während ich Laura in den Armen hielt, daß sie befürchteten, ich hätte sie geschlagen. Der Anblick des chaotischen Zimmers kann auch nicht viel dazu beigetragen haben,

ihre Befürchtungen zu zerstreuen. Es dauerte mehrere Minuten, bis ich sie davon überzeugen konnte, daß alles in Ordnung sei.
Und alles war mehr als in Ordnung. Als ich Laura beschwichtigt und wieder in ihren Stuhl gesetzt hatte und die Schwestern uns zögernd verließen, müssen meine Hände gezittert haben.
Laura konnte sprechen!
Diesmal sprach ich gleich ganz anders mit ihr, als ich es gewohnt war. Ich sprach wie jemand, der eine Antwort erwartet. Komm aus deinem Schneckenhaus heraus, versuchte ich ihr anzudeuten, ich weiß, daß du es kannst.
Sie zitterte immer noch am ganzen Leibe. Das Gesicht war tränenüberströmt, ihr Blick schmerzgequält. Angestrengt runzelte sie die Stirn, bemühte sich, Worte zu artikulieren. »Alles wird gut werden, Laura«, sagte ich, »du wirst schon sehen.«
»Ich hasse sie«, stieß sie aus, und in dem gleichen zitternden, leidenschaftlichen Ton sagte sie immer wieder: »Ich hasse sie, ich hasse sie.«
Sie war nicht mehr stumm. Mir kam es so vor, als würden diese kärglichen Worte über mich hinweghallen und durch Korridore, Gänge und Mauern bis zum Himmel schallen. Sie hatte eine Stimme, mit der sie Gedanken und Gefühle ausdrücken konnte, und in diesen Augenblicken war es für mich das großartigste Geräusch, das ich je gehört hatte. Gemeinsam hatten wir das Schweigen bezwungen.

Zweiter Teil: *Leben*

15

Es dauerte fast eine Stunde, bis ich die abwechselnd schluchzende und wimmernde Laura wieder beruhigt hatte.

Als es mir schließlich gelungen war, führte ich sie, dicht neben ihr gehend, in ihren Schlafsaal zurück. Ich hatte es noch nie getan, aber sie klammerte sich vertrauensvoll an mich. Ihr Schweigen wurde nur durch ein paar letzte heftige Schluchzer unterbrochen.

Schwester Paulette war da, und ein Mädchen, das gerade ausgezogen wurde, spähte von einem schützenden Stuhl aus nach uns.

»Würden Sie bei ihr bleiben, Schwester?« fragte ich. Sie nahm mir Laura besorgt ab. Ich kehrte zu den Trümmern meines Büros zurück.

Als ich die Puppen anstarrte, die zum Teil bis zur Unkenntlichkeit zerstört, zum Teil verstümmelt waren, merkte ich, wie erschöpft ich war – auch erregt, aber vor allem erschöpft. Der Vorfall hatte mich viel gekostet.

Daß mich Lauras erste Sprechversuche nicht sofort in gehobene Stimmung versetzten oder gar überraschten, beruhte hauptsächlich auf meinen Erfahrungen als Arzt. Nicht nur war ich mir der vielen *Wenn* bewußt, die in Lauras Zukunft vor uns lagen – meine früheren Erfahrungen mit autistischen Kindern hatten mich mit den Symptomen dieser Krankheit vertraut gemacht. Es kommt durchaus häufig vor, daß solche Kinder stumm bleiben, bis ihr Gefühlszustand einen Punkt erreicht hat, an dem sie, wie die Spezialisten es nennen, »bereit« zum Sprechen sind. Überdies wird das Wort »nein« häufig provoziert, denn man behält es als Mittel bei, die Welt in Schach zu halten.

Auf jeden Fall waren die Puppen nun tot und ihr Haus zerstört. Laura hatte es verlassen und war in die Welt der Worte eingetreten.

Das Telefon läutete, ich meldete mich. Es war Schwester Paulette.

»Ich mache mir solche Sorgen um Laura, Herr Doktor«, sagte sie. »Ich habe sie noch nie so gesehen. Ich wollte vor ihr nichts sagen, als Sie sie brachten, sie ist ein so empfindliches Kind, aber jetzt schläft sie, und ich habe mir gerade überlegt ...«

Ich begann zu erklären, was geschen war, hielt aber nach einem Augenblick inne. Die Schwester war sofort überoptimistisch.

»Hören Sie, Schwester«, sagte ich, »ich möchte keine falschen Hoffnun-

gen erwecken. Ich bin keineswegs sicher, daß Laura wieder sprechen wird...«
»Ich bin überzeugt, daß sie es tun wird«, erwiderte die Schwester fest. »Ich gehe jetzt in die Kapelle und danke Gott für das, was geschehen ist.«
Ich starrte den Hörer trübsinnig an, als sie einhängte. Es gab eine ganze Menge nüchterner Tatsachen, die zu beträchtlicher Vorsicht mahnten. Lauras psychisches Leben war ja noch voll von Unbekannten. Keiner konnte sagen, was sie über die Vergangenheit oder Gegenwart dachte. Ich hatte doch nur einen ganz flüchtigen Blick in ihr Inneres geworfen. Auf jeden Fall aber würden die nächsten vierundzwanzig Stunden in Lauras kurzem, bewegtem Leben eine entscheidende Rolle spielen.
Ich sammelte meine Notizen ein und räumte so gut wie möglich auf. Dann schlüpfte ich in meinen Mantel, nahm den Hut vom Haken und verließ das Zimmer. Auf dem Weg zum Ausgang begegnete ich drei Schwestern. Zwei von ihnen kannte ich nicht, aber die dritte warf mir ein freundliches Lächeln zu.
»Hallo, Herr Doktor. Wir kommen gerade aus der Kapelle«, erklärte sie. Sie schienen alle aufgeregt.
»Wir haben Gott gedankt«, sagte eine andere mit einem wissenden Nicken.
»Ja?« entgegnete ich unverbindlich.
»Für Laura«, sagte die erste Schwester in dem gleichen überzeugten Ton.
»Wir sind noch keineswegs über den Berg mit ihr«, entgegnete ich, doch die drei waren schon weitergegangen. Buschtelegraf! Die Schwestern schienen immer alles zu wissen, beinahe noch bevor es passiert war, und ich machte mir Sorgen über die Ausschmückung, wie sie jede Geschichte erfährt, wenn sie vom einen zum anderen weitergetragen wird – selbst von Schwester zu Schwester.
Und schon stand wieder eine vor mir. Lächelnd, den Kopf aufrecht, vor Leben sprühend: Schwester Margaret.
»Guten Abend, Herr Doktor«, sagte sie.
Es war eine seltsame Begegnung dort auf dem kahlen Korridor, sozusagen eine Begegnung zwischen religiöser und wissenschaftlicher Überzeugung.
»Hören Sie –« begann ich.
»Ich habe Gott gerade für das Wunder gedankt«, sagte sie und zwinkerte mir vertraulich zu. Die nüchterne Welt des Gegenständlichen schien für diese Zauberinnen nicht zu existieren. Wie Alice stolperte ich aus dem Wunderland in einen kalten, graupeligen Winterabend. Das graue Gebäude verschwand hinter mir.
Zu Hause konnte ich mich nicht entspannen. Es war durchaus möglich,

daß Lauras Zustand sich verschlimmerte, statt sich zu verbessern. Der Stoß, den ich ihr versetzt hatte, war so stark gewesen, daß sie sich sehr wohl in ihre Isoliertheit verkriechen konnte, um *niemals mehr daraus hervorzukommen.*
Ich rief das Heim an ... Besetzt.
Die monotone Gleichmäßigkeit des Signals hypnotisierte mich geradezu. Endlich meldete sich die Vermittlungsstelle. Ich wurde sofort mit Lauras Schlafsaal verbunden.
Nach einem Augenblick meldete sich ein schüchternes Kind und erklärte mir nach endlosem Nachdenken, daß Schwester Paulette nicht da sei. Ich holte tief Atem. So sanft wie möglich bat ich das kleine Mädchen, doch bitte nicht aufzulegen, sondern auf den Knopf zu drücken und mir wieder die Vermittlungsstelle zu geben.
»Bemittlungsstelle? Was is'n das?«
»Das Telefonfräulein, mein Liebes.«
»Oh, das Telefonfräulein«, sagte die Stimme leutselig, und ich konnte fast hören, wie das Kind dachte: »Na, warum hast du das denn nicht gleich gesagt?«
Nach langem Suchen wurde mir mitgeteilt, daß Schwester Paulette in der Kapelle sei und nicht erreicht werden könne. Ich bedankte mich, hängte ein und begann zu überlegen.
Es hatte keinen Sinn, die Dinge zu überstürzen. Laura brauchte Zeit, um sich zu erholen, bevor sie mich wieder sah. Wieder einmal mußte ich mir vor Augen halten, daß ich mich nach ihrem Tempo zu richten hatte, und nicht umgekehrt. Kurz vor Mitternacht, ehe die Schwestern zu Bett gingen, erreichte ich Schwester Paulette.
»Sie schläft noch, Herr Doktor«, sagte sie. Ich dankte ihr und legte auf. Ich beschloß, mich an den normalen »Clancy-Plan« zu halten; es würde beruhigender für Laura sein. Auf diese Art würde sie nicht denken, daß etwas Außergewöhnliches geschehen sei.
Eine spannungsgeladene Woche folgte. Ich mußte mich mit Gewalt vom Telefon zurückhalten. Würde Laura wieder sprechen, oder würde sie sich erneut hinter den Schleier des Schweigens zurückziehen?
Es war ein klarer, windiger Tag, als ich das nächste Mal ins Heim fuhr. Bleiche Wolken trieben schnell über die blaue Bucht und die Brücke, über die ich, Manhattan hinter mir lassend, fuhr. Unter mir Kräne und Leitungen, an denen gelegentlich eine Möwe mit elegantem Bogen vorbeischoß. Als ich bei einer Verkehrsampel warten mußte, war es mir, als spürte ich wieder den angstvollen Druck von Lauras Händen. Würde es ein Mensch unter all den Millionen in dieser Stadt erleben dürfen, daß zu ihm allein eine Welt kam? Oder würde Laura wieder zurückgestoßen werden und sich in sich selbst verkriechen, diesmal vielleicht für immer?

Als ich durch die große Tür trat, spürte ich, daß im Heim eine andere Atmosphäre herrschte. Man merkte es an dem raschen Blick einer Schwester, den lächelnden Augen oder der ungewöhnlich herzlichen Begrüßung einer anderen. In diesem Augenblick brachte es mich beinahe auf, zu sehen, wie wenig sie am Ausgang der Sache zweifelten! Ich eilte in mein Büro, das ich wieder genauso herrichten wollte, wie Laura es zu Beginn ihres letzten Besuches vorgefunden hatte. Ich setzte das Puppenhaus zusammen und stellte die übriggebliebenen Möbel und Puppen hinein. Als in der Stille des Raumes plötzlich das Telefon ertönte, zuckte ich zusammen ... Es war Schwester Paulette.
»Oh, ich habe so auf Sie gewartet, Herr Doktor. Ich mache mir schreckliche Sorgen um Laura. Sie hat nicht ein Wort gesagt ...«
»Gar nicht gesprochen?«
»Kein Wort.«
»Sind Sie sicher?«
»Absolut, Herr Doktor. Und sie weint die ganze Nacht ... es ist schlimmer als je zuvor.«
Nach diesem Gespräch setzte ich mich hin, stützte den Kopf in die Hände und dachte nach. Mein Experiment war also nicht gelungen. Laura war die gleiche wie immer, ja ihr Zustand war »schlimmer als je zuvor«. Es war nur zu deutlich, welchen Weg sie eingeschlagen hatte.
Ich sehe mich noch dort sitzen, vornübergebeugt, so wie Laura dazusitzen pflegte, als ich undeutlich zwei Gestalten am Ende des Korridors wahrnahm. Eine Schwester – und ein Kind. Einen Augenblick achtete ich nicht weiter auf die beiden, dann sah ich gespannt auf.
Laura kam ohne Hilfe auf mich zu. Der Schritt war rascher, sie hielt sich sicher im Gleichgewicht, die Füße standen fest auf dem Boden. Sie lehnte sich nicht zum Halt an die Wand, und auch die Schwester (es war nicht Schwester Paulette) mußte sie nicht stützen. Ich beobachtete sie gebannt. Hinter der Gestalt glaubte ich eine andere zu sehen, ein behindertes Kind, das kaum sein eigenes Gewicht tragen konnte.
»Hallo, Laura«, sagte ich, als sie schweigend in der Tür stand.
Meine Augen hingen an ihren Lippen, ungeduldig wartete ich auf ein Wort. Aber es kam keins. Statt dessen sah sie sich mit dem gleichen unbeteiligten Schweigen wie früher im Zimmer um. Es schien Stunden zu dauern, bis sie schließlich hereinkam und ruhig durch den Raum ging, indem sie ihre Augen auf einzelnen Gegenständen verweilen ließ. Mit einem besorgten Blick auf mich entfernte sich die Schwester.
Ich beobachtete und wartete. Und wartete und beobachtete. Jetzt war der Augenblick gekommen, der die weitere Richtung von Lauras Leben enthüllen würde. Ich saß wie auf Nadeln, als ich zusah, wie sie jeden Gegenstand auf den Regalen berührte und befühlte, jede zerbrochene Puppe in die Hand nahm und sie nachdenklich anstarrte. Langsam drehte

sie sich zu mir um, versuchte sich offensichtlich zu konzentrieren und sagte: »War ich schon... in diesem... hier... diese Tür... dieses Zimmer?«

Ich bemühte mich, meine freudige Erregung zu verbergen, als ich diese Worte hörte, und nickte. »Ja.«

»Tür?« Sie berührte sie. »Weiß ich noch. War schon hier. Aber nicht sicher. Muß, muß... mehr wissen. Ich bin nicht sicher.« Ein Ausdruck von Ungewißheit, von Verwirrung lag auf ihrem Gesicht, als sie fortfuhr: »Weiß schon. Ich kenne die Sachen immer mehr. Andere Sachen... ich bin nicht sicher. Wo bin ich?«

Ihre Stimme hatte einen vollen Klang. Ich erklärte ihr, daß sie seit über zwei Jahren hierher zu mir gekommen sei. Sie setzte sich und hörte mir aufmerksam zu, äußerte sich aber eine Weile nicht. Ich stellte eine starke Trübung ihres Bewußtseins fest – vergleichbar etwa dem nebelhaften Gefühl eines Trinkers, der sich am Morgen nach einem Gelage fragt, wo er sich befindet und was er am Abend zuvor getan hat.

Wie brachte Laura es fertig, nach so vielen Jahren des Schweigens relativ gut zu sprechen? Hier kann ich nur auf klinische Erfahrung verweisen. Ein emotional gestörtes Kind kann ohne weiteres stumm bleiben, wenn es stumm zu bleiben wünscht. (Wir nennen das auch »selektiven Mutismus«.) Aber wer weiß denn, wie oft ein solches Kind mit sich selbst spricht, wenn es allein ist – vielleicht nachts mit dem Kopf unter der Bettdecke? Es konnte ja sein, daß Laura teilweise gerade das bezweckte, wenn sie mit der Taschenlampe unter die Bettdecke verschwand. Ein solches Verhalten konnte Symptom eines versteckten Bedürfnisses sein.

In seinem Buch *Nature of Childhood Autism* (Das Wesen des Autismus bei Kindern) sagt Gerald O'Gorman, ein bekannter Fachmann auf diesem Gebiet: »Viele davon betroffene Kinder verstehen eindeutig alles, was man zu ihnen sagt, und man weiß, daß sie ausgezeichnet sprechen könnten, wenn sie es wollten. Wirklich bringen sie auch von Zeit zu Zeit, wenn keine interessierten Erwachsenen anwesend sind oder kein Druck auf sie ausgeübt wird, vollkommen treffende Sätze zustande, und dann fallen sie wieder für Monate oder sogar Jahre in Schweigen.«

Auch Laura hatte, obwohl man keine Reaktion bei ihr wahrnahm, viele Jahre zugehört und verstanden. Sie war, wenn auch noch so passiv, in die Schule gegangen und hatte im Schlafsaal gehört, was sich die anderen Mädchen erzählten. Das Verständnis der Sprache berührt die gleichen Probleme wie das Sprechen selbst. Das heißt, daß beim Sprechen kein geistiger Vorgang betroffen ist, der nicht auch zum Zuhören nötig wäre. (Zum Beispiel werden an das Gedächtnis die gleichen Anforderungen gestellt.)

Laura stand jetzt wieder spontan auf, um die Dinge in Augenschein zu nehmen und zu prüfen. Sie spazierte im Zimmer umher, berührte und befühlte Spielzeug, Bücher, Aschenbecher, alles, was in Sicht war. Sie war wie ein Blinder, der zum erstenmal sieht. Die einzelnen Gegenstände begannen sich aus dem trüben Nebel, der bis dahin für sie die Wirklichkeit verdeckt hatte, hervorzuheben. Natürlich war diese Erfahrung mit etwas Angst gemischt. Immer wieder ging sie zum Puppenhaus und berührte vorsichtig die eine oder die andere der kleinen Figuren.

»Angst ... habe ich Angst? Habe ich Angst ... diese Puppen?«

So ungezwungen wie möglich erklärte ich ihr, daß sie nicht vor den Puppen Angst habe. Es könne aber sein, daß diese wie ein Spiegel Ereignisse zurückwarfen, bei denen sie verletzt worden war.

Sie starrte weiter auf die Puppen und fuhr dann fort:

»Warum weine ich? Ich weiß nicht, warum ich weine. Warum weine ich? Weinen ... warum? Es ist dumm. Ich bin verwirrt. Ich weine heimlich. Warum? Dunkel ... warum? Ich bin hier gewesen ... weinen ... erkenne es nicht wieder ... niemals ... ich bin *sicher.*«

Fast flehend wandte sie sich an mich. »Ich bin sicher, daß ich schon früher hier war ... ich war hier, nicht wahr?«

»Ja, Laura.«

Ganz plötzlich strömten ihr wieder Tränen über die Wangen. Sie fuhr sich mit der Hand übers Gesicht und versuchte sie wegzuwischen.

»Da haben Sie's ... weinen ... ich weiß nicht mehr, was wirklich ist.«

»Komm und setz dich«, schlug ich vor, »unterhalten wir uns ein wenig.«

Ich bemerkte, daß gerade die Bewußtheit Ängste und Unsicherheiten bei ihr verursachte. Dieses Wiedererwachen würde sehr hart für Laura werden, dieses allmähliche Bemühen, sich zurechtzufinden und etwas Ordnung in das Chaos ihrer vergangenen Erlebnisse zu bringen, das so gut durch das zerstörte Puppenhaus und das zugrunde gerichtete Leben darin symbolisiert war.

»Ich erinnere mich ... an Leute«, sagte sie nach einer Weile mit einem verwunderten Stirnrunzeln. »Schläge, Schläge ... ein Kind. Immer, immer wieder. Schläge, Prügel. Prügel. Prügel. Ich weiß nicht mehr, was dann geschah.«

Ich wartete etwas. »Du warst böse auf sie, Laura, weil sie das Kind schlugen. Schließlich war es hilflos. Und du hast das Kind verteidigt, indem du sie wegen ihrer Grausamkeit angegriffen hast. Du hast mit der Faust auf sie eingeschlagen. Du hast sie auf den Boden geschmettert.«

Sie lauschte aufmerksam und wischte sich die Tränen aus den Augen. Dann wandte sie sich zum verwüsteten Puppenhaus um und betrachtete es fast mit Scheu.

»Habe ich das getan?« fragte sie.

»Ja«, sagte ich, »das hast du mit dem Puppenhaus und den Puppen getan.«

Über ihr tränenverschmiertes Gesicht zog ein schwaches Lächeln, als sie wieder aufstand und zu den Puppen ging, um sie sich noch einmal anzusehen.

»Warum weine ich? Warum? Weinen. Es sind nur Puppen. Sie sind gar nicht wirklich.«

Jetzt bestand eine Verständigung zwischen uns. Laura war in dieser Stunde vor allem damit beschäftigt, festzustellen, was wirklich war. Außerdem wurde sie von gleichklingenden Worten fasziniert, was wir manchmal auch mit Klangassoziation bezeichnen. Jede Frage, die sie stellte, war grundsätzlich darauf gerichtet, Wirklichkeit und Phantasie voneinander zu unterscheiden.

Sie sprach zögernd, oft in gereimter Wiederholung, nach Art der Klangassoziation. Ihr Spiel mit Worten und Sätzen erinnerte beinahe an Joyce. Ihre Sprechweise verbesserte sich zusehends.

Lauras Sprechvermögen ging tatsächlich weit über einen bloßen Wortschatz hinaus. Sprechen ist ja nicht so sehr eine Frage der Vokabeln, sondern des Sprachbesitzes, des Vermögens, auf schöpferische Art zu assoziieren und umzuändern. Das Formulieren von Sätzen, die auf jeweils unterschiedlichen Erfahrungselementen beruhen und deshalb jedesmal neue sprachliche Strukturen erfordern, ist eng mit dem gereiften Verstand verbunden.

Ich mußte an Schwester Paulettes innere Gewißheiten denken, als ich Laura in diesem frühen Stadium bei ihrer Entdeckung der Wirklichkeit zuhörte. Sie sprach einfach, aber klar, angetrieben von dem Wunsch, die Gegenwart zu erfassen und sie mit der Vergangenheit zu verbinden.

Meine Antworten halfen ihr etwas bei der Klärung, aber zu jenem Zeitpunkt konnten sie nur undeutliche Hinweise in dem dunklen Labyrinth ihrer Gefühle sein. Manchmal schienen sie auch Zweifel zu überkommen, wenn sie sich besonders planlos abquälte. Dann mußte ich ihr verbale Unterstützung geben, so wie die Schwestern sie körperlich mit dem Arm gestützt hatten. Ich erzählte ihr von unseren Tätigkeiten im Spielzimmer. Verschwommen erinnerte sie sich daran, daß ich ein Doktor war, aber meinen Namen wußte sie nicht. Zum Glück nehmen Kinder medizinische Fakten oft ganz einfach hin. So akzeptierte Laura die Tatsache, daß es einige Zeit dauern würde, bevor sie ihr Leben wieder aufbauen und alle Teile richtig zusammensetzen konnte, mit Gelassenheit.

»Ich werde hier sein und dir helfen«, versicherte ich ihr, und wieder zeigte sich das schwache Lächeln.

Gerade, daß sie sich frei in diesem Raum bewegte, war eine neue Erfahrung. Es war Neugierde, die sie zu diesen Bewegungen vorantrieb, der Wunsch zu lernen. Sie stellte sich sozusagen sich selbst vor. Bald würde sie mehr lernen wollen.

Freude überkam mich, als ich zusah, wie sie herumging, untersuchte und dazu ihre Bemerkungen machte.
War dieser lebendige, aufnahmefähige Mensch, der immer fester mit den Dingen um sich herum verwuchs, das gleiche Kind, das Woche für Woche, Monat für Monat in dem Stuhl neben mir gesessen hatte? Und bei dieser Überlegung mußte ich daran denken, wie viele Tausende von Kindern es wohl in aller Welt gab, die niemals die Chance hatten, dem Zugriff ihrer inneren Ängste zu entkommen?
Es war uns gelungen, für eine dieser Verbannten eine Tür zu öffnen. Aus dem Dunkel ihrer Phantasiewelt war sie in das Tageslicht der Wirklichkeit getreten. Es lag noch ein langer Weg vor ihr, den Zweifel und Ungewißheiten über ihr neugewonnenes Reich begleiteten.

16

Eine Woche später erfuhr ich, daß Laura begonnen hatte, mit den anderen Kindern zu sprechen.
Diese Neuigkeit hatte sich natürlich wie ein Lauffeuer im Heim verbreitet. Durch die bloße Tatsache, ihre Stimme zum erstenmal zu hören, wurden die Kinder zu ihr hingezogen. Die Intuition eines Anstaltskindes kann fast unheimlich sein. Schließlich haftet der Art, wie sie dort alle zusammen leben, etwas grundlegend Künstliches an.
In diesem Falle sorgten sich die Mädchen um so viele Unbekannte in ihrem eigenen Leben, daß sie Lauras Zurückhaltung nachfühlen konnten und dadurch halfen, sie daraus hervorzulocken. Jetzt konnte keiner mehr zu Laura sagen: Hat die Katze deine Zunge geholt?
Trotz ihrer Schüchternheit wurden ihr nun rasch Freundschaften, Süßigkeiten und sogar Geld angeboten (jedes Mädchen erhielt ein kleines wöchentliches Taschengeld, das aus wohltätigen Spenden zusammengekratzt wurde). Man lieh ihr Kleider und – last, but not least – Haarfestiger und Sprays. All das wurde mir von Schwester Paulette berichtet.
Sie saß an jenem Februar-Nachmittag in meinem Büro und schüttete mir ihr Herz aus. Würde Lauras Zustand sich bessern? Würde sie mehr sprechen? Und so weiter. Ich begann zu ahnen, daß die fromme Schwester auch noch eine andere Seite hatte.
Ich weiß noch, daß sie an einer Stelle unserer Unterhaltung sagte: »Sie braucht so sehr die Liebe einer Mutter.«
Sie selbst war diese Mutter gewesen, der einzige Mensch, auf den Laura sich immer verlassen konnte. Und das bei einem Kind, das häßlich war, es ihr offensichtlich nicht vergalt, sondern teilnahmslos blieb. Es ist viel einfacher, die Liebenswerten zu lieben. Laura lachte oder spielte nie, und

doch sprach Schwester Paulette in all den Jahren, die ich sie kannte, kein einziges Mal von ihren Unzulänglichkeiten, sondern sah nur die Möglichkeiten ihrer Entwicklung.

Das also war eine Art zu leben. Die Weltklugen werden sie vielleicht als »naiv« bezeichnen, doch im Falle von Schwester Paulette drückte sich darin eine große Ehrfurcht vor der menschlichen Würde aus. Durch ihr fast grenzenloses Mitgefühl hatte diese Schwester, die in einer anderen Welt zu Hause war, allmählich eine weise Einsicht in die Wesensart eines Kindes gewonnen, ja fast eine Vorausahnung von dessen Möglichkeiten.

Schwester Paulettes großes Mitgefühl konnte sich aber auch als Nachgiebigkeit äußern. Was Vorschriften und Regeln betraf, war sie lasch, und sie wurde von vielen ihrer Kolleginnen als schlechte Erzieherin angesehen. Jeden Morgen mußte sie dafür sorgen, daß fünfundzwanzig Kinder ordentlich angezogen in die Schule oder zu anderen Beschäftigungen kamen.

»Manchmal«, erklärte sie mir mit einem matten Lächeln, »habe ich das Gefühl, die Oberin erwartet von mir, daß ich mich wie ein Feldwebel verhalte. Meine Einheit hat makellos sauber zu sein, die Zimmer ordentlich und so weiter. Ich möchte gute Arbeit leisten, Herr Doktor, aber es verwirrt mich, wenn ich das einzelne Kind in der Gruppe nicht mehr sehe. Ich denke dabei nicht nur an Laura, sondern an jedes einzelne, das sich über irgend etwas beunruhigt, über ein Zeugnis etwa oder ähnliches. Ich bin leider keine sehr gute Leiterin, bin es auch niemals gewesen.« Niedergeschlagen runzelte sie einen Augenblick die Stirn. »Für mich wird das genaue Einhalten des Stundenplans immer erst an zweiter Stelle kommen, wenn eins der Mädchen mich unmittelbar braucht. Sie sind alle so verschieden, wissen Sie.«

Ich beteuerte ihr, so gut ich konnte, daß wir einen vielversprechenden Beginn bei Laura gemacht hatten, besonders, was die Sprache anlangte. Denn es schien, daß sie im Sprechen ihrer inneren Entwicklung ein gutes Stück voraus war. Das bedeutete, daß sie in den Jahren des Schweigens beim Schulunterricht oder beim Zusammensein mit den anderen Kindern eifrig zugehört hatte. Gleichzeitig betonte ich nachdrücklich, daß noch manches Hindernis vor uns lag. Wir würden eines nach dem anderen nehmen, wozu auch, wie ich erneut erwähnte, eine Operation der Wirbelsäule gehörte.

Was Schwester Paulettes Konflikt zwischen den Anforderungen des Heims und ihrem eigenen Herzen betraf, so hatte ich den Eindruck, daß sie darin keine Hilfe von meiner Seite brauchte. Wenn ihre Gefühle als Mensch den Anordnungen ihres Vorgesetzten widersprachen, so würde sie in ihrer inneren Weisheit sich selbst treu bleiben und ihren Pflichten eine ganz persönliche Auslegung geben. Ich ließ mich nicht mehr durch

ihre entwaffnend sanfte Art täuschen, denn ich wußte jetzt, daß sich hinter dieser Maske sehr wohl ein Rebell oder Kämpfer verbergen konnte.
Als sie an diesem Nachmittag ging, verstand ich noch besser als zuvor, was für eine außerordentliche Charakterstärke und psychologische Anpassungsfähigkeit diese Schwestern entwickeln mußten, um ihrer besonderen Situation gewachsen zu sein. In einem streng geregelten Alltag, dem sie sich niemals entziehen konnten, mußten sie ständig widersprüchliche Aufgaben lösen: Wenn es ihnen nicht gelang, die Oberin zufriedenzustellen, waren sie unzufrieden mit sich selbst; ebensowenig aber konnten sie sich den Forderungen eines leidenden Kindes entziehen, das ihrer Obhut anvertraut war. Dieser Konflikt hatte, wenigstens in Schwester Paulette, eine große geistige Spannkraft hervorgebracht und eine Geduld, um die sie jeder Psychoanalytiker beneiden konnte.

Laura war an diesem Tag mir gegenüber viel weniger gefügig, und in der folgenden Woche beinahe gereizt. Aber sie sprach ein wenig, behielt ihr Interesse für das Spielzimmer (wie ich das Zimmer nun nannte) bei und zeigte in jeder Weise, wie wesentlich es für sie war, ihre Umwelt durch Sinneswahrnehmungen zu erfassen. Beeindruckend war vor allem ihr Bedürfnis, die Dinge zu berühren.
So verliefen auch die folgenden Stunden. Darauf bedacht, die Dinge nicht nur für sich selbst, sondern auch für mich zu klären, wurde sie ungeduldig und ärgerte sich über ihre eigenen Unzulänglichkeiten. Sie hämmerte sogar an die Wand, schlug mit dem Kopf auf den Schreibtisch, schleuderte Gegenstände durch das Zimmer, kreischte mich an, weinte – lauter gesunde Symptome.
»Warum lächeln Sie?« fragte sie einmal wütend in einem solchen Moment.
Ich erklärte ihr, daß die Gedanken so schnell in sie hineinströmten wie Ponies ins Gehege, so daß der Hüter, der auf dem Zaun sitzt, sie nicht mehr erkennen und zählen kann.
»Laß dir Zeit, Laura«, riet ich ihr immer wieder.
Das schien ihr einzuleuchten, denn allmählich sprach sie langsamer, wenn sie sich bemühte, ihre neue Welt der Worte zu beherrschen. Sie wurde aufs Geratewohl von Ideen und Wahrnehmungen bestürmt, die emotional belastend, oft widersprüchlich und unlogisch waren. Diese neue geistige Tätigkeit war mit der Arbeit eines Menschen vergleichbar, der mit all seiner Kraft und Energie einen Damm gegen plötzlich wütend anschwellende Wasserfluten baut. Andererseits wollte ich jedoch nicht, daß sie diese wichtigen neuen Gedanken unterdrückte, im Gegenteil – sie sollte jeden einzelnen äußern, damit ich ihr helfen konnte.
Ihr Vertrauen zu mir wuchs, und das war auch ganz natürlich, da sie selbst

innerlich so wenig hatte, an das sie sich halten konnte. Sie war in einer ähnlichen Verfassung wie damals, als sie aus Furcht vor den Burschen auf den Rollschuhen entsetzt meinen Arm umklammert hatte. Oder um den Vergleich etwas abzuwandeln: Sie ähnelte einem Kind, das zum erstenmal auf einem Fahrrad sitzt und schreckliche Angst hat. Nun aber, da ich Hilfsräder an dem Fahrrad angebracht hatte, fühlte sie sich sicher, der Lage immer mehr gewachsen. Die Fahrt machte ihr nun sogar Spaß.

In den folgenden Wochen suchte Laura die Bruchstücke der Erfahrungen und Gefühle zusammen, die ihr Leben so tief geprägt hatten. Wieder wandte sie sich dem Puppenhaus zu, und dann kam der Nachmittag, an dem sie stirnrunzelnd, in gespannter Aufmerksamkeit, davorstand.
»Ich denke immer an ein Gitterbett ... und Weinen ... ich bin ein Kind, das im Bett schläft ... andere Kinder weinen ... viele andere Kinder.« Sie drehte sich zu mir um. »Ich weine den ganzen Tag. Keiner hört mich ... und es ist ein schrecklicher Lärm, und so etwas wie ein Erdbeben muß sein, alles um mich herum fällt herunter, und ich kann nicht aus dem Gitterbett heraus. Das ist schon lange her. Ich weine immer.«
»Bett, Laura«, sagte ich und bot ihr eine andere Assoziation, aber zuerst schüttelte sie den Kopf.
Dann sagte sie langsam: »Ich zittere ... ein großer Raum mit vielen Betten. Ich kann sehen, weil auf Straßen draußen Licht brennt. Ich sehe Leute im Zimmer ... Männer kommen auf mich zu ... sie wollen mich töten ... ich verstecke mich unter der Decke.«
Einen Augenblick stand sie keuchend und schweigend neben mir. Dann fuhr sie fort: »Als ich meine Taschenlampe anmache, sind sie weggegangen ... Sie haben Angst vor dem Licht, wissen Sie. Manchmal habe ich gehört, wie sie mit mir sprachen. Sie wollten mich töten.«
»Warum?«
»Weil ich böse war.«
»Was hast du getan?«
»Ich habe andere Kinder geschlagen ... sie angespuckt ... eine Frau kreischt mich an ... ich habe ihr Kind angespuckt, und sie nahm ihre Schere und sagte, sie wird meine Zunge abschneiden.«
»Was hast du ihr geantwortet, Laura?«
»Ich habe geweint und bin weggelaufen. Habe versucht, mich unter meinem Bett zu verstecken. Ich hielt meinen Mund mit der Hand zu und die Lippen fest zusammengepreßt. Ich konnte sehen, wie sie ihre lange, glänzende Schere auf- und zuklappte, als sie auf mich zukam.« Sie fürchtete sich immer mehr, Tränen strömten ihr aus den Augen, dann bedeckte sie den Mund mit beiden Händen und brach erschöpft auf dem Stuhl neben mir zusammen.
Ein Gitterbett, ein Bett, eine Schere – was für eine Welt voller Schrecken

diese alltäglichen Dinge in einem einsamen, unbeschützten Kind hervorgebracht hatten. Wie sie selbst es einmal so einfach und doch beredt ausdrückte: »Wenn ich schrie, hörte mich keiner.«
Aber schon dadurch, daß sie laut von diesen Schreckensbildern sprach, wurde ihr eine Last von der Seele genommen. Und ich tröstete sie und erklärte ihr, daß sie nicht mehr allein sei. Das Licht meiner Schreibtischlampe warf die Schatten meiner Hände an die Wand, und ich versuchte, die Hände so zu bewegen, daß die Form verschiedener Tiere auf der Wand erschien. Ungeschickt stellte ich ein Häschen dar und eine Spinne, und ein Lächeln stahl sich über ihr Gesicht. Nach einer Weile versuchte sie meine Possen nachzuahmen und mich dabei zu übertreffen. Die Worte, die wir in solchen Augenblicken sprachen, waren Lauras Verbindung zur Außenwelt; sie zeigten die Bedeutung, die das Leben nun für sie hatte. Auf solche Momente folgten immer wieder Zeiten, wo sie enttäuscht war über sich selbst, weil die Bemühung, schmerzliche Erinnerungen ins Bewußtsein zu rufen, sie erschöpfte. Jahrelange chronische Depressionen hatten ihr den Humor genommen, der ihr vielleicht geholfen hätte, sich von diesen Erinnerungen etwas zu distanzieren und sie im Griff zu halten. Das Glück war nur selten im Leben zu Laura gekommen, und selbst die erfreulichen Augenblicke wurden immer von irgendwelchen Ängsten überschattet.
Ich erinnere mich zum Beispiel, daß sie von einem Teddybär erzählte, den ihr der Weihnachtsmann brachte, als sie neu im Heim war. Der kleine Bär konnte die Arme bewegen und die Augen rollen, und sie mußte über ihn lachen. Als aber die Hand des Weihnachtsmannes sich ihrem Gesicht näherte, glaubte sie, er wolle sie erwürgen.
»Warum?«
Laura wußte es nicht. »Ich hatte einfach Angst«, sagte sie unbewegt.
In den Krankenhaustagen hörte sie ein Kind schreien, das ein paar Schwestern festhielten, während der Arzt ihm »weh tat«. Laura blieb vor Furcht und Schrecken die ganze Nacht wach, weil sie sich einbildete, sie wäre die nächste, der man weh tun würde.
Als sie einmal ihre Hosen beschmutzte, zwang sie die gleiche Person, die gedroht hatte, sie würde ihr die Zunge abschneiden, ihre eigenen Exkremente zu essen. Das Ergebnis war, daß das Kind in tödlicher Furcht lebte, sich zu beschmutzen. Das ging so weit, daß sie fallengelassene Exkremente aus den Hosen entfernte und sie unter dem Kopfkissen verbarg. Ihre Furcht kannte keine Grenzen.
Es war schwierig, solche Geschehnisse zu datieren, da ihr Gedächtnis verschwommen war. Soweit ich sie aber einstufen konnte, schienen sie vor ihrem sechsten Altersjahr passiert zu sein. Das Aufblitzen jeder neuen Erinnerung bedeutete eine tiefere Narbe in ihrer Empfindsamkeit, da sich ihre Verletzlichkeit steigerte, als sie vom Kleinkind zum Kind

heranwuchs und fähig war, ihre Einsamkeit und Isoliertheit zu erkennen und sie mit sich selbst in Zusammenhang zu bringen.
Da war die Frau mit der Schere, die sie zwischen den Bettenreihen glänzen sah. Da war der Mann mit der Zigarette, dessen »böses« Gesicht sie in der aufflackernden Flamme seines Streichholzes erkannte. Da war die »Mutter«, die ihr neue Schuhe brachte.
Als ich dieses Kaleidoskop betrachtete, erkannte ich, daß Laura emotional nicht viel anders reagierte als zu der Zeit, als sie zwei oder drei Jahre alt war. Alles, was sie nach diesem Zeitpunkt erlebte, war undifferenziert, hatte die gleiche einförmige Farbe und Bedeutung: Es stellte eine mögliche Bedrohung für sie dar, die immer neue Furcht und Ängste verursachte. Was sie entwickelt hatte, war die Fähigkeit, sich bei solchen Gefahrensignalen zu verschließen, und zwar so weit, daß sie das Sprechen aufgab. Jetzt mußte sie die komplizierten Fluchtwege, die sie sich ausgeklügelt hatte, wieder aus dem Gedächtnis austilgen – keine leichte Aufgabe. Es würde Zeit brauchen, bis sich aus dieser Mischung von Kleinkind, Kind und Halbwüchsiger heraus ein Selbstgefühl entwickelte. Doch ich war, genauso wie die Schwestern, davon überzeugt, daß sie ihren eigenen, einmaligen Charakter hatte. Es gab Augenblicke, in denen sie mich überraschte, indem sie eine seltsame Einsicht äußerte oder eine treffende Feststellung machte, wie man sie kaum von einer noch so intelligenten Fünfzehnjährigen erwartet.
Laura war dabei, zu lernen, wie sie sich ausdrücken und ihre Gefühle handhaben sollte, und als wisse sie nur zu gut, was ihr durch die lange Zeit der Abgeschlossenheit fehlte, schien sie jeden neuen Eindruck eifersüchtig zu bewahren.
Am wenigsten ausgeglichen und beherrscht war sie wohl, wenn wir über ihre Mutter sprachen. Bei einer solchen Gelegenheit zeigte mir Laura zum erstenmal seit der Zerstörung des Puppenhauses in heftigen Aufwallungen von Haß und Selbstverachtung, zu welchen Gefühlsausbrüchen sie fähig war.

17

»Ich weiß nicht, was eine Mutter ist«, meinte das Mädchen mit dem vernarbten Gesicht vor mir. »Sollte ich es wissen? Ich weiß, daß jedes Kind eine hat, aber ich bin anders. Ich glaube sogar, ich habe das Wort noch nie in meinem Leben ausgesprochen, obwohl ich es schon sehr oft gehört habe.« Dann fuhr sie fort, als grüble sie ernsthaft nach: »Ich weiß bestimmt, daß mich eine Mutter geboren hat. Sind sie nicht alt und sanft und manchmal vielleicht dick?« Laura lächelte vor sich hin. »Sie fassen einen oft an. Man küßt sie. Sie geben dem Kind die Flasche, sie helfen ihm beim Anziehen. Das sagen wenigstens die Mädchen. Haben Sie eine Mutter?«

»Ja.«

»Ich habe keine«, kam die fast giftige Antwort. »Was bin ich denn dann, irgendein Ungeheuer? Sagen Sie es mir. Ich bin ein Ungeheuer, nicht wahr? Wenn ich es nicht wäre, hätte ich Vater und Mutter. Haben Sie einen Vater? Natürlich haben Sie einen. Sie sehen ja auch nicht wie ein Ungeheuer aus. Aber ich. Ich bin häßlich, ich bin entsetzlich. Wenn ich hübsch wäre, hätte ich Vater und Mutter, nicht wahr?«

Sie hielt inne, als suche sie nach Worten, um alle ihre Sorgen und ihre Verwirrung auszudrücken. Dann fuhr sie fort: »Keiner möchte ein häßliches Kind haben, nicht wahr? Sehen Sie sich mein verpfuschtes Gesicht an. Und ich schiele. Und dann meine Beine! Ja, ich kann wirklich sagen, ich habe noch nie jemanden gesehen, der so häßlich ist wie ich. Sie, Herr Doktor? Ich bin das – häßlichste – Kind – das – hier – ist«, sagte sie, indem sie jedes Wort langsam und mit Nachdruck aussprach. »Und darum habe ich keine Mutter. Ich hab immer von einer Mutter geträumt, wissen Sie. Sie war sehr schön, mit langem, dunklem Haar. Sie brachte mir Geschenke, wunderschöne, glänzende Schuhe. Mein Vater ... nun, er sah so gut aus wie Sie. Und ich war hübsch und wohnte in einem Haus mit einem Hund, einer Katze, fünf Fischen, einem Vogel und vielen anderen Tieren.«

Zu den vielen Dingen, die Laura nie gekannt hatte, gehörten auch Haustiere.

»Wissen Sie«, fuhr sie fort, »ich habe mir das Gesicht jeder Frau, die hierherkam, angeschaut und mir überlegt, wie meine Mutter wohl aussieht. Schließlich habe ich mir dann ein Bild von ihr gemacht. Sie hatte ein wunderschönes Gesicht. Ich konnte sie immer vor mir sehen, wenn ich es wollte. Ich sah ihr sogar zu, wenn sie kochte, lächelte, sang und tanzte. Sie war eine sehr gute Tänzerin. Wir gingen zusammen einkaufen. Sie war so freigebig und kaufte mir neue Kleider und die hübschesten neuen Schuhe, die Sie sich vorstellen können. Ich liebe Schuhe, und sie hat mir immer die gekauft, die ich mir am meisten wünschte. Als ich ganz klein war, waren es Lackschuhe mit einer Schnalle vorn, und als ich älter wurde, kaufte sie mir ein Paar mit hohen Absätzen. Ich sah so hübsch aus. Und dann passierte etwas.«

Laura runzelte die Stirn. Sie legte das Gesicht auf ihre Hand, als bemühe sie sich, in die Ferne und in die Dunkelheit zu sehen.

»Was ist denn geschehen?« fragte ich.

Sie schüttelte den Kopf. »Ich kann es nicht erklären ... Es ging mir nicht so gut, und so ... ich mußte einfach aufhören, sie mir vorzustellen. Es war schwer, sie aufzugeben. Wir waren uns so nahe. Ich wollte meine Mutter behalten, aber irgendwie wurde das Bild, das ich mir von ihr gemacht hatte, immer schwächer, und es wurde schwieriger und schwieriger, sich daran zu erinnern. Ich weinte stundenlang, weil ich mir nicht mehr vorstellen konnte, wie ihre Haare gekämmt waren oder wie sie dasaß oder welche Farbe ihr Kleid hatte. Ich konnte sie« – zögernd suchte Laura nach dem Wort – »nicht mehr *bekommen.* Verstehen Sie?«

»Ja. Erzähl weiter.«

Laura dachte einen Augenblick nach, dann sprach sie weiter. »Ich beschloß, daß sie sterben mußte. Dann hätte ich wenigstens die Erinnerung. Also wurde sie krank und starb, und wir hatten eine wunderschöne Beerdigung, wirklich, und ich weinte so, als ich sie im Sarg liegen sah. Danach wurde es einfacher, sich daran zu erinnern, wie es war, als wir zusammen waren. Ein schönes Gefühl. Die Toten schlafen so friedlich. Ich habe immer gedacht, daß ich warten müßte, bis ich sterbe, bevor ich mich ausruhen kann. Ja. Das ist es. Ich wußte, daß ich eines Tages sterben würde, und dann wäre alles gut.« Sie unterbrach sich erneut. »Ich freue mich auf diesen Tag.«

Es war alles spontan aus ihr herausgesprudelt. Und dann fand ich, daß ich Laura ebensogut heute wie ein andermal das Wenige erzählen konnte, das mir über ihre wirklichen Eltern bekannt war. Sie sollte wissen, daß sie in einer Nervenklinik waren, weil sie mit dem Leben nicht fertig wurden und deshalb Laura auch die Liebe und Fürsorge nicht geben konnten, auf die sie ein Anrecht hatte. Vor allem mußte ich zum Ausdruck bringen, daß diese Menschen nicht lieben konnten; ich mußte ihr sagen, es verhielte sich nicht etwa so, daß Laura selbst nicht liebenswert wäre – und das war nicht leicht. Wie kann man einem Kind seelische Krankheit erklären, die selbst Erwachsenen nicht verständlich ist? Ich begann damit, daß ich körperliche Krankheit zum Vergleich heranzog.

Erst schien ihr die Erklärung einzuleuchten, aber dann sagte sie: »Es hätte nichts gemacht. Ich hätte sie auch geliebt, wenn sie krank gewesen wären. Warum haben sie mich nicht geliebt?«

»Sie waren nicht fähig ... sie konnten für niemanden Verantwortung übernehmen, nicht einmal für sich selbst.«

»Aber man kann doch einen Menschen lieben, auch wenn einem das Bein weh tut oder man schlimme Kopfschmerzen hat. Jedenfalls hindert es einen doch nicht am Lieben, nicht wahr? Nein. Sie waren krank, und ich war etwas, über das sie sich schämten.«

Dieser Gedanke verfolgte sie und verwirrte sie immer mehr. Sie sprach fast wie in Raserei, und diese Wut hatte ich nicht ganz vorausgesehen. Aber ich hatte Grund, mich darüber zu freuen: Es ist ein grundsätzlicher menschlicher Wunsch, irgendeine Beziehung zu anderen herzustellen, und ihr Energieaufwand in diesem Zusammenhang bedeutete, daß Menschen wieder einen Reiz für Laura besaßen.

Um diese Entwicklung zu fördern und zu beschleunigen, mußte ich ihre Beweggründe dafür anzweifeln, daß sie sich jetzt, wo so viele mit ihr in Verbindung treten wollten, immer noch abkapselte. Mochte ihre Absonderung als Kind ihren schrecklichen Erlebnissen angemessen gewesen sein, so mußte sie diese Verhaltensweise doch eines Tages ablegen, wenn sie je mit der realen Welt ins reine kommen wollte.

Aber sie konnte die Hände, die ihr so viele im Heim jetzt entgegenstreckten, immer noch nicht ergreifen. Und diese Unfähigkeit, Liebe zu geben und zu empfangen, war der Hauptgrund dafür, daß sie sich nicht weiterentwickeln konnte. Immerhin waren die ersten Anzeichen dafür sichtbar, daß sie sich anderen zuwenden wollte. Um sie anzuspornen, spielte ich manchmal in unseren Stunden den Advokaten des Teufels und provozierte sie sogar hin und wieder.

Die idealisierenden Vorstellungen von ihren Eltern wurden ihr zum Hemmschuh, indem sie sich in masochistischer Weise selbst für die Gleichgültigkeit anderer verantwortlich machte. Ihre Häßlichkeit wurde zur Grundursache ihres Elends. Bestrafung war die gerechte Folge für ihr Verbrechen, häßlich zu sein.

Im Rahmen des Krankenbildes des »häßlichen Entleins« hatte Laura die Logik eines Staatsanwaltes. Von keinem, so argumentierte sie, konnte man erwarten, daß er jemanden liebt, der häßlich ist. Je länger sie diesen Gedanken verfolgte, desto stärker wurde ihr Selbsthaß. Solche Grübeleien gipfelten in häufigen Tränenausbrüchen, und eines Nachmittags, als sie sich in meinem Büro einen Spiegel vors Gesicht hielt, schrie sie (vielleicht hatte sie es oft geübt): »Spieglein, Spieglein an der Wand, ich bin die Häßlichste im Land!«

Als ich ihre Beweggründe anzweifelte, wurde sie böse. Die Überzeugung, daß ihre Eltern nur taten, was alle anderen Eltern tun würden, wenn sie ein so häßliches Kind hätten, setzte sich immer mehr in ihr fest. Einmal meinte sie entschieden: »Was hatten sie für eine Wahl? Ich hätte das gleiche getan, wenn mein Kind *so* häßlich wäre.«

Diese Tendenz zur Selbstbestrafung lähmte ihre innere Energie; ihre Kraft schwand unter der Last äußerer Enttäuschung und innerer Furcht. Der emotionale Kompromiß, den Laura schloß, war wie das Grau, das sich aus dem Vermischen von Schwarz und Weiß ergibt. Hat man sie einmal vermischt, ist es außerordentlich schwierig, wenn nicht unmöglich, sie wieder zu trennen.

Lauras Gleichgültigkeit sich selbst, ihren Kleidern, ihrer allgemeinen Erscheinung und ihrer Isoliertheit, ja selbst dem symbolischen Tod gegenüber, der durch ihre Stummheit ausgedrückt wurde, war zu diesem Zeitpunkt etwas, an das sie sich klammern mußte. Einer ähnlichen Einstellung war ich bei einem Patienten begegnet, der unter Fettleibigkeit litt. In beiden Fällen war die Enttäuschung über sich selbst der Grund für

Antriebsmangel, für eine verminderte Bindung an das Leben und seine Probleme. Laura hatte einen Fall gegen sich selbst aufgebaut; so konnte sie sich jede Enttäuschung leicht als etwas erklären, das sie verdiente. In diesem Sinne gab es in der Außenwelt nichts mehr, vor dem sie sich fürchten mußte, da sie ja die Kräfte in ihrer Umgebung akzeptierte, die sie bestraften, indem sie ihr etwas vorenthielten. Beim Verbrechen der Häßlichkeit war sie Richter, Geschworener und Henker zugleich. Und Opfer.

Lauras Persönlichkeit war nur lose zusammengefügt. Es gab bei ihr lediglich verschwommene Grenzen zwischen dem Selbst und der Wirklichkeit, zwischen Bewußtem und Unbewußtem, während die einzelnen Bruchstücke dieses lockeren Gefüges für sich und oft sogar in Widerspruch miteinander standen.

Die positiven Gefühle des Mädchens für mich waren mit kindlichem Negativismus und Opposition durchsetzt. Symbolisch vertrat ich natürlich alle Eltern, die sie je gekannt hatte, und einige davon hatten Scheren gehabt und wollten ihr damit die Zunge abschneiden.

Während dieser ganzen Periode war sie jedoch eine gute Patientin und versäumte keine Stunde. Oft kam sie sogar eine Viertelstunde zu früh. Sie sah mit der Zeit auch viel ordentlicher aus. Ihr Haar war gekämmt, die Kleider gebügelt und farblich aufeinander abgestimmt. Der gesenkte Kopf und die hängenden Arme waren Erinnerungen an die Vergangenheit. Obwohl sie sich in der Gruppe noch unsicher fühlte, brachte sie es doch fertig, ein anderes Kind anzulächeln oder sich kurz mit ihm zu unterhalten.

Hauptsächlich ihr gekrümmter Rücken mahnte noch daran, wie sehr sie ihre Mißbildung empfand. Zumindest die körperliche Mißbildung. Ihre geistige Unzulänglichkeit stand auf einem anderen Blatt.

Gemeinsam mit anderen Mädchen hatte Laura die Schule im Heim besucht. Niemand erwartete, daß sie hier wirklich etwas leistete, aber sie brauchte während der Stunden wenigstens nicht beaufsichtigt zu werden. Im Verlauf der Jahre war sie lediglich aufgrund ihres Alters von einer Klasse in die andere versetzt worden. Soweit es die Ausbildung betraf, machte es auch nicht viel aus, ob sie nun in der vierten oder der sechsten Klasse saß, denn sie zeigte für kein Fach Interesse.

Ich war daher nicht überrascht, als ich in den Unterlagen von Schwester Margaret feststellte, daß die Psychologen bei psychometrischen Tests zum Ergebnis gekommen waren, daß vermutlich Schwachsinn vorlag.

Die Beurteilung geistiger Fähigkeiten durch Tests ist umstritten, und ich war völlig davon überzeugt, daß Laura nicht schwachsinnig war. Ihr Wortschatz und der eindrucksvolle Gebrauch der Sprache bezeugten eine Aufgewecktheit, die durch ihre traumatischen Erlebnisse nicht gelitten hatte. Die Resultate von Tests mit Laura hingen nicht von ihrer

Intelligenz, sondern viel eher von ihrem emotionalen Zustand ab. Ich kannte sie jetzt schon gut genug, um zu wissen, daß eine Test-Situation für sie unterbewußt weiter nichts als eine Übung in Selbstzerstörung bedeutete. Ich begrüßte es daher sehr, als sie mir eines Tages ihren Wunsch mitteilte, Kinderschwester zu werden.

Der Gedanke, einmal Schwester zu werden, war Laura wohl gekommen, als sie zusah, wie die Schwestern die Zwei- und Dreijährigen betreuten. Sie hatte das Gefühl, daß auch sie ihnen helfen könnte, und ahnte, daß die Kleinen sie mögen würden.

Das Interesse gerade an dieser Beschäftigung hatte persönliche Bedeutung. Hier gab es etwas Nützliches, das sie für andere Menschen tun konnte, und zwar für solche Menschen, die ihr kritiklos, ohne Fragen vertrauten. Es muß ein entscheidender Augenblick für sie gewesen sein, als sie zum erstenmal einen geschützten Platz in der Welt für sich entdeckte, der ihr ein schwaches Gefühl von Bedeutung und Anerkennung vermitteln könnte, ohne daß Unzulänglichkeit und Wettbewerb sie bedrohten. Die Liebe hilfloser Kinder ist blind und aufrichtig. Diese Liebe, so mußte ihr Unterbewußtsein ihr gesagt haben, würde sie empfangen, und durch die Sicherheit dieser Rolle könnte auch sie ihrerseits geben, was sie hatte.

Die widerstreitenden Gefühle, die eine solche Hoffnung in ihr weckten, kamen jedoch bald zutage, und kaum hatte sie mir den Wunsch mitgeteilt, als sie auch schon an sich zu zweifeln begann.

»Und was geschieht, wenn ich alles verpfusche? Nein, ich könnte niemals ...«

Ihr Selbstvertrauen verließ sie so schnell wie Luft einen durchlöcherten Ballon, und hinterher war sie mutloser als zuvor. Die Kinder würden sich nie an sie gewöhnen, sie war zu häßlich und so weiter.

Inzwischen hatte ich mich an das Auf und Ab ihrer Gefühle gewöhnt. Die Reaktion war vorauszusehen, denn ihre Häßlichkeit war in jenen Tagen zu einer regelrechten Besessenheit geworden, der Brennpunkt all ihrer Unsicherheiten. Jede frühere Zurückweisung, ihre Isoliertheit, den Selbsthaß – alles bezog sie darauf.

Es war eine psychische Entschuldigung. Wie im Falle der Fettleibigkeit meines anderen Patienten stellte Lauras Häßlichkeit etwas dar, auf das sie sich zurückziehen konnte, wenn es im Leben zu stürmisch herging. So war auch ihre Stummheit unterbewußt eine Entschuldigung, hinter der sie sich verstecken konnte – eine greifbare, offenkundige Art, der Welt zu zeigen, daß sie Mitleid brauchte und sozusagen von der Teilnahme am Leben entschuldigt war.

Welche tieferen Ängste mochten erst in Laura aufsteigen, wenn sie diese schützende Nische nicht mehr hätte? War sie überhaupt schon so weit, daß sie dem Leben offen gegenübertreten konnte? War das ihre letzte

Verteidigungsreserve gegen vollkommene Selbstzerstörung? Auf jeden Fall war ich überzeugt, daß sie irgendeinen Schutz für ihr so verwundbares Ich brauchte, für das brüchige Bild, das sie sich von sich selbst machte. Würde ihr dieser Schutz genommen, so stand bei ihr nicht weniger als die geistige Gesundheit auf dem Spiel. Es war also tatsächlich möglich, daß die Verschönerung ihres Äußeren, die Entfernung der Krücke, auf die sie sich so schwer stützte, sie in den Abgrund der Bewußtseinsstörung zurückwerfen konnte, aus dem sie sich so mühsam herausquälte.
Andererseits mußte man ihren Fortschritt beachten und ihre offensichtliche Bereitschaft zu kämpfen, wenn es schlecht stand. Das Interesse, Schwester zu werden, war ein Interesse an der Zukunft. In dieser Hinsicht schlug sie sich tapfer. Ich trat mit dem Plan an Schwester Margaret heran, Lauras Augen, ihren Rücken, die Beine und schließlich die Narben auf ihrem Gesicht operieren zu lassen. Wir kamen überein, daß man ihr diese Vorhaben nur allmählich beibringen konnte, der Reihe nach, und in unserer nächsten Stunde versuchte ich sie dazu zu bewegen, einer Korrektur ihres Sehfehlers beizustimmen.
Diese Aufgabe war, gelinde gesagt, außerordentlich heikel. Lauras Selbstbewußtsein hing sehr eng mit ihrer äußeren Erscheinung zusammen. Natürlich trifft das bis zu einem gewissen Grade für uns alle zu, aber Laura überlegte sofort, was sie wohl fühlen würde, wenn ihr Körper sich änderte.
»Würde ich wissen, wer ich bin?« fragte sie. »Ich meine, würde ich mich im Spiegel erkennen? Es wäre so, als würde man noch einmal geboren, nicht wahr?« Ich forschte in ihrem Gesicht, um zu sehen, wie tief ihre Ängste waren. Nach einer Weile stellte ich jedoch erfreut fest, daß ich nur meine eigenen Befürchtungen in sie hineinprojiziert hatte. Schließlich sagte sie: »Ich glaube, mir gefällt die Idee...«
Das war wieder ein wichtiger Abschnitt in ihrer Entwicklung. Wir brauchten natürlich nicht nur ihr volles Einverständnis für eine solche Operation, sondern auch ihre Bereitschaft, sich zu ändern, ein Risiko einzugehen. In jenen Tagen, als wir alle in Lauras Umgebung uns noch an Strohhalme klammerten, war das ein wichtiges Zeichen des Vertrauens.
Ich begab mich sofort zu Schwester Margaret. Ich hatte keine Ahnung, welche Lektion in geschickter Menschenbehandlung ich bald erhalten sollte.

18

Vier Operationen. Für die meisten Menschen ist es schon mehr als genug, sich einmal dem Messer des Chirurgen auszuliefern.

Eigentlich hatte ich auch an dem ersten Tag, als ich Schwester Margaret meinen Plan vorlegte, wenig Hoffnung, daß er je ausgeführt würde. Einmal waren die Kosten beträchtlich, und das Heim hatte keinen Fonds für solche Operationen; zum anderen brauchte Laura einen verständnisvollen Arzt, der die Tragweite erkannte, die ihre Mißbildung für sie hatte. Ich merkte jedoch sehr bald, daß ich die Entschlossenheit und Unbeirrbarkeit der sanftblickenden Schwester Margaret gewaltig unterschätzt hatte.

In den modernen Großstädten regiert der Bürokratismus, und das Heim war ihm ebenso ausgeliefert wie wir alle. Mrs. Clancys chaotisches Büro, in dem ich über die Operation sprach, war der beste Beweis dafür.

Nun hätte zwar jedes städtische Krankenhaus diese Operation von Lauras Augen ausführen können; denn sie betraf nicht den Augapfel, sondern die Muskeln auf beiden Seiten der Augen. Aber ein x-beliebiges Krankenhaus war in diesem Fall eben nicht gut genug. Die unpersönliche Atmosphäre, das Warten, die kalte Routine hätten Laura den ersten Schritt zu einem neuen Selbstbild emotional erschwert.

Schwester Margaret begriff dies sofort und stürzte sich auf die Aufgabe wie ein Stürmer, der versucht, die gegnerische Mannschaft abzuschütteln und im Alleingang ein Tor zu erzielen. Ich gab ihr bei dieser Gelegenheit den Spitznamen »Linksaußen«.

Sie rief sogleich Schwester Paulette an, die jedoch nicht aufzufinden war. Schließlich fanden wir heraus, daß die Oberin sie hatte rufen lassen, da ein Besuch der Generaloberin bevorstand. Ich konnte mir denken, daß die Oberin der »nachsichtigen« Schwester Paulette strengere Manieren anempfohlen hatte, denn als sie zu uns kam, sah sie bekümmert aus. Ihre Miene wandelte sich jedoch, sobald Schwester Margaret Laura erwähnte, und alle drei nahmen das Problem unverzüglich resolut in Angriff.

Die beiden Schwestern redeten, Mrs. Clancy steckte Zigarette um Zigarette an, und ich wurde immer verwirrter. Es wurde nämlich »beschlossen«, daß die Operation privat durchgeführt werden sollte.

»Wer soll das alles bezahlen?« warf ich einmal ein.

»Ich bin sicher, daß ich irgendeinen netten Arzt überreden kann, kostenlos zu operieren«, erwiderte Schwester Margaret.

Ich lachte. »Und was geschieht, wenn Ihnen das nicht gelingt?«

Die beiden Schwestern wechselten erstaunte Blicke. Irgendwie würden sie das Geld schon auftreiben – ich sollte mir nur keine Sorgen machen. Anscheinend wollten sie eine andere Schwester anrufen, Verwalterin in einem Krankenhaus, und sie fragen, ob sie ihnen einen Operationssaal

und ein Zimmer zur Verfügung stellen würde, wo Laura sich dann erholen konnte.
Sie unterhielten sich gelassen über die verschiedenen Schwestern, die sie kannten, und überlegten, auf welche Weise sie wohl die eine oder die andere am besten in ihr kleines Komplott verwickeln könnten. Ich lauschte. Ein Kampfplan schälte sich heraus, der eine verwirrende Anzahl von Telefongesprächen und persönlichen Besuchen und nicht zuletzt die Anwendung hypnotischer Kräfte zu beinhalten schien. Kopfschüttelnd ging ich an diesem Tag nach Hause.
Das Resultat ihres Feldzugs erwartete mich in der folgenden Woche.
»Ach ja, Herr Doktor«, erklärte mir Schwester Margaret mit zuckersüßer Stimme über das Telefon, »es ist alles arrangiert.«
Und es war tatsächlich so: Sie hatte einen Spezialisten, ein Krankenhaus und ein Privatzimmer aufgetrieben und auch schon den Termin festgesetzt, zu dem Laura vor der Operation untersucht werden sollte. Keine erfahrene Sekretärin, die sonst nichts weiter zu tun hat, hätte es besser machen können. Wahrscheinlich nicht so gut.
Bevor sie einhängte, erkundigte ich mich unschuldig: »Wie in aller Welt haben Sie das eigentlich fertiggebracht, Schwester?«
Sie lächelte leise. »Oh, Gott stand uns bei.«
Das war meine erste Lektion in Beharrlichkeit. Aber es war mehr. Es war die unglaubliche Fähigkeit, etwas so Abwegiges wie eine Weigerung einfach nicht zur Kenntnis zu nehmen; der unerschütterliche Glaube, durch langsames Kratzen an der gleichgültigen Fassade eines Arztes zu dessen mitfühlendem Herz durchzudringen – *und dann hatte man ihn gewonnen.* Der Augenspezialist war ihr erstes, aber keineswegs ihr letztes Opfer.
Außerdem hatte Schwester Margaret das Protokoll umgangen, das heißt, sie hatte ihre Vorgesetzte, die Oberin, nicht informiert. Ich konnte das sehr gut verstehen, denn das ganze Manöver war höchst ungewöhnlich und entsprach nicht den Vorschriften. Sie konnte ja schwerlich in das Büro der Oberin stürzen und ankündigen, sie hätte gerade ein halbes Dutzend Spezialisten und ein Krankenhaus oder so auf nicht ganz einwandfreie Weise »überredet«, Laura zu helfen.
Ganz genau wußte keiner, was Schwester Margaret dem Arzt erzählt oder welchen Druck sie auf ihn ausgeübt hatte. Mir tat der arme Kerl eigentlich leid. Welche Chance hatte er schon gegen diese Frau mit der sanften Stimme, den gefalteten Händen, der untadeligen Tracht, dem engelhaften Lächeln und der biblischen Sprache? Er wußte wahrscheinlich gar nicht, was ihn getroffen hatte.
Denn unter ihrem ruhigen, gewinnenden Äußeren schlug das Herz eines schlauen, kühnen und begabten Menschen, der die Leute nach einer Unterhaltung von fünf Minuten einschätzen konnte. Daß sie neben dieser

überdurchschnittlichen Intelligenz auch noch in Psychologie ausgebildet war, machte ihre Überredungskunst zu einer gefährlichen Waffe.
Schwester Margarets Motive waren auffallend einfach. Ihr Lebensinhalt waren die Kinder. Wie wir alle, die dort arbeiteten, haßte sie jede Diskriminierung von einzelnen, besonders der Armen und Hilflosen. Laura konnte sich nicht selbst verteidigen, und so hatte mein Plan alle ihre Kräfte mobilisiert.
Seit damals habe ich viele Angestellte in Anstalten gesehen, die hart und taub gegen die Bedürfnisse der Kinder wurden. Für diese Menschen war ihre Tätigkeit nur ein Job wie jeder andere. Die Vorschriften und Regeln, die unpersönliche Bürokratie dieser Anstalten wurden als Entschuldigung benutzt, um den Schwierigkeiten mit einem besonders geplagten Kind aus dem Wege zu gehen.
Zum Glück für Laura war Mrs. Clancy aus dem gleichen Holz geschnitzt wie die Schwestern. Sie war vielleicht nicht ganz so klug und hatte auch nicht den Vorteil der entwaffnenden Tracht, doch sie war aufrichtig und nahm kein Blatt vor den Mund, und jedes Kind kannte und liebte sie. Ich habe die Wutanfälle erlebt, in die sie ausbrechen konnte, wenn sie mit irgendeinem hohen Beamten am Telefon über die besondere Notlage eines Kindes sprach. Sie haßte die Rolle des Inquisitors, die die Bürokratie ihr auferlegen wollte, und strahlte statt dessen Würde, Wärme und echte Achtung für die Kinder aus. Wer ihr jedoch in die Quere kam, mußte sich in acht nehmen.
Und so geschah es tatsächlich, daß Laura vor meinen halb ungläubigen Augen an dem verabredeten Tag mit einer kleinen Tasche, zusammen mit Mrs. Clancy, das Heim verließ. Ich begleitete sie hinaus auf die windige Straße, wie ich es ihr versprochen hatte. Am Tag zuvor war sie ängstlich gewesen, wie jedes Kind in einer solchen Situation es wäre; trotzdem aber war sie zu der Sache entschlossen. Meine eigene Sorge drehte sich hauptsächlich um ihre Erinnerung an einen Arzt, der einem Kind Schmerzen bereitet, und ich hoffte, daß sie durch die Operation nicht wieder neu angefacht wurde. Aber Laura schien ruhig, als sie in das Taxi stieg, vielleicht zu ruhig. Sie winkte mir einmal zum Abschied zu, dann blickte sie vorwärts.
Die ungewissen Stunden unseres gewagten Unternehmens waren für uns alle, die wir eng mit Laura verbunden waren, eine bange Zeit. Ich wußte, wir wünschten alle, die Stunden möchten schneller vergehen, und ich rief das Krankenhaus wiederholt an.
Endlich konnte ich dann Schwester Margaret und Mrs. Clancy die gute Nachricht überbringen, daß die Operation vollen Erfolg gehabt hätte. Laura würde in Kürze zu uns zurückkehren. Mrs Clancy brach sogar in einen heiseren Jubelruf aus.
Laura kehrte mit einem Verband um die Augen, aber in gehobener

Stimmung zurück. Ich ging sofort zu ihr. Sie saß neben ihrem Bett und wartete ungeduldig auf den Augenblick, in dem man den Verband abnehmen würde und sie ihre »neuen« Augen sehen konnte. Ich sah kein Anzeichen ungewöhnlicher Reaktion. Sie war ganz erfüllt von Geschichten über die verschiedenen Besuche, die sie gehabt hatte, über die Karten von Schwestern und Kindern, die man ihr vorgelesen hatte, und die Blumen, die ihr von ihrer Gruppe geschickt worden waren. Jedes Kind hatte etwas von seinem Taschengeld zu den Blumen beigesteuert, und sie bedeuteten viel für Laura. Sie schwatzte und schwatzte, beschrieb auch das schöne Zimmer im Krankenhaus, das sie mit einem anderen Kind geteilt hatte, und ich konnte kaum ein Wort einwerfen.

Wie immer sie nun aussehen mochte, Laura wußte, daß sie getan hatte, was sie konnte. Sie war meinen Anweisungen gefolgt, hatte ihren Mut zusammengenommen und sich aus ihrem Schneckenhaus hervorgewagt. Sie war das Risiko eingegangen. Nun war es an mir, ihr das zu geben, was ich ihr, wenigstens andeutungsweise, versprochen hatte.

19

Als Lauras Verband entfernt wurde, eilte sie von einem Spiegel zum anderen und betrachtete ihre Augen. Sie war glücklich über ihr neues Aussehen: Es war etwas Greifbares, das ihre Selbstachtung erhöhte und ihr erlaubte, sich dem Leben mit mehr Energie zuzuwenden. Die Begeisterung, mit der Lauras Kameradinnen die Veränderung begrüßten, hatte ich jedoch nicht vorausgesehen. Die Mädchen umringten sie und überschütteten sie mit Komplimenten. Es machte ihnen anscheinend besonderen Spaß, ihr die Haare zu legen, sie zu kämmen und alle denkbaren und undenkbaren Frisuren bei ihr auszuprobieren.

Laura saß da wie ein junger Hund und ließ sich von ihnen bewundern. Wenn aber ein Erwachsener ihr Komplimente machte, wandte sie sich errötend ab. Es war immer noch schwierig für sie, mit den Schmeicheleien und der Zuneigung älterer Menschen fertig zu werden – zuviel davon verwirrte sie, und gewöhnlich zog sie sich dann zurück.

Natürlich hatte die konvergierende Sicht sie in der Vergangenheit mit doppelten Bildern und anderen Verzerrungen gequält. Auch ohne diese unglückselige Verwirrung war es für sie schwierig genug gewesen, zwischen Wirklichkeit und Phantasie zu unterscheiden. Jetzt aber war alles, was über einen kurzen Abstand hinausging, klar, scharf und deutlich. Wiederholt erklärte sie mir, wie »anders« die Gegenstände jetzt für sie aussähen. Die Bilder, die ihre Augen ihr nun vermittelten, waren eine genaue Wiedergabe der Außenwelt, sie konnte ihnen vertrauen und erhielt dadurch ein neues inneres Gleichgewicht. Es war jedoch immer noch ein mühsamer, unsicherer und zweifellos schmerzhafter Prozeß für sie, ihren Erfahrungen einen Sinn zu verleihen.

Unsere Gespräche erhielten jedoch jetzt einen anderen Charakter. Das verängstigte Wesen, das sich bei jedem Gefahrensignal sofort in sich selbst zurückzog, hatte sich hinausgewagt. So weit, so gut. Die Tür zur Vergangenheit schloß sich sanft. Ich unterstützte sie in ihrem Ehrgeiz, Kinderschwester werden zu wollen. Sofort erklärte sie mir, daß sie zu wenig gelernt habe, die Prüfungen niemals bestehen könne und dergleichen mehr.

»Du mußt Geduld haben, Laura«, empfahl ich ihr.

Die Entrüstung, mit der sie diesen Ratschlag aufnahm, zeigte mir, daß sie gefährlich dazu neigte, mich für eine Art Zauberer zu halten. Die Erwartung, daß der Therapeut, ähnlich einem Vater, allmächtig und beschützend ist, ist in Beziehungen dieser Art nur zu natürlich. Was Laura betraf, so hatte sie das Gefühl, sie hätte nun ihr Teil getan – jetzt sei ich an der Reihe! Darüber hinaus hatte sie viele neidische Vergleiche zwischen sich und den anderen Mädchen angestellt, wenn sie zuhörte, wie diese ihre Kenntnisse und Fähigkeiten hervorhoben. Laura mußte so bald wie möglich merken, daß sie von mir nicht alles, was sie im Leben brauchte, erwarten konnte.

Im Heim wurde dafür gesorgt, daß fast jedes Mädchen die Chance erhielt, irgendein besonderes Talent oder eine Fähigkeit zu entwickeln, die ihm die Anerkennung seiner Gruppe sicherte. Es konnte Kochen sein, Schneidern oder eine bestimmte Begabung in der Schule, vielleicht für Mathematik oder eine Fremdsprache. Die beleibte Schwester Martha in der Küche ermunterte sie stets zur Hauswirtschaft.

Aber Laura wollte nicht kochen oder Kleider nähen, und in der Schule gäbe es zu viele andere Mädchen, die gescheiter waren, die viel besser lesen und schreiben konnten, als sie es im Augenblick vermochte. Also unterstützte ich sie in dem Gedanken, daß sie bei der Arbeit mit ganz kleinen Kindern ohne quälende Konkurrenz bliebe. An einem sonnigen Nachmittag besprach ich das Problem mit Schwester Margaret. Eine dampfende Tasse Kaffee auf einem voll beladenen Klapptisch verriet mir, daß Mrs. Clancy nicht weit sein konnte.

»Laura muß sich irgendwie nützlich machen können«, erklärte ich. »Sie muß sich erfüllt fühlen. Das ist äußerst wichtig für sie. Wenn sie einer Schwester helfen könnte, die die ganz kleinen Kinder unter sich hat ...«

»Die Zwei- und Dreijährigen, Herr Doktor?« fragte Schwester Margaret. »Es ist wahr, Schwester Jean ist sehr überlastet.«

»Ich bin sicher, daß Laura sich die größte Mühe geben wird«, sagte ich.

»Und was ist, wenn sie versagt?« ertönte eine heisere Stimme. Mrs.

Clancy schritt durch die Tür, mehrere berstende Aktendeckel in der Hand.

»Sie wird nicht versagen«, erwiderte Schwester Margaret nach einem Augenblick. Dann sah sie zu mir auf. »Nicht wahr, Herr Doktor?«

Ich hätte gern geantwortet: »Nicht, wenn Sie es sagen.«

»Ich glaube nicht«, sagte ich laut.

Ich erklärte den beiden Frauen, daß Laura jetzt eine Chance brauche, sich im Leben zu bewähren, selbst eine wirkliche Arbeit zu leisten und sich damit etwas zu beweisen, wovon sie noch soviel Zuspruch nicht überzeugen könne. Hier liege die ideale Lösung, da die Möglichkeit, daß sie enttäuscht würde, gering sei.

»Es ist ein Risiko, der Meinung bin ich auch«, schloß ich, »aber das wird bei Laura in jedem Fall so sein.«

Ich beobachtete sie scharf, denn ich hatte noch einen Wunsch.

Wieder einmal wirkte die Herausforderung – Schwester Margaret schritt zur Tat. Innerhalb einer Stunde war alles geregelt. Laura würde drei Stunden täglich Schwester Jean helfen, die Kinder anziehen, mit ihnen spielen, sie beaufsichtigen und ihr Abendessen überwachen. Die Altersgruppe umfaßte die Zwei- bis Fünfjährigen, und es waren zwölf Kinder in der Gruppe. Schwester Jean würde jederzeit gern mit mir darüber sprechen. Ich beschloß, meinen letzten Vorstoß zu wagen.

»Ich möchte, daß Laura wenn immer möglich für die Arbeit bezahlt wird«, sagte ich.

Das versetzte ihnen einen Schlag. Schwester Margaret erklärte mir höflich, welche Schwierigkeiten damit verbunden wären, angefangen bei der Erlaubnis der Oberin, über die verschiedenen Dokumente, die unterzeichnet werden mußten, bis zur Genehmigung aller möglichen Stellen.

Wenn Laura auch nur ganz wenig verdiene, warf Mrs. Clancy ein, könne nicht ein Cent mehr von dem Geld des Wohlfahrtsamtes für sie verwendet werden.

»Zufällig erwarten wir auch noch in Kürze einen Besuch der Generaloberin«, erinnerte mich Schwester Margaret freundlich. »Falls Sie es nicht wissen sollten, Herr Doktor, alle Schwestern unseres Ordens an der Ostküste unterstehen ihr.«

»Warum wollen Sie, daß Laura bezahlt wird?« fragte Mrs. Clancy.

Ich versuchte möglichst logisch zu antworten. Ich selbst sah nicht recht ein, warum sie eine Arbeit tun sollte, nur damit ihre Finger beschäftigt waren, genauso wie ich es nicht verstehen kann, warum man die Patienten in Nervenkliniken Körbe flechten läßt. Laura hatte den ganz normalen Wunsch zu arbeiten wie jeder andere. Die Frauen, die wir Hausmütter nannten – Laienhelferinnen, die beim Putzen halfen –, wurden ja auch bezahlt. Wenn Laura jemals außerhalb des Heims wohnen würde, so mußte sie sich ihren Unterhalt verdienen. Deshalb wollte ich, daß sie das Berufsleben in seiner ganzen Realität sah, sowohl dessen Anforderungen als auch dessen Entgelt, und daß sie den Wert des Geldes kennenlernte. Laura wußte so gut wie nichts über Geld. Ihr wöchentliches Taschengeld von einem Dollar war auf ein Sparbuch eingezahlt worden, und das Heim sorgte für ihre geringen Bedürfnisse.

Schwester Margaret hörte geduldig zu. »Hmm«, sagte sie schließlich. »Es ist nur gut, daß Gott uns beisteht, Herr Doktor. Sie geben uns so schwierige Probleme auf.«

»Glauben Sie also, daß Sie eine Bezahlung für sie durchsetzen können?« fragte ich.

»Ich weiß es nicht«, kam die bestimmte Antwort. »Aber ich werde beten und sehen, was dann geschieht.«

Irgendwie hatte ich das Gefühl, daß sie schon längst eine Möglichkeit entdeckt hatte, wie sie dem Bürokratismus ein Schnippchen schlagen könnte. Es war genau die Aufgabe, die sie liebte.

Eine Woche später rief sie mich an und erklärte mir, daß Laura bezahlt werden würde.

»Sie haben es schon geregelt? Wunderbar.« Und dann witzelte ich: »Sie müssen einen heißen Draht zum lieben Gott haben.«

»Nein«, kam die gelassene Antwort, »aber ich bin mit seiner Telefonistin befreundet.«

Ich brachte nicht viel über ihre diesbezüglichen komplizierten Machenschaften aus ihr heraus. Sie erklärte nur, daß Lauras Lohn unter den Posten »Verschiedenes« fallen würde. Die Schwester, die die Buchhaltung machte oder die Bücher prüfte, war irgendwie dazu »überredet« worden, die Zahlungen an Laura auf diese Art zu verbuchen; einen anderen Weg schien es nicht zu geben. Als ich Schwester Margaret warnte, sie solle sich nicht meinetwegen erwischen lassen, erwiderte sie vergnügt: »Oh, sie können uns nicht hinauswerfen. Wo bekämen sie sonst so billige Arbeitskräfte her?«

Ich dankte der Schwester und erzählte Laura sofort von der Stellung. Ihr rasches Lächeln sagte mir, was sie davon hielt. Man hatte sie akzeptiert. Als ich ihr die Verantwortung der Arbeit auseinandersetzte und dabei darauf achtete, daß ich sie nicht einschüchterte, erkannte ich wieder einmal, daß Laura für mich Kleinkind, Kind und Halbwüchsige zugleich war. Ich war niemals ganz sicher, mit wem ich gerade sprach.

In der nächsten Woche arbeitete sie schon bei den Kindern unter Schwester Jean. Das Jahr ging gut.

Zuerst wurde sie etwas von den Einzelheiten verwirrt, die Schwester Jean ihr erklärte, aber dann bekam sie die Sache rasch in den Griff. Die Kinder mochten sie bald immer lieber.

Als ich sie zwei Wochen später besuchte, hingen sie an ihr, suchten ihre

Aufmerksamkeit auf sich zu ziehen, riefen ihren Namen und bettelten darum, von ihr auf den Schoß genommen zu werden. Laura hatte viel zu tun und schien jeden Augenblick zu genießen. Ihr Gesicht hatte Farbe, die Bewegungen waren rasch, die Sprache ungezwungen. Sie schien völlig von ihrer Arbeit in Anspruch genommen.

Einmal, erinnerte ich mich, sah sie auf und bemerkte zu mir: »Ach, ich kann mich im Moment leider nicht mit Ihnen unterhalten, ich habe viel zuviel zu tun.«

Es war natürlich eine Freude, sie mit anderen Dingen als sich selbst beschäftigt zu sehen, und die Freude wurde noch größer, als Schwester Jean herbeieilte und mir das Versprechen abnehmen wollte, daß sie Laura behalten könne.

»Sie hat solche Geduld mit den Kleinen«, sagte die überarbeitete Gruppenmutter, »und auch soviel Energie. Alle Kinder haben sie gern.«

Laura spürte, daß ihre Leistung gut war, und die Schwestern natürlich auch. Es war »Lauras Art mit den Kindern«. Drei Wochen, und sie war fast eine Fachkraft.

Zum erstenmal hatte sie sich der realen Welt gestellt und hatte dabei mehr als nur eben überlebt. Das Leben außerhalb ihres Schneckenhauses wurde bedeutungsvoll und lohnend.

Sie gewöhnte sich daran, mir ihre Gedanken über die Kinder und ihre neue Arbeit mitzuteilen. Jetzt freute sie sich schon jeden Tag auf den nächsten, als würde jede Stunde, ja sogar jede Minute etwas Besseres bringen. Je mehr sie bei ihrer Arbeit engagiert war, desto stärker wurde die Schranke zwischen ihrem vergangenen Leben und der Gegenwart. Sie bewegte sich mit mehr Selbstvertrauen, es war neue Kraft in ihren Gliedern, sie wurde eine lebendige Persönlichkeit, die wir alle bemerkten und anerkannten.

Das nächste Stadium auf ihrem beruflichen Weg – und sie wußte es nur zu gut – war ihr Eintritt in die Oberschule. Inzwischen hatte sie sich mit vielen Mädchen unterhalten, welche die Schule besuchten.

Die Leitung der Oberschule, an die wir uns wandten, verlangte ein psychologisches Gutachten, nachdem sie sich über Lauras Grundschulbesuch im Heim informiert hatte. Man war nicht sicher, ob sie den Lehrplan schaffen konnte.

Aus den Gruppentests, die in regelmäßigen Zeitabständen in den Grundschulen durchgeführt werden, ging hervor, daß Laura geistig zurückgeblieben war. Der Bericht der Lehrerin der fünften Klasse stellte klipp und klar fest: »Dieses Kind gehört in eine Klinik, nicht in ein Schulzimmer. Es ist nicht erziehbar.« Es war mir ganz klar, daß die Oberschule Laura nicht aufnehmen würde, wenn sie in der Angelegenheit ein Wort mitzusprechen hätte.

Außerdem machte ich mir Sorgen um Lauras weitere Zukunft. Es ist in unserer Gesellschaft schon ein sehr schwieriges Problem, wieder auf die Füße zu kommen, wenn man nur einen Nervenzusammenbruch gehabt hat. Solche Begebenheiten scheinen einen Menschen zu brandmarken. (Wir alle haben schon die Redensart gehört – oder sogar selbst gebraucht: »Ach, Soundso geht von einer Nervenklinik in die andere«.) Die Arbeitgeber haben Bedenken, einen solchen Menschen anzustellen, bei den Behörden kommt er unmöglich unter, ja die Gesellschaft als Ganzes scheint sich so zu verhalten, als hätte der Betreffende eine ansteckende Krankheit.

Der amtliche Psychologe, der Laura untersuchte, stellte fest, daß ihr intellektuelles Niveau weit über ihrem früheren liege und klare Anzeichen vorhanden seien, daß sie mindestens durchschnittliche Fähigkeiten besitze. Es wurde deutlich, daß sie sich zu diesem Zeitpunkt ihrer grundsätzlich vorhandenen Intelligenz besser bedienen konnte als je zuvor, um sich anzupassen. Also drückten wir alle die Daumen, und Laura wurde zum Schulbeginn im Herbst auf der Oberschule angemeldet.

Dies war natürlich ein bedeutendes Ereignis für Laura, ja viel mehr als das: Es verlangte von ihr allen Mut, den sie nur aufbringen konnte; denn die Situation brachte alle jene Ängste hervor, die sie in jeder neuen Lage überfielen. Laura war sich des Problems sehr wohl bewußt. Einmal fragte sie mich, ob sie wohl jemals etwas würde erleben können, ohne gleichzeitig unter Furcht und Ungewißheit leiden zu müssen. Ich versuchte ihr klarzumachen, daß wir alle auf irgendeine Weise unter solchen Gefühlen litten, und es beruhigte sie, daß sie in dieser Hinsicht nicht so sehr viel anders war als die anderen.

Aber die meisten anderen haben es nicht mit einer durchbohrend blickenden Generaloberin zu tun, und der Besuch dieser guten Frau war für eine Stunde vorgesehen, zu der Laura gerade Schwester Jeans ausgelassene Kinderschar beaufsichtigte. Würde sie sich durchsetzen? Natürlich tat ich mein Bestes, um sie zu ermutigen. Alle unsere Verbündeten im Büro der Oberin hatten sich verschworen, das Interesse der heiligen Mutter unter allen Umständen von den turbulenten Zwei- und Dreijährigen abzulenken.

Die Generaloberin, für die Schwestern eine Art inspizierender General, entpuppte sich als eindrucksvoll gewandte, strengblickende Frau in den Sechzigern, ein Meter achtzig groß und entsprechend breit. Ich schloß mich, neben Schwester Margaret hergehend, ihrem Gefolge an, und wir hatten uns fest vorgenommen, sie an Schwester Jeans Reich vorbeizusteuern. An der kritischen Stelle machten wir alle, wie gedrillte Soldaten, die gleiche exakte Wendung und marschierten in die entgegengesetzte Richtung. Bei diesem Manöver flüsterte Schwester Margaret heftig auf die Oberin ein. Wir hörten, wie sie sagte: »Vielleicht würden Sie gern einer unserer Unterrichtsstunden beiwohnen, Mutter. Wir haben eine gute junge Biologielehrerin, die meines Wissens nach dem neuen Lehrplan unterrichtet.«

Damit war Schwester Philomene gemeint, die ich das letzte Mal bei meinem Vortrag in Manhattan gesehen hatte. Als wir uns dem Zimmer näherten, wo sie angeblich »lebendigen« Biologieunterricht hielt, hörten wir Schreien, Kreischen und Stühlerücken.

Ich war als erster an der Tür des Klassenzimmers. Schwester Philomene stand unbewegt vor ihrer lärmenden Klasse, und als wir eintraten, rief sie laut: »Erste Reihe! Zur dritten Reihe, *marsch!*«

Es war der seltsamste Befehl, den ich je in einem Schulzimmer gehört habe. Aber wie eine Schwadron Soldaten bewegte sich die erste Reihe Mädchen gehorsam nach hinten zur dritten Reihe, in der es drunter und drüber ging.

Ein Mädchen mit dunklem Haar und sehr bleichem Gesicht lag quer über das Pult ausgestreckt, zitterte vor Angst und zupfte hysterisch an seiner Schleife herum. Der Rest der Klasse griff ebenfalls wie toll danach, bis ich zu Hilfe kam. Ein junger Alligator hatte sich an der Schleife festgesetzt. Ich gab dem Reptil ein paar scharfe Schläge auf den Kopf, konnte es loslösen und trug es, mich durch umgestürzte Pulte und Stühle hindurchschlängelnd, am Schwanz nach vorn. Schwester Philomene nahm das Tier mit einem ruhigen und dankbaren Lächeln in Empfang und ließ es in die kleine schwarze Tasche fallen, die die Schwestern immer mit sich trugen. Sie hatte anscheinend keine Ahnung, daß die Generaloberin ihrem Unterricht beiwohnte. Und diese gute Frau sah jetzt außerordentlich verängstigt aus.

Doch die Stunde ging weiter und endete, abgesehen von einem entsprungenen Frosch, ohne weitere Zwischenfälle. Am Schluß der Stunde verließ die Generaloberin allen voran das Klassenzimmer. Es stellte sich heraus, daß sie an diesem Tag nichts weiter sehen wollte.

Ich ging mit Schwester Margaret zurück.

»Diese Klassendemonstration war noch gar nichts gegen Schwester Philomenes Zimmer«, versicherte sie mir lebhaft. »Sie hat Aquarien dort, Terrarien mit Eidechsen, mindestens ein halbes Dutzend Alligatoren und wer weiß wie viele weiße Mäuse, Frösche, Hamster und dergleichen. Keine Putzfrau will in das Zimmer. Wissen Sie, daß sie den Kindern ihre Tiere ausgeliehen hat, so wie eine Bücherei Bücher ausleiht? Wir drohten ihr, daß wir sie hängen würden, falls sie nicht damit aufhört.«

Dann wandte sich unser Gespräch Laura zu. Einen Tag lang wenigstens war die »schwere Prüfung« der Inspektion an ihr vorübergegangen. Was für einen langen Weg im Kampf um das Leben hatte sie hinter sich! Keiner von uns wollte dem anderen zeigen, welche Sorgen wir uns über ihren bevorstehenden Eintritt in die Oberschule machten. Wie sehr sich Laura auch bemühen mochte, stets würden ihr grundlegende Fähigkeiten fehlen, die sie nie hatte entwickeln können. Wenn sie hier versagte, würde eine neue Wunde ihr Selbstgefühl beeinträchtigen und den endgültigen Erfolg noch weiter hinausschieben. Wir bangten beide sehr vor dem Herbst.

20

Er kam nur zu bald, und Trauben von Kindern hingen vor Süßwarengeschäften und Schreibwarenläden und den Büchereien. Und unter den Millionen Kindern war in diesem Jahr eines, das fremdes Land betrat. Der Wind schlug gegen Lauras blauen Rock und die ordentliche weiße Bluse mit der Schleife, als sie, einen Packen Bücher fest unter den dünnen Arm geklemmt, das erstemal zur Schule ging. Es war ein großer Schritt für ein Mädchen, das so von Ängsten bedroht war, ein Mädchen, das sich nur wenige Jahre zuvor Nacht für Nacht in den Armen einer Schwester das Herz aus dem Leibe geweint hatte.

Jetzt fuhr Laura jeden Morgen mit der Untergrundbahn in die Schule und kam am Nachmittag zurück. Die bloße Tatsache, daß sie sich außerhalb des Heims bewegen konnte, gab ihr schon Selbstvertrauen. Die Schulaufgaben nahmen ihre Zeit ganz in Anspruch, aber sie beaufsichtigte weiter Schwester Jeans Kinder und wurde immer geschickter darin. Ihre Erfolge in der Schule waren jedoch minimal. In vielen Fächern versagte sie, in anderen kam sie gerade mit. Es war schwierig für mich, ihr klarzumachen, daß sie in Anbetracht ihres früheren Zustandes viel mehr leistete, als irgend jemand erwarten konnte.

Nein, sie sah nur, daß sie versagte. Glücklicherweise hatte sie die Arbeit bei den Kindern, durch die ihre angeborene Schwarzseherei etwas ausgeglichen wurde. Es ist ein schmerzlicher Anblick, ein Kind, das durchkommen *muß*, verzweifelt über einem Buch hocken zu sehen, das es nicht versteht. Wenn ich Laura beim Lernen betrachtete, war es manchmal, als hingen schwere Gewichte an ihren Schultern und dem gekrümmten Rücken. Doch gab es bereits Lehrerinnen, die sie liebgewonnen hatten und keine Mühe scheuten, ihr zu helfen.

Selbstverständlich taten auch alle im Heim ihr Bestes, um sie zu ermutigen, wenn die Furcht vor dem Versagen sie an manchen Tagen bis zur Verzweiflung trieb. Dann klagte sie über Kopfschmerzen und Erkältungen und erklärte, sie wäre »zu krank«, um zur Schule zu gehen. Die Tränen und die Lustlosigkeit, die auf die Enttäuschungen in der Schule folgten, wurden von den Schwestern mitfühlend verstanden. Wir gewöhnten uns alle an Lauras Stimmungsschwankungen.

Abstrahierendes Denken bereitete ihr die größten Schwierigkeiten. Ging es um das Auswendiglernen, so bestand sie ganz gut. In den Naturwissenschaften jedoch, wo sie bestimmte Grundsätze verstehen mußte, die ihr nicht greifbar waren, versagte sie.

Einmal erklärte sie mir in einem solchen Anfall der Verzweiflung: »Ich weiß, daß ein Gegenstand fällt, wenn man ihn losläßt. Aber wie kann ich verstehen, daß es eine Kraft gibt, die man Schwerkraft nennt und die den Gegenstand hinunterzieht? Ich kann sie doch nicht sehen, nicht wahr? Ich kann sie nicht fühlen oder irgend etwas ...«

Ich muß gestehen, daß ich mich selbst nie besonders für Physik interessiert habe, aber ich versuchte, Laura den Begriff Schwerkraft zu erklären. Doch meine Erläuterungen verwirrten sie nur noch mehr.

Schließlich sagte sie: »Ich bin einfach dumm, das ist alles.«

Diese an sich bedenkliche Reaktion hatte auch ihre positiven Seiten. Wenn sie früher versagte, so hatte sie es resigniert hingenommen; nun aber verwarf sie es als untragbar. Sie wurde wütend, wenn sie Anzeichen von Schwäche und Unzulänglichkeit bei sich entdeckte, und war fast zu sehr bereit, sich neuen Anforderungen zu stellen. Ich versuchte ihr zu erklären, daß es für jeden Menschen Dinge gebe, die ihm unverständlich blieben, daß jeder von uns seine Grenzen erkennen müsse. Sie war jedoch nicht in der Stimmung, sich damit trösten zu lassen oder es auch nur zu glauben. In vielen Beziehungen war sie trotz allem wie ein ganz kleines Kind; sie verlor in schwierigen Situationen leicht den Mut und war schnell bereit aufzugeben, wenn sie versagte.

Nachdem ein paar Wochen auf diese Weise verstrichen waren, fand ich, es wäre ein strategisch guter Zeitpunkt, mit Laura über eine zweite Operation zu sprechen. Diesmal sollte ihr Rücken in Ordnung gebracht werden. Eine solche Operation wäre eine Herausforderung für sie, der sie schon einmal erfolgreich begegnet war. Nachdem ich mich zuvor lange mit Schwester Margaret unterhalten hatte, machte ich Laura die Notwendigkeit des Eingriffs mit den gleichen Argumenten klar, die ich schon bei der ersten Operation gebraucht hatte.

Ich arbeitete auch gegen die Zeit. Während einer Operation dieses Ausmaßes einerseits versäumte Schulstunden und eine Unterbrechung des erst kürzlich neu geregelten Alltags bedeutete, so mußte sie andererseits durchgeführt werden, solange Laura noch im Heim lebte. Sie war jetzt sechzehn und würde das Heim in zwei Jahren verlassen, wahrscheinlich für sich selbst sorgen müssen und ganz bestimmt nicht in der Lage sein, die Kosten für die Operation zu tragen. Schwester Margaret begann also einen Orthopäden zu hypnotisieren. Zuerst schien sie Schwierigkeiten zu haben, diesen unseligen Mann dazu zu überreden, seine Dienste umsonst zur Verfügung zu stellen. Meinen Nachfragen über den Stand der Angelegenheit begegnete sie mit geheimnisvollen Andeutungen, hinter denen sich nur zu eindeutig Komplikationen verbargen.

»Vor zwei Tagen hatte ich ihn schon fast, Herr Doktor, aber die Glocke hat ihn gerettet. Ich kriege ihn in der nächsten Runde. Haben Sie nur Geduld, bitte.«

Ich hatte jetzt kaum noch Zweifel daran, daß die kleine Schwester mit dem glückstrahlenden Lächeln erfolgreich sein würde. Schwester Paulette nannte ihre jüngere Kollegin die perfekte Optimistin.

»Als die Oberin ihr einmal eine Bitte abschlug«, erzählte sie mir, »war ich so überrascht, daß ich sie fragte, was denn los gewesen sei. ›Oh‹, erwiderte sie, ›es war Regenwetter, wissen Sie, und das hat immer Einfluß auf ihre Arthritis. Macht sie gereizt. Am nächsten warmen Tag frage ich sie noch einmal, und sie wird mir meine Bitte gewähren.‹ Und genauso ist es auch geschehen.«

Zwei Wochen später rief mich Schwester Margaret an und erklärte, der Arzt hätte nun endlich zugestimmt, Lauras Operation kostenlos durchzuführen.

Kinder finden sich, wie gesagt, mit medizinischen Tatsachen ab, und Laura stellte sich ihrer zweiten Operation tapfer wie ein Soldat. Sie wußte nun schon, was eine Narkose bedeutete (»Man sieht, wie sich viele Leute überschlagen, und dann schläft man ein«) und wie gut das Fernsehen in einem Krankenhaus-Doppelzimmer war.

Die Operation selbst, bei der winzige, würfelförmige Knochenspäne aus der Hüfte entnommen und zwischen die Wirbel eingesetzt wurden, dauerte drei Stunden. Schwester Margaret und Mrs. Clancy waren bei ihr, als sie aus der Narkose erwachte. Sie erzählten mir, Laura hätte vergnügt in ihrem unbequemen Gipskorsett gelegen, das vom Kinn bis zur Hüfte reichte, und als sie gingen, wäre sie auf der orthopädischen Matratze eingeschlafen.

Laura kam bald zurück ins Heim und mußte drei Monate im Bett bleiben. Es wurden laufend Röntgenaufnahmen gemacht, die sich noch über Jahre hinziehen sollten. Ich besuchte sie in ihrem Schlafsaal. Sie schien die Feuerprobe gut bestanden zu haben.

Sie freute sich schon darauf, wieder die kleinen Kinder hüten und zur Schule gehen zu können. Während dieser Monate erhielt Laura täglich Nachhilfestunden von einer Schwester, die als Lehrerin tätig war. Inzwischen ging wieder ein Weihnachtsfest vorbei, das sie diesmal im Bett verbrachte.

Das neue Jahr kam und damit auch der Moment, wo Laura wieder aufstehen konnte. Anstelle des Gipsverbandes erhielt sie ein Stützband, das fest um ihren Körper gewickelt wurde. Als ich sie zum erstenmal damit umhergehen sah, war ihr Rücken, bisher gebeugt wie der einer alten Frau, kerzengerade. Ihr Selbstvertrauen wuchs, aber sie ermüdete leicht und brauchte viel Ruhe. Es war unmöglich, sie in dieser Zeit zu drängen.

Nach weiteren drei Monaten konnte sie dann auch das Stützband abnehmen. Das bedeutete jedoch, daß sie zurück zur Schule gehen und den Kontakt mit ihren Lieblingslehrerinnen wieder aufnehmen konnte; ein paar von ihnen luden sie nun auch zu sich ein und behandelten sie wie ein Familienmitglied. Laura freute sich immer auf diese Besuche.

An einem Vorfrühlingstag wollte ich gerade das Heim verlassen, als mein Telefon läutete. Es war Schwester Margaret, und am Klang ihrer Stimme erkannte ich sofort, daß etwas nicht stimmte. Sie wollte mich sofort in einer »vertraulichen« Angelegenheit sehen.

»Ich würde lieber persönlich mit Ihnen darüber sprechen, Herr Doktor.«

Ich betrat eine Minute später ihr Büro. Sie war allein, sah sehr beunruhigt aus und kam sofort zur Sache.

»Lauras Vater hat angerufen«, sagte sie. »Er will sie sehen.«

Ich wußte, was das bedeutete, brachte es aber nicht über die Lippen. Und dann sagte Schwester Margaret es für mich.

»Sie sind sich doch klar darüber, Herr Doktor, daß er gesetzlich durchaus das Recht hat, sein Kind zu sehen, denn es wurde von den Eltern nicht freigegeben.«

»Er kann sie nicht nur besuchen«, stimmte ich mit einem Seufzer zu, »er kann sie auch mitnehmen.«

Darauf also liefen alle unsere Bemühungen hinaus. Dr. Crager hatte Martin Meyer entlassen, wie er es damals andeutete. Nichts in der Welt konnte den Mann, der seine Tochter bei lebendigem Leibe verbrennen wollte, nun daran hindern, sie als sein Kind zurückzufordern.

Wie hatte er herausgefunden, wo sie war? Diese Frage war leicht zu beantworten. Lauras Fall wurde in den Akten des Wohlfahrtsamtes geführt. Diese schwer überlastete Behörde würde jedem Vater nur allzu bereitwillig Auskunft geben, der anrief und sagte, daß er aus dem Krankenhaus entlassen sei und mit seiner Tochter Verbindung aufnehmen wolle.

»Soll ich Laura fragen, ob sie ihn sehen will, Herr Doktor?«

»Lassen Sie mich zuerst mit ihm sprechen«, sagte ich, aber ich hatte nur wenig Hoffnung, daß etwas dabei herauskäme.

Meine größten Befürchtungen begannen sich zu verwirklichen, und ich konnte weiter nichts tun als zusehen.

Martin Meyer suchte mich in meinem Büro auf. Es war einige Zeit her, seit wir uns in der Nervenklinik gesehen hatten, aber abgesehen von ein paar zusätzlichen grauen Haaren und einer leichten Krümmung des Rückens hatte er sich nicht sehr verändert. Er trug einen Anzug und eine schneidige Krawatte und machte mich auch gleich auf beides aufmerksam.

»Freut mich, Sie zu sehen, Doc. Wie gefällt Ihnen mein neuer Anzug?«
Seine Nasenflügel zuckten. Ich beschloß, sofort zur Sache zu kommen. Ich war nicht sicher, wie lange meine Geduld ausreichen würde.
»Was wollen Sie, Martin?« fragte ich.
»Also, Doc, so sollten Sie nicht mit mir sprechen. Sie sollen den Leuten doch helfen und Verständnis für sie haben. Ich wundere mich über Sie«, sagte er mit einem mutwilligen Grinsen. »Wirklich. Wie soll ich denn Respekt vor Ihnen haben, wenn Sie sich so verhalten?«
»Wie verhalten?«
»Wenn Sie sich nicht über meinen Besuch freuen, meine ich.«
»Ich freue mich nicht über Ihren Besuch«, erwiderte ich und atmete schwer. »Kommen Sie zur Sache.«
Seine fahlen Augen verschwanden fast unter der gefurchten Stirn. Er hob die Hände und betrachtete sie – es waren die Hände eines Hüttenarbeiters, Kranführers, Lastwagenfahrers ...
»Ich möchte Laura sehen, meine Tochter«, sagte er gefährlich ruhig. »Schließlich soll sich doch ein guter Vater immer für sein Kind interessieren. Das müssen Sie doch wissen, Doc.«
»Wie haben Sie herausgefunden, daß Ihre Tochter hier ist, Martin?«
»Ich habe Freunde.« Er spreizte die großen Hände, weit, kraftvoll. »Waren mir einen Gefallen schuldig. Sie wissen schon, wie's ist, Doc.«
Seine vorgetäuschte Ruhe war, wie immer, nur eine dünne Schale. Während er weitschweifig weiterredete, betrachtete ich seine Hände und dachte dabei an Laura, dachte an all das Leid, das diese schwieligen Hände ihr zugefügt hatten, an jede Minute der Qual und des unsagbaren Elends, das ein mißhandeltes Kind ...
»Okay, Martin«, unterbrach ich ihn und sah ihm in die Augen. »Kommen wir zum *wirklichen* Grund Ihres Besuches.«
Meine Feindseligkeit bremste ihn. Er sagte immer wieder, ich sei nicht mehr der freundliche, gute Doktor, den er einmal in der Klinik gesehen hätte. Ich bedrängte ihn noch mehr.
»Was wollen Sie wirklich hier?«
»Okay. Okay. Sie freuen sich also nicht, mich zu sehen«, erwiderte er leicht keuchend. Die haarigen Nasenlöcher zuckten wieder. »Vielleicht sollte ich mit jemand anders hier sprechen.«
»Nein, nein, das geht nicht«, erklärte ich ihm. »Sehen Sie, ich kenne zufällig Ihre Lebensgeschichte, Martin, Ihre und die von Adeline und von Laura. Ich weiß am besten über alles Bescheid.«
Plötzlich sprach er in einem unterwürfigen, winselnden Ton. »Hören Sie, Doc, Sie machen mich nervös. Ich bin ein kranker Mann. Sie wissen nicht, was das bedeutet. Diese Kopfschmerzen. Ich meine, ich nehme Tabletten für meine Nerven, jeden Tag. Und Sie setzen mir hier zu. Aber Martin Meyer läßt sich das von keinem gefallen.« Plötzlich streckte er das breite

Gesicht vor und schrie: »Keiner in der ganzen weiten Welt hat Martin Meyer zu sagen, was er zu tun hat.«
»Was wollen Sie also tun, Martin?« fragte ich. »Mir einen Boxhieb versetzen?«
Er beruhigte sich sofort. »Hören Sie, Doc... Ich will nicht meinen klaren... verlieren... Ich meine, ich will mich nicht mit Ihnen streiten. Will doch nur meine Tochter sehen... und ihr ein Vater sein. Das ist alles. Bleiben Sie ruhig, Doc... Ja. Ich kann sehen, wann Sie böse werden. Ein Kerl wie Sie meint es ernst. Also, verstehen wir uns?«
»Genau«, sagte ich. »Und ich werde es nicht zulassen, daß Sie Laura irgend etwas antun, Martin. Sie war sehr krank, sie ist immer noch sehr schwach und erholt sich nur ganz allmählich.«
Er fuhr zurück auf seinem Stuhl. »Sind Sie verrückt, Doc? Ich meiner eigenen Tochter etwas antun? Was glauben Sie denn, wer ich bin?«
Eine Sekunde lang war es still zwischen uns. Nach der hitzigen Diskussion wirkte das Schweigen doppelt inhaltsvoll.
»Wollen Sie wirklich, daß ich Ihnen das sage, Martin?«
»Okay, okay. Sie sind ein ganz Gescheiter«, brummte er, im Augenblick jedoch ganz friedlich.
»Also, wir werden sehen«, sagte ich schließlich. »Ich werde Laura entscheiden lassen, ob sie Sie sehen will.«
»Sie werden sie also fragen, Doc?«
»Schwester Margaret wird Ihnen unsere Entscheidung in ein paar Tagen mitteilen. Auf Wiedersehen, Martin.«
Mir argwöhnischem, forschend umherschweifendem Blick verließ er mich. Er trottete den langen Gang hinunter, den seine Tochter so oft und so quälend langsam entlanggegangen war, und seine riesigen, an der Seite herabhängenden Hände zitterten.
Ich überlegte rasch. Ich mußte Laura von ihrem Vater erzählen. Aber wieviel konnte man ihr zumuten? Einmal mehr bedrohten wir sie. Die Tatsache, daß der Mann ihr Vater war, würde sie natürlich zu ihm hinziehen. Aber welche Gefahr für ihre Persönlichkeit war damit verbunden?
Wir waren so verblieben: Wenn Laura ihn sehen wollte, würde er die »Erlaubnis« erhalten, sie im Heim zu besuchen. Ich setzte das Wort »Erlaubnis« im Geist in Anführungszeichen, denn wenn sie sich weigerte, konnte er sich an das Vormundschaftsgericht wenden, wo er, wie ich wußte, sein Recht erhalten würde.
Ich dachte lange nach, als Martin Meyer gegangen war. Ich hatte vielleicht einen momentanen Aufschub für Laura erreicht. Nach einem langen, ermüdenden Kampf war sie eben wieder zu Kräften gekommen, und jetzt mußte sie es mit dieser Erfahrung aufnehmen – einer Erfahrung, die vielleicht die folgenschwerste Krise in ihrem Leben auslösen

würde, gegen die alle anderen Schwierigkeiten nur wie ein Kinderspiel wären. Im Grunde hätte für sie die Entdeckung, einen Vater zu haben – einen Menschen, an den sie ein starkes Band knüpfen könnte –, ein positives Erlebnis sein können. Aber Martin Meyers Verhalten war unberechenbar.

Ich mußte überlegen, wie ich Laura am besten davon erzählte. Wie sagt man einem Menschen, daß sein Vater ihn sehen möchte, wenn er es bisher das ganze Leben nicht getan hat? Was antwortet man auf unvermeidliche Fragen wie »Wo ist er gewesen?« und »Warum hat er mich nicht früher besucht?« Selbst wenn ich sie noch so sehr warnte, konnte ich nicht erwarten, daß sie ihm den Rücken kehrte; denn bei ihrer langwährenden Suche nach einem Selbst hatte sie sich mit so vielen fehlenden Verbindungsgliedern abfinden müssen – und Martin Meyer war eines davon.

Bisher hatte es Laura in unseren Unterhaltungen stets mit einer Art feinfühligem Takt vermieden, allzuviel nach ihren Eltern zu forschen, als ob sie froh wäre, sie einfach als Teil der Vergangenheit betrachten zu können, zumindest für den Augenblick. Ihr hauptsächliches Bestreben war darauf gerichtet, erst einmal ihre Hilflosigkeit und Abhängigkeit abzuschütteln.

Die Anwesenheit ihres Vaters jedoch, so wie sie jetzt damit konfrontiert wurde, konnte versteckte Hoffnungen und Erwartungen in ihr wecken, denen eine überwältigende Enttäuschung folgen mochte. Laura war immer noch ein sehr empfindliches Pflänzchen.

Der Zeitpunkt konnte nicht ungünstiger sein, aber irgendwann mußte sich Laura mit Martin Meyer auseinandersetzen. Diese Erfahrung blieb ihr nicht erspart. Ich wollte sie bitten, sofort zu mir herunterzukommen. Ich griff nach dem Telefon und wählte Schwester Jeans Nummer.

Als Laura kam, war ihr Gesicht gerötet und ihre Gedanken noch völlig bei ihrer Arbeit mit den Kindern. Als sie mir gegenüber Platz nahm, mußte sie etwas in meinem Gesicht entdeckt haben, das sie warnte. Schließlich kannte sie mich jetzt beinahe so gut wie ich sie.

»Laura«, begann ich, »ich muß dir etwas sehr Wichtiges sagen. Dein Vater war hier.«

»Mein Vater!« Die Farbe wich aus ihrem Gesicht, als sie sich in ihrem Stuhl zurücksetzte. Im Moment schien sie der Mut zu verlassen.

»Er war hier«, fuhr ich fort, »und er möchte dich sehen.«

Ich ließ den Schock langsam einsinken. Sie starrte die Wand an. Ihre trockenen Lippen bewegten sich, aber sie sagte keinen Ton. Nach und nach erzählte ich ihr dann, was ich über ihn wußte, daß er geisteskrank gewesen sei und nun wieder draußen lebte.

Schließlich, nach längerem Stillschweigen, sagte Laura: »Warum will er mich sehen?«

Ich wiederholte die Gründe, die Martin Meyer angeführt hatte, doch sie stellte noch einmal die gleiche Frage, als hätte sie kein Wort gehört. Warum in der Tat? Ich machte ihr klar, daß die Entscheidung bei ihr läge, und warnte sie auch davor, zuviel von ihm zu erwarten.
Plötzlich wandte sie sich mir zu, die Augen fest auf mich gerichtet, das Gesicht immer noch weiß und starr. »Ich weiß nicht warum, aber ich muß ihn sehen. Ich muß mit ihm sprechen.«
Das Gefühl war zwingend, sie mußte mit Martin Meyer ins reine kommen. Es gab keine Beziehung, kein persönliches Band zwischen ihnen; er war für sie ein Mensch von einem anderen Stern. Aber ich achtete die Stärke ihres inneren Verlangens, auch diese Hürde zu nehmen.
Später ging ich allein durch die dunkler werdenden Straßen zur U-Bahn-Station. Die Gehsteige waren naß vom Regen. Die Vorübergehenden fröstelten in der Kühle, die mit der Dämmerung kam. Sterne waren zu sehen. Ich erinnerte mich, wie ich Laura einmal in einem der endlosen ersten Monologe erzählt hatte, daß die Sterne Mädchen seien, die mit ihren Kerzen zu Bett gingen. Blies der Wind nun eine aus?
Wir hatten nicht viel für Laura gefordert – wir hatten nur gewollt, daß ihr Leben nicht aus Widerwärtigkeiten allein bestehen sollte. Es wäre wirklich grausam gewesen, wenn wir sie bis an diesen Punkt ihrer Entwicklung gebracht hätten, nur damit sie uns wieder entrissen und in den Sumpf von Brutalität und sinnloser Leidenschaft zurückgestoßen würde, aus dem sie gekommen war. Wie tragisch wäre es gewesen, wenn der ganze Mut, den sie aufgebracht hatte, alle Wagnisse, die sie eingegangen war, zu nichts führen würden. Als ich daran dachte, wie Martin Meyer auf mich reagiert hatte, beschloß ich, der Unterredung zwischen Laura und ihrem Vater nicht beizuwohnen.
Statt dessen war Schwester Margaret bei diesem Zusammentreffen anwesend. Sie erzählte mir, daß Laura lächelte, als sie ins Zimmer kam, und sich dann scheu dem Mann gegenüber hinsetzte, der sie beinahe getötet hatte. Die Unterhaltung war gezwungen und sprunghaft. Das war nur zu verständlich. Anscheinend stellte er eine Frage nach der anderen über ihr Leben im Heim, und sie antwortete gedrückt und gehetzt. Sie waren fast eine Stunde zusammen. Ehe Martin Meyer ging, erklärte er seiner Tochter, er würde sie jeden Abend anrufen und in der nächsten Woche wiederkommen.
Hier muß erwähnt werden, daß es einem Mädchen innerhalb der Gruppe hohes Ansehen verlieh, wenn sie Eltern hatte – was für Eltern auch immer. Solche Mädchen waren normal, geliebt und, wie sich daraus ganz selbstverständlich ergab, auch hübsch. Jedenfalls mochte sie jemand gern, weil sie irgend etwas zu bieten hatten – wenn schon nicht Schönheit, dann Intelligenz, Ehrgeiz oder sonst irgend etwas Liebenswertes.

In der darauffolgenden Woche zog Laura jeden Vorteil aus ihrem neugewonnenen Prestige. Jedem, der es hören wollte, erzählte sie von ihrem Vater, wie gut er aussehe, was er mache, daß er sie von jetzt ab jede Woche besuche und daß sie schließlich bei ihm wohnen würde.

Alle Mädchen in der Gruppe freuten sich für Laura. Jetzt würde sie Kleider bekommen, Geld, würde jeden Sonntag in einem Restaurant essen oder in ein Kino gehen. Vielleicht nicht *jeden* Sonntag ins Kino. Es gab so viele andere Orte in der Stadt, wo man hingehen konnte. Lauras Schilderungen wurden immer ausführlicher und phantasievoller, besonders, was die angebliche Zukunft mit ihrem Vater betraf.

Schwester Margaret und ich hörten diese Geschichten bedrückt an. Sollte Laura wirklich die schreckliche Qual kennenlernen, ganz im Stich gelassen zu werden? Kein Sockel schien hoch genug, den neugefundenen Vater hinaufzustellen, und ihr Gefühl der Bedeutung wuchs immer mehr. Es war ein »Alles oder nichts«-Verlangen, dem nur – soweit ich es beurteilen konnte – ein donnernder, unaufhaltsamer Fall in die tiefsten Tiefen folgen konnte.

Jeden Abend wartete sie nun geduldig neben dem Telefon auf dem Korridor vor ihrem Zimmer. Aber es kam kein Anruf. In der nächsten Woche legten ihr die Mädchen die Haare ein, liehen ihr den gehüteten Schmuck und eine sogar ihr bestes Kleid – nach einstimmiger Meinung das schönste im Schlafsaal. Alle Mädchen waren von der angstvollen Aufregung Lauras angesteckt, als die Besuchsstunde näherrückte. Halb mit freudiger Erwartung, halb mit Bangen hörten sie die Stunden schlagen. In der allgemeinen Spannung schienen die Schläge, die die nächste und übernächste Viertelstunde anzeigten, rasch zu folgen. Die Stunde verging, und auch die folgende, und der kleinen Gruppe von Mädchen, die mit weitgeöffneten Augen und geballten Fäusten warteten, dämmerte die Wahrheit. Ihr Vater kam nicht. Der verhängnisvolle Klang der Glockenschläge endete für Laura in einem Tränenausbruch, nach dem sie sich erschöpft und voller Schmerzen in all ihrer Pracht auf das Bett warf. Schwester Paulette tröstete sie die ganze Nacht.

Martin Meyer kam auch in der folgenden Woche nicht. Auch nicht in der übernächsten. Die Kinder waren die ersten, die Entschuldigungen für ihn fanden. »Wahrscheinlich hat er zu viel zu tun«, sagten sie, oder: »Vielleicht ist er krank geworden und konnte nicht kommen.« Sie taten ihr Bestes, um den Schlag zu mildern, aber Laura wandte sich auf unerwartete Weise von ihnen ab.

Ich hatte befürchtet, sie würde wieder in ihr Schneckenhaus zurückkriechen und apathisch auf ihrem Bett sitzen, wie sie es in der Vergangenheit getan hatte. Weit davon entfernt. Sie wurde wütend, äußerte sich unverblümt und kritisierte alles und jeden. Sie begann sich sogar bitter über das Heim zu beschweren. Und dann fing Laura zum größten

Erstaunen der Schwestern und der Lehrer auf einmal an, die Schule zu schwänzen.

Zuerst glaubte Schwester Margaret es einfach nicht. Sie erklärte es sich damit, daß sich die Lehrer geirrt und Laura hinten in der Klasse übersehen hatten. Leider jedoch hielt diese Erklärung nicht stand: Man überwachte Laura sorgfältig und stellte fest, daß sie niemals in der Schule ankam.

Bei Mädchen ist das Schwänzen besorgniserweckender als bei Jungen, wohl weil man ein solches Verhalten bei Jungen eher erwartet. Der Gedanke, daß ein hilfloses Mädchen allein in der Stadt umherwandert, worauf das Schwänzen ja meist hinausläuft, ist beunruhigend. Wenn es dabei aber um ein Mädchen wie Laura geht, so ist die Sachlage sehr ernst.

Es war Vorschrift im Heim, daß solche Fälle der Oberin gemeldet wurden. Wie Schwester Margaret mir erzählte, fragte auch die Oberin gleich, ob die Lehrer sich nicht geirrt hätten. Aber nein. Laura schwänzte acht Tage hintereinander. Wo sie gewesen war, welche U-Bahn-Linien sie mit ihren paar Pennies benutzte, durch welche Parks sie wanderte, das wußte keiner. Wir erfuhren jedoch bald, daß sie sich jedesmal bei ihrer Rückkehr sofort mit einem anderen Mädchen, einer früheren Freundin, zu schlagen begann, nachdem sie sich zuerst eine Menge Schimpfwörter und Beleidigungen an den Kopf geworfen hatten.

Laura hatte sich völlig verändert. Sie schien haßerfüllt und griff jeden an, auch die Schwestern.

Ich selbst betrachtete Lauras Zorn als einen unglückseligen, aber notwendigen Schutz gegen die Zurückweisung und den Haß der Menschen, denen sie zu vertrauen gewagt hatte. Sie zog Kraft aus ihrem Zorn, denn er minderte ihre Empfindsamkeit und half ihr, sich in einer Welt aufrechtzuerhalten, die sie unaufhörlich daran erinnerte, daß sie ungewollt war. Der Verrat ihres Vaters hatte ihre Eitelkeit getroffen, und so rächte sie sich an der Welt im allgemeinen. Die Schwestern waren jedoch verständlicherweise unsicher, wie sie diese »neue« Laura behandeln sollten, und drückten wiederholt ihr Erstaunen über diesen oder jenen Vorfall aus. Diese Periode erreichte ihren Höhepunkt, als Laura erklärte, ihr stünde alles bis obenhin, einschließlich der Oberin. »Ich wollte ihr schon lange mal meine Meinung sagen«, erklärte sie Schwester Paulette kühl an einem Nachmittag, als sie aus der Schule kam, »und ich glaube, ich werde es jetzt tun.«

Schwester Paulette war gehörig entsetzt. Sie sah jedoch ein, daß es wenig nützen würde, Laura eine Strafpredigt zu halten und ihr zu erklären, daß niemand – absolut niemand – der Oberin die Meinung sagt, außer vielleicht die Generaloberin. Sie versuchte eine Weile, Laura von der Idee abzubringen, aber vergeblich. Das Mädchen, das vor kurzer Zeit noch kaum einen Gang entlanghumpeln konnte, verließ kurz entschlossen das

Zimmer und wurde zuletzt gesehen, als sie auf dem direkten Weg zur Oberin war.

Völlig außer sich rief Schwester Paulette einige andere Schwestern, die sich in der Nähe befanden, zusammen. Alle stimmten überein, daß es zu einer Katastrophe käme, wenn Laura ihre Drohung je wahrmachte. Und so startete das Unternehmen »Kidnap«.

Es war ein kompliziertes und außergewöhnlich fein aufeinander abgestimmtes Manöver, das vielleicht nur an einem Ort wie dem Heim durchgeführt werden konnte. Der Zweck der Übung war einfach: Bis sich Laura wieder beruhigt hatte, sollte sie stets beschäftigt und so weit wie möglich von der Oberin entfernt gehalten werden. Das Verständigungssystem funktionierte glänzend. Ich konnte den Erfolg des Unternehmens »Kidnap« selbst bezeugen.

Die erste Expedition zur Ablenkung Lauras wurde von Schwester Jean geleitet, die sich kühn, mit voller Geschwindigkeit, auf den Weg zum Büro der Oberin machte. Sie näherte sich diesem mit unbekümmerter Miene, obwohl ihr nichts Gutes schwante, als sie Laura auf der langen Bank davor sitzen sah. Die Schwester, die ihre Vorgesetzte unter irgendeinem nebensächlichen Vorwand aufsuchen sollte, blieb beim Anblick ihrer Helferin mit bewundernswert vorgetäuschter Überraschung stehen.

»Laura! Du kommst mir gerade recht! Ich brauche dringend Hilfe bei zwei Kindern.«

So wurde Laura, die darauf wartete, daß die Oberin ein Telefongespräch beendete, gerade noch im letzten Moment geschnappt und für den Rest des Tages beschäftigt.

Eine weitere Strategie mußte jedoch in aller Eile am kommenden Vormittag entwickelt werden, als Laura erneut ihre Absicht ankündigte, der Oberin »ihren Standpunkt klarzumachen«. Das Problem wurde noch dadurch kompliziert, daß Laura immer noch gelegentlich schwänzte und daher jederzeit erscheinen konnte, um ihre Drohung wahrzumachen. Keine der Schwestern hatte Zeit, sich hinzusetzen und darauf zu achten, daß sie kam, und es war ihnen auch nicht möglich, sie jede Minute des Tages zu beschäftigen.

Die Situation schien hoffnungslos, bis Schwester Margaret (natürlich) einen genialen Einfall hatte. Warum sollte man die Sekretärin der Oberin nicht ins Vertrauen ziehen? Dann konnte sie jedesmal, wenn Laura vor dem Büro auftauchte, die eine oder andere Schwester dringend anrufen. Sollten alle Beteiligten nicht erreichbar sein, so konnte Schwester Martha in der Küche ganz bestimmt mit einem »äußerst dringenden Auftrag« einspringen. Nachdem man überprüft hatte, daß man der Sekretärin trauen konnte, wurde sie also zur Mitarbeit herangezogen.

Über eine Woche lang wurde die Operation »Kidnap« Tag für Tag

erfolgreich fortgesetzt. Jeder Stabsoffizier – oder Geheimdienstchef – wäre stolz auf seine Männer, wenn sie so gut arbeiteten, wie diese Schwestern es taten. Jede Schwester, die an dem Unternehmen beteiligt war, nahm sich die Mühe, den Umweg an der langen Bank vor dem Büro der Oberin vorbei zu machen, während sie ihrem Dienst nachging.
Ein halbes dutzendmal schlug die Sekretärin Alarm und hielt dann Laura hin, bis pflichtschuldigst eine Schwester erschien. Diese versuchte dann möglichst zu verbergen, daß sie nach Atem rang, und stellte sich so überrascht wie nur möglich, Laura dort vorzufinden, die sie »gerade gesucht« habe. Unter dem Vorwand, daß sofortige Hilfe dringend notwendig sei, wurde Laura vom einen Ende des Heims zum anderen und einmal sogar in Begleitung einer Schwester quer durch die ganze Stadt geschleift.
Mir wurden die Einzelheiten dieses Unternehmens von den Schwestern Margaret und Paulette berichtet. Mein Gelächter war ihnen ganz unverständlich. Für sie war es, wie es schien, eine ziemlich alltägliche Rettungsaktion. Ich aber werde den Anblick der Schwestern, die ihre Köpfe unter den Hauben zusammensteckten und flüsternd den einen oder anderen Plan zur Beschäftigung Lauras ausheckten, nicht so leicht vergessen.

21

Als die Mädchen in diesem Jahr aus dem Sommerlager zurückkehrten, setzte ich durch Mrs. Clancy wieder eine Anzahl Stunden mit Laura fest. Doch zum erstenmal in unserer langen Beziehung weigerte sie sich, zu mir zu kommen. Offensichtlich war ich nun – zusammen mit der Oberin – in die Gruppe der »Bösen« eingereiht worden.
Es war beinahe November, als ich Laura schließlich zu Gesicht bekam. Ihre Lippen zitterten, als sie ihren Haß in alle Richtungen versprühte. Wieder erklärte sie, daß sie der Oberin eines Tages die Meinung sagen, das Heim für immer verlassen und allein wohnen würde. Den Vater, der sich nie wieder gemeldet hatte, erwähnte sie bei diesem Zusammensein nicht. Nach dem einen Besuch war Martin Meyer seiner Tochter aus irgendeinem Grund ferngeblieben – wer weiß, vielleicht hatte er Angst vor seinen eigenen Impulsen. Jedenfalls aber war Laura seither wieder emotional gestört. Und das war sehr ernst.
Laura mißachtete die Vorschriften in der Schule und im Heim immer mehr. Mürrischen Ausbrüchen folgten Perioden krampfhafter Absonderung, während derer sie stundenlang in ihrem Zimmer blieb.
Anfang November wurde eine Konferenz der Mitarbeiter abgehalten, in der Lauras Fall behandelt werden sollte. Jeder, der im Heim mit ihr zu tun

hatte, war anwesend. Das Thema war einfach: Konnte sie endgültig nicht geheilt werden?
Als Zeuge der Anklage (wie es sich zeigte) wiederholte Dr. Clemente seine ursprüngliche Meinung. Er faßte sie kurz zusammen:
»Laura muß in eine Klinik. Sie ist krank, ihr jetziges Verhalten beweist eine Verschlimmerung, und im Interesse aller ...«
Ich blickte umher. Eine Schwester, die als Abgesandte der Oberin fungierte, war eindeutig von diesen Argumenten überzeugt. Schließlich bildete das Heim eine große Familie, die einzige für die meisten Kinder, und die Schwestern waren die einzigen Erwachsenen, die den Kindern eine Rechtfertigung für ihr Leben gaben. Laura durfte der Mehrheit nicht im Wege stehen.
Es braucht nicht erwähnt zu werden, daß sich Mrs. Clancy sofort für »unsere« Seite ins Zeug legte. Als sie mit gerötetem Gesicht und betonten Gesten sprach, gab sie einen guten Verteidiger ab. Selbstverständlich erklärten auch die Schwestern Margaret und Paulette beide, sie wären dafür, Laura zu behalten.
Ich machte mir Sorgen. Zwischen Dr. Clemente und mir bestand eine tiefe Kluft in der therapeutischen Methode. Sein Argument war, daß sie »geisteskrank« sei und deshalb in einer Klinik »behandelt« werden müsse. Um diese Ansicht wirklich zu widerlegen, müßte man Bücher schreiben (und einige zu diesem Thema sind in der Tat verfaßt worden), ich aber hatte nur ein paar Minuten zur Verfügung.
Ich argumentierte, Dr. Clementes Theorie setze voraus, daß eine fest umrissene Stelle in Lauras Körper zu behandeln sei, nämlich das Gehirn, eine Substanz, die sich anstecken, entzünden oder deren Gewebe durch *Krankheit* zerstört werden könne. Keiner sei jedoch der Ansicht, daß Lauras Gehirn nicht richtig funktioniere, im Gegenteil, ihre Meisterung der Sprache nach den langen Jahren des Schweigens sei bemerkenswert. Nein, ihr Gehirn erfordere keine besondere medizinische Behandlung. Sie sei ein unglückliches, verletztes Kind, wenig anders als Tausende von anderen Kindern *und* Erwachsenen (wie ich betonte), die in ihrem Kampf, sich ihrer Umgebung anzupassen, unterliegen. Nicht Viren oder Mikroorganismen, sondern Menschen seien dafür verantwortlich, daß Laura sich nicht anpassen könne. Darum sei es zum Besten aller, wenn sie bliebe, denn die Kinder im Heim könnten ihr helfen, den Glauben an sich und auch an andere zurückzugewinnen.
Und was noch mehr sei, fuhr ich fort, es wäre mir nicht zu Ohren gekommen, daß sich ein Kind über Laura beschwert hätte. Die meisten schienen ihr helfen zu wollen. Wie so viele von uns sei Laura inneren und äußeren Beanspruchungen erlegen; eine Weile lang sei sie vorwärts gehumpelt, jetzt sei sie gestrauchelt. Dieses Straucheln, so sagte ich, sei eine Schwäche, hervorgerufen durch weit zurückreichende Anpassungs-

schwierigkeiten an eine Umwelt, die ihr die grundlegenden Voraussetzungen für ein erfolgreiches Weiterleben versagt habe. Die Einweisung in eine Klinik würde diesen Zustand noch verschlimmern. Die augenblickliche Umgebung wäre die einzige, die für Laura noch Hoffnung bedeute.
Auf diese Art gewannen wir schließlich unseren Fall, und Laura durfte im Heim bleiben. Aber es war ein aufregender Nachmittag, und er zeigte mir, wie dünn das Eis war, auf dem wir uns alle bewegten. Gern nahm ich die Zigarette an, die mir Mrs. Clancy danach in ihrem unordentlichen Büro anbot, während wir einen Termin festsetzten, damit ich Laura so bald wie möglich sehen konnte.
Als der Tag kam, brauchte ich sie kaum zu drängen, mir zu berichten, was in ihr vorgegangen war. Daß der »Verrat« ihres Vaters sie tief enttäuscht und verletzt hatte, wurde sofort klar; denn jedesmal, wenn ich seinen Namen auch nur erwähnte, versuchte sie zu zeigen, wie hart und kalt und gleichgültig sie sei. Dabei enthüllten die Tränen, die ihre Wangen hinabliefen, nur zu sehr die Qual ihres Herzens ... Ich beschloß daher, wieder einmal den Advokaten des Teufels zu spielen.
»Was hast du denn erwartet?« fragte ich sie schließlich nach einem besonders heftigen Ausbruch von Abscheu. »Einen lieben, freundlichen Teddybär, der mit den Augen rollt, wenn du es willst, der dich zum Lachen bringt und dich nachts herzt und küßt?«
Laura rief aus: »Ich wußte, daß Sie das sagen würden. Ich wußte es ganz genau. Der Mann ist ein *Nichts.*« Sie stieß das Wort mit aller Gehässigkeit aus, zu der sie fähig war. »Er hat sich nicht einmal getraut fortzugehen, ohne sich hinter Versprechen zu verstecken, die er nicht halten konnte. Ich hasse ihn, ich hasse ihn! Ich hoffe nur, er kommt doch noch einmal und will mich sehen. Ich möchte ihn mit seinen eigenen Waffen schlagen. Er ist so erbärmlich. Ohne Rückgrat, haltlos. Ja, ein haltloses Subjekt, das mich in die Welt gesetzt hat, und ich bin froh, daß ich nicht bei ihm aufgewachsen bin, sonst wäre mir wirklich die Krone hochgegangen.«
Ich beruhigte sie und versuchte ihr zu zeigen, daß sie sich an Menschen halten müsse, die ihr Liebe geben wollten und konnten.
»Sie haben recht«, antwortete sie, und es gelang ihr, ihre aufwallenden Gefühle zu beherrschen. »Aus einem Stein kann man wohl kein Blut pressen. Aber wissen Sie, ich bin froh, daß ich ihn kennengelernt habe. Ich hatte ihn so in den Himmel gehoben! Ich stellte ihn mir vor wie ... oh, so großartig. Ich sah mir die Väter von manchen anderen Mädchen an und sagte mir: ›Meiner ist besser.‹ Jetzt weiß ich, daß er es nicht ist, und es hat keinen Sinn mehr, sich etwas vorzumachen. Er ist einfach nicht so«, sagte sie mit einem Zittern in der Stimme, »wie ich es mir vorgestellt habe.«
Wir setzten unser Gespräch fort. Interessanterweise stellte sich dabei heraus, daß Laura meine Bemerkungen insgeheim erwartet hatte. Ver-

mutlich spürte sie schon lange, bevor ich meine Warnungen äußerte, daß sie eines Tages entdecken würde, wie ihr Vater wirklich war. Jetzt konnte sie der Wahrheit nicht länger ausweichen. Das kleine Mädchen, das sich so fest an den Traum geklammert hatte, eines Tages einen gütigen, liebevollen Vater in einer Welt zwinkernder Teddybären vorzufinden, mußte sich jetzt mit der Wirklichkeit auseinandersetzen. Die komplizierte Mischung aus Kind und Halbwüchsiger, mit der ich es so lange zu tun gehabt hatte, entwickelte sich zu einer erwachsenen jungen Dame.
Obwohl sie nun wieder mit dem für sie so charakteristischen Mut in die Zukunft blicken konnte, bekannte sie, daß sie Angst hatte vor diesem ihr bisher unbekannten Gefühl: ihrem zerstörerischen Zorn.
»Könnte ich auch jemanden vernichten?« fragte sie mit nachdenklichen Augen. »Habe ich darum die Oberin so gehaßt? Wie? Warum?«
Ich versuchte ihr zu erklären, daß sie sich zum Schein selbst bestraft hatte. Ihre Empfindung, sie sei unwürdig – und auch ihre Weigerung zu sprechen – seien stillschweigende Nebenerscheinungen dieses gleichen inneren Gefühls gewesen, das sich nun vor kurzem mit so großer Heftigkeit gegen alle in ihrer Umgebung Bahn gebrochen hatte, einschließlich – wie in einem Teufelskreis – ihrer selbst.
Ihre Weigerung zu sprechen war dem Verhalten eines kleinen Kindes gleichzusetzen, das seine Eltern bestrafen will, indem es den Mund nicht aufmacht, während diese ihm besorgt den vollen Löffel hinhalten. Ihre Vergeltungsmaßnahmen gegen die Welt entwickelten sich zu einer Art Martyrium, bei dem andere durch ihre eigene Selbstzerstörungswut verletzt oder bestraft wurden. Der Feind war, wie schon erwähnt, in ihr selbst. Indem sie jedoch ihrem Zorn Ausdruck gegeben hatte, hatte er an Heftigkeit verloren und war auf eine gewisse Art unter Kontrolle gebracht worden; ihr Hunger nach Rache würde allmählich nachlassen.
»Ich bin sicher, daß es bald besser für dich werden wird, Laura«, sagte ich. Sie griff nach meiner Hand und drückte sie fest.
Und so war es auch. Laura wurde ruhiger, ging regelmäßig in die Schule und nahm ihre alltäglichen Pflichten im Heim wieder auf. Innerhalb von drei Wochen arbeitete sie erneut bei Schwester Jean. Sie hatte sich noch nie so schnell gefangen, und ich sah es als Zeichen der Besserung und des Fortschritts an. Jedes Problem rührte ihre Ängste auf, und gerade diese Belastung trug dazu bei, daß sie sich von Mal zu Mal besser anpaßte. Es wird oft gesagt, daß es die Überempfindlichen sind, deren seelische Kräfte in Krisensituationen am längsten ausreichen, da sie mehr und größere Anforderungen an sich selbst stellen mußten als andere. Auch Laura wurde unter Schwierigkeiten erwachsen. Gab es überhaupt schlimmere Situationen als die, die sie bereits erlebt hatte? In ihren paar Lebensjahren hatte sie Belastungen erfahren und gemeistert, denen die meisten Menschen gar nie begegnen.

Nachdem die Krise einmal überwunden war, wurde Laura immer ausgeglichener und reifer. Die freundliche Art, mit der sie sich jetzt gab, stimmte mit den körperlichen Veränderungen überein, die sich seit dem Einsetzen der Pubertät an ihr vollzogen hatten. Ihr etwas farbloser kindlicher Ausdruck verlor sich allmählich, und als ich sie das erste Mal mit hohen Absätzen sah, konnte ich kaum glauben, daß sie erst sechzehn war.
Jetzt war sie nur noch selten verstimmt oder deprimiert. Sie freundete sich mit zwei Mädchen ganz besonders an und verbrachte viel Zeit mit ihnen; andererseits blieb sie nicht immer von den Gehässigkeiten verschont, mit denen sich die Mädchen gelegentlich bedachten. Niemand machte sich Sorgen über sie außer Schwester Jean, die manchmal etwas beunruhigt über Lauras Schmerzen in den Beinen war.
Immer, wenn ich ihr begegnete, winkte sie mir freundlich zu. Alle Kinder schienen nun ein nettes Wort für Laura übrigzuhaben. Sie hielt mit ihrer Gruppe Schritt und gewann mehr Selbstvertrauen und Verantwortungsgefühl. Die Enttäuschung über ihren Vater war eine harte Lektion für sie gewesen, aus der sie gelernt hatte, daß wir alle manchmal unsere Ziele etwas zurückstecken müssen. Sie war aufmerksam und lebendig, und wir entschieden, daß es nun Zeit für ihre dritte Operation sei – nicht die schwerste, aber psychologisch keineswegs die unwichtigste –, die plastische Operation ihres Gesichts.

22

Die Operation war für den Vorfrühling geplant. Wieder einmal war es Schwester Margaret auf geheimnisvolle Weise gelungen, einen Spezialisten herumzukriegen, die Operation kostenlos auszuführen.
Laura schien die Angelegenheit mit gemischten Gefühlen zu betrachten, was mich erstaunte: Die Brandwunden beeinflußten ihr Aussehen, und schließlich hatte sie doch früher so sehr unter ihrer Häßlichkeit gelitten. Als ich sie leise daran erinnerte, antwortete sie:
»Ja, das war damals. Inzwischen habe ich mich an mein Gesicht gewöhnt.« Sie lachte kurz auf. »Ich habe nur das eine.«
»Du würdest hübscher aussehen«, sagte ich. »Möchtest du das nicht?«
»Oh, Sie müssen mich nicht falsch verstehen«, sprach sie sofort weiter. »Natürlich möchte ich attraktiv aussehen, aber irgendwie finde ich, daß es nicht gar so viel ausmacht. Ich will bei kleinen Kindern arbeiten. Das ist wichtiger für mich als alles andere auf der Welt. Ach, ich wünschte, Sie könnten mir zu mehr Verstand verhelfen, damit ich Kinderschwester werden kann.«

Einerseits bedeutete diese Reaktion eine positive Änderung ihrer Wertmaßstäbe – das Wesentliche für sie war nun die Nützlichkeit als Mensch. Andererseits jedoch konnte sie ein weiteres Sicherheitsventil sein, eine Flucht vor wirklicher innerer Reife.

Die meisten anderen Mädchen in Lauras Alter interessierten sich für Jungen und waren oft in endlose Gefühlsprobleme verwickelt, die eines mittelalterlichen Scholastikers würdig gewesen wären. Laura zeigte dieses Interesse niemals. Die anderen Mädchen gaben ihr Taschengeld und viel Zeit dafür her, sich zu verschönern, Laura nicht.

Lauras Lebenserfahrungen gingen natürlich weit über ihr Alter hinaus, aber wir wollten nicht, daß sie niemals erfuhr, was es heißt, jung zu sein. Sie war jetzt ein sehr ernstes Mädchen, bedacht auf ihre Arbeit bei den Kindern und offensichtlich entschlossen, ihre Zeit nicht mit Spiel, außerplanmäßigen Fächern in der Schule oder langen Telefongesprächen »bloß« mit Jungen zu vergeuden. Sie zog klassische Musik dem zu der Zeit modernen Rock'n'Roll vor. Sie war fast zu zielbewußt.

Also überließ ich Laura die Entscheidung über die Operation selbst. Als ich den Fall eines Tages mit Schwester Paulette besprach, sagte sie: »Ich weiß, daß Laura kein großes Getue um ihr Aussehen macht wie die anderen Mädchen, aber wenn sie vielleicht das Gefühl hätte, sie könnte genauso hübsch aussehen wie die anderen, würde sie sich nicht scheuen, mit ihnen zu wetteifern. Vielleicht hat sie Angst, daß sich die Jungen trotz der Operation nicht für sie interessieren.«

Das waren interessante Gedankengänge, doch ich glaubte, daß Laura sich wieder einmal aus Angst, verletzt zu werden, vor jeder tiefergehenden Veränderung in ihrem Leben drückte. Oder versuchte sie mir durch ihr Zögern etwas zu sagen, das ich übersehen hatte? Bestand die Gefahr, daß zu diesem Zeitpunkt eine neue Krisis heraufbeschworen wurde? Ich wußte es nicht, sondern mußte darauf warten, daß Laura mir die Antwort auf diese Fragen gab.

In gewisser Hinsicht tat sie das, indem sie der Gesichtsoperation zustimmte, die tatsächlich selbst einen reifen und ausgeglichenen Erwachsenen hätte abschrecken können. Laura unterzog sich dieser Operation mit einer Gelassenheit, die auf ungewöhnliche Reife schließen ließ; sie bedeutete daher einen wichtigen Schritt sowohl in ihrer geistigen als auch der körperlichen Entwicklung.

Ihre schlimmsten Brandwunden befanden sich auf der linken Gesichtshälfte; sie begannen am Kinn und zogen sich hinauf bis zum Auge. Zum Glück für sie wurde das Transplantat nicht abgestoßen, was manchmal der Fall ist. Es gab einige Schwierigkeiten und Befürchtungen, als es hieß, sie dürfe während des Heilungsprozesses nicht lächeln, aber sie war in der Vergangenheit so lange ernst gewesen, daß sie es auch jetzt fertigbrachte. Nach regelmäßigen Untersuchungen, bei denen nach Anzeichen einer

Infektion geforscht und die Wunden gereinigt wurden, ging es nur noch darum, den Verband zu wechseln und die Heilung abzuwarten. Im Krankenhaus wurde sie der Liebling der Schwestern und kam bereits nach zwei Wochen ins Heim zurück. Die Operation war gelungen.

Nachdem alle Verbände entfernt waren, schien Laura zufrieden mit ihrem glatten, ungezeichneten Gesicht, wenn sie auch nicht stürmisch begeistert davon war. Jedenfalls wirkte sie in keiner Weise besorgt oder verstört, als ich sie besuchte. Die anderen Mädchen flatterten jedoch unaufhörlich um sie herum, seufzten vor Überraschung, riefen ihre Freundinnen, damit sie Lauras »neues« Gesicht bewundern konnten, und überschütteten sie mit Komplimenten.

Als Laura danach das nächste Mal zu mir kam, wartete ich immer noch darauf, daß sie mir meine Fragen beantwortete. Aber sie wiederholte nur, was sie vor der Operation gesagt hatte – daß es ihr gefalle, hübsch zu sein, daß es aber wichtigere Dinge im Leben gebe. Ich merkte, daß ich ein Opfer meiner eigenen Zweifel und Befürchtungen geworden war, die sich im Laufe unserer langen und engen Beziehung entwickelt hatten.

Lauras Gesichtsnarben waren die Folge davon, daß man sie als kleines Kind in einer Bratpfanne verbrennen wollte. Ich wußte das, sie nicht. Laura kannte nur eine für ihr Ich annehmbare Geschichte: Man hatte ihr vor langer Zeit erzählt, daß sie in ihrer Kindheit das Opfer eines Brandes geworden war.

Für mich hatte die Entfernung der Narben eine symbolische Seite: Das Messer des Chirurgen hatte nun für immer jede Erinnerung an das entsetzliche Verbrechen ausgelöscht.

Ich muß wohl erwartet haben, daß auch sie etwas von dieser Bedeutung spürte, und vergaß, daß die Operation für sie nur eine einfache Verschönerung darstellte – wichtig, aber nicht lebenswichtig. Nein, das Entstehen dieser Narben war eine Tragödie, von der sie nie etwas erfuhr. Ich war es, der vergessen mußte.

Eine Woche später saß ich in meinem Büro und dachte über all das nach, als mich wiederum eine Neuigkeit erreichte, die alles in Frage stellte.

Laura war gerade bei mir gewesen. Die ersten Anzeichen des Sommers brachten immer eine gehobene Stimmung ins Heim. Draußen im Garten sangen die Vögel, tummelten sich fröhlich die Kinder. Auch Laura schien an diesem Nachmittag viel lebendiger. Sie strahlte ein Gefühl der Individualität aus, das sich in der Art, wie sie ihre Hände hielt, und auch in ihrem flüchtigen, unbefangenen Lächeln ausdrückte. Da die Schule bald schloß, bereitete sie sich eifrig auf ihre erste Stelle außerhalb des Heims vor, die Mrs. Clancy bei einer Familie auf Long Island für sie gefunden hatte. Laura sollte den Sommer dort verbringen und auf die Kinder aufpassen. Es war eine aufregende Sache für sie, und wir unterhielten uns über verschiedene Einzelheiten lange über die Stunde hinaus.

Nachdem sie gegangen war, dachte ich über meine eigenen Sommerpläne nach, hoffte auf Ferien und auf ein Nachlassen des Wintertempos, das ständigen Druck und Spannungen mit sich brachte – als das Telefon neben mir schrillte. Ich nahm den Hörer ab.
Schwester Margarets Stimme sagte: »Lauras Mutter ist hier in meinem Büro.«
Ich schwieg so lange, daß sie zweimal fragen mußte: »Sind Sie noch da, Herr Doktor?
Sie will ihre Tochter sehen«, fügte Schwester Margaret ernst hinzu.
Ich mußte einen Seufzer unterdrücken. Ich fühlte mich müde, ausgepumpt. Hatte ich das nicht alles gerade mit ihrem Mann durchgemacht? Nun ging dasselbe Elend noch einmal los. Ich verschob jede weitere Diskussion mit Schwester Margaret über die Angelegenheit und vereinbarte mit ihr vorerst nur, daß ich die Frau bei meinem nächsten Besuch im Heim sehen würde.

23

Eigentlich war ich neugierig. Was sagte man zu einer Frau, die ein Kind geboren hatte und dann mithalf, es zu quälen – die sogar an einer entsetzlichen Verschwörung beteiligt war, das Kind zu töten?
Fragte man, ob es schon angefangen hatte zu nieseln? Ob der Wetterbericht wieder einmal unrecht habe? Was die Eichhörnchen im Central Park machten? Und was sagte sie darauf? Würde sie die Tochter, deren Leben sie beinahe ausgelöscht hatte, ansehen und fragen: »Und wie ist es dir ergangen, Liebling?«
Ich begegnete Lauras Mutter schon, bevor sie mein Büro erreichte, denn der schwere Duft ihres Parfüms lief vor ihr her wie Trompetenklänge. Einen Augenblick blieb sie im Türrahmen stehen und lächelte ungewiß, fragend, doch auf eine selbstsichere Art – sie erinnerte an eine verblühte Tingeltangel-Diva, die ein Engagement sucht.
Ihr Haar war ungleichmäßig gebleicht. Das Rouge auf ihren Wangen lag unter Puderschichten, die in den Linien und Falten ihres Gesichtes wie Zuckerguß zusammenklebten. Seit ich sie zum letztenmal gesehen hatte, war sie sehr gealtert. Die roten, geschwollenen Augen deuteten auf Schlafmangel hin. Lachfältchen waren zu Krähenfüßen geworden. Adeline, jetzt über Fünfzig, wollte immer noch aussehen wie eine Frau in den Zwanzigern.
Mit einem höflichen Kopfnicken und einem koketten Lächeln trippelte sie herein, schüttelte meine Hand und setzte sich. Dann ratterte sie eine Geschichte herunter, die sie offensichtlich vorbereitet hatte. Sie hätte sich

so sehr danach gesehnt, sagte sie, ihre Tochter, Laura, ihr geliebtes Kind, zu sehen.

Rosa Perlen und hin- und herhuschende Augen. Während sie sprach, wechselte ihre Miene ständig. Befangen griff sie nach ihrem Haar, runzelte die Stirn und zündete eine Zigarette nach der anderen an. Ihre Lippen waren trocken, der Gesichtsausdruck meistens irgendwie verwirrt. Ihre Hände waren es, die ihr Alter verrieten.

Hin und wieder kicherte sie, hatte einen krächzenden Hustenanfall oder erging sich in Tiraden über die verseuchte Luft, die wir in der Großstadt einatmen. Bei einem Zucken ihrer linken Gesichtshälfte fiel etwas Puder auf ihren Schoß, woraufhin sie ihr Baumwollkleid heftig abklopfte. Ich entdeckte bald, daß sie keine Ahnung hatte, wo ihr Mann war, ebensowenig wie Martin wußte, wo sie sich zur Zeit aufhielt.

»Das Leben ist schwer für mich gewesen, Herr Doktor«, sagte Adeline und strich die Asche ab. »Ich meine, all der Ärger mit meinem Mann. Scheint nie aufzuhören. Ein grausamer Mann, Herr Doktor, Sie wissen nicht, was ich seinetwegen durchgemacht habe.«

Ich murmelte etwas Tröstliches.

»Ja, all diese Nervenzusammenbrüche, die ich seinetwegen hatte. Man kann sagen, daß ich in den letzten fünfzehn, sechzehn Jahren von einer Klinik in die andere ...«

Ihr Gedächtnis ließ sie im Stich, als sie nach Jahreszahlen und Ortsangaben suchte. Sie rieb sich den Kopf bei dieser anstrengenden Bemühung, und mehr Puder fiel in den Schoß, der wieder energisch weggewischt wurde. Mrs. Meyer wollte mir zeigen, daß sie eine Frau mit Selbstachtung war, darüber ließ sie keinen Irrtum aufkommen.

»Ja, ich war krank. Nervenkrank, könnte man sagen. Oh, mein Mann war unmöglich ... Natürlich habe ich gearbeitet, wenn ich konnte. Aber nie lange an einer Stelle. Gut, ich habe getrunken, aber ich trinke nicht mehr. Nein, Sir. Ich bin Abstinenzlerin, ob Sie es glauben oder nicht. Alles steht jetzt bestens.«

»Arbeiten Sie zur Zeit, Mrs. Meyer?«

Ich fragte nur zögernd und bereute die Frage, sobald sie gestellt war. Sie warf mir einen feindseligen Blick zu.

»Ich kann Stellen bekommen, soviel ich will, Herr Doktor. Ich hab mich bloß noch nicht entschieden, welche ich nehmen soll. Ich war in der Fabrik, hab als Stenotypistin gearbeitet, als Putzfrau, alles mögliche. Aber nein, ich trinke nicht mehr. Habe ich Ihnen das nicht gerade erzählt? Ich bin vergeßlich. Hab nie ein gutes Gedächtnis gehabt, wissen Sie.« Sie sah mich durch eine Rauchwolke hindurch abschätzend an. »Ich bin gekommen, weil ich Laura sehen will. Das ist meine Tochter.«

»Es geht ihr gut«, sagte ich.

»Muß jetzt ein großes Mädchen sein. Ich wette, sie sieht aus wie ihre

Mutter.« Sie drückte die kaum angerauchte Zigarette aus und versuchte, mich einnehmend anzulächeln. »Was für ein schönes Kind. Fragt sie je nach mir? Oh, ich habe soviel an sie gedacht. Ja, so oft gab es Augenblicke, wo ich meine Laura gern gesehen hätte.«

»Warum sind Sie nicht früher gekommen, Mrs. Meyer?«

Sie machte eine schwache Handbewegung. »Es gab Gründe.«

Unzusammenhängend redete sie weiter, wie unter Zwang. Ich mußte mir Mühe geben, dem endlosen, sprunghaften Strom der Gedanken, die erst dies, dann jenes berührten, zu folgen.

»Sehen Sie, ich habe Bilder von Laura, als sie noch ein Baby war ... jetzt verstehen Sie mich nicht falsch, Doc, ich habe mein Kind immer geliebt.«

»Immer?«

»Na ja, es gab Zeiten, da war ich zu krank, um mich um sie zu kümmern. Wahrscheinlich tue ich Ihnen sogar leid. *Nein,* das ist gar nicht nötig«, fuhr sie mich plötzlich an, »ich brauche Ihr Mitleid nicht.« Ihr Mund wurde hart. »Alles, was ich von Ihnen will, ist mein Baby. Sie gehört mir, hören Sie, Herr Doktor? Sie können sie mir nicht vorenthalten. Ich bin ihre Mutter, nicht wahr? Ich kann es beweisen. Das Gesetz ...«

»Verstehen Sie –« begann ich, aber sie unterbrach mich grob.

»Was heißt verstehen! Ich bin ihre Mutter. Lauras Mutter. Warum stellen Sie diese ganzen Fragen?«

»Ich habe nicht viele Fragen gestellt.«

»Ja, Sie sind ein ganz Gescheiter. Der schicke Anzug. *Ich* weiß es doch. Sie lassen mich reden, damit Sie sagen können, ich bin verrückt. Aber das bin ich nicht. Fragen Sie die Ärzte in der Klinik. Sie werden Ihnen sagen, daß ich geheilt bin. Mir fehlt nicht das geringste. Und ich will meine Tochter zurück haben.«

»Arbeiten Sie im Augenblick?« unterbrach ich das darauffolgende Schweigen.

»Nicht direkt. Aber ich habe eine Stelle in Aussicht«, beeilte sie sich zu versichern. »Die Zukunft liegt vor mir. Sehen Sie. Ich kann Laura helfen. Ihr Sachen schenken. Kann ihr vielleicht sogar ein Heim schaffen.«

Ich betrachtete diese Frau, als sie sich mit fast hektischen Bewegungen eine neue Zigarette anzündete. Durfte ich über sie richten? Was ich damals im Krankenhaus über sie gelesen hatte, stand in flammenden Buchstaben vor meinen Augen: mit zehn Jahren von ihrem Bruder vergewaltigt, von einem sadistischen Vater unaufhörlich geschlagen, mit achtzehn aus dem Haus geworfen und mit zweiundzwanzig wegen Prostitution verhaftet ... Es stand nicht nur in den Akten, nicht nur auf dem Gesicht vor mir, sondern es lastete auf dem Gewissen der Gesellschaft, der wir beide angehörten.

»Haben Sie eine Wohnung, Adeline?« fragte ich daraufhin leise.

»Na ja« – immer noch entrüstet – »man kann sagen, daß ich jetzt gerade in einer Art möbliertem Zimmer wohne. Bis ich meine Angelegenheiten geregelt habe.«

»Und das bedeutet?«

»Ihr Ärzte! Ihr glaubt, ihr wißt auf alles die verdammte Antwort. Für euch ist jeder nur ein Fall. Und alle Fälle passen in irgendein System. Nicht wahr? Warum legen Sie mir Worte in den Mund und wollen mich dadurch verwirren? Ich kenne mich doch aus. Ich habe keine Bildung oder so was, wie Sie. Aber ich hab ein paar Dinge gelernt, und ich habe nichts dagegen, darüber zu reden. Nur denken Sie daran – alles, was hier drinnen gesagt wird, ist *streng vertraulich*. Sie können nicht gegen mich aussagen, genau wie ein Priester«, sagte sie und schlug mit der Hand auf meinen Schreibtisch.

»Was haben Sie in letzter Zeit getan?« fragte ich.

»Ich habe nicht gesagt, daß ich nichts getan habe. Himmel, Sie verdrehen alles, was ich sage.«

»Das tut mir leid.«

»Das glaube ich, daß es Ihnen leid tut, Mister«, brach sie aus. »Einen Dreck tut's Ihnen leid. Warum soll Ihnen denn was leid tun? Sitzen da hinter dem Schreibtisch wie'n – wie so'n Richter. Es tut Ihnen leid! Das ist großartig. Wirklich. Wann haben Sie das letzte Mal einen dreckigen Waschraum in einer Fabrik gescheuert, möcht ich mal wissen? Und wissen Sie was?«

»Was?«

»Okay, Schlaumeier, also hören Sie zu. Ich bin in den Slums geboren, in den Slums aufgewachsen und hab mein ganzes verdammtes Leben in den Slums verbracht. Konsequent, was? Ja, war ich. Haben Sie schon mal was wegen der Slums unternommen, Herr Doktor?«

Ich wartete. »Warum sind Sie so böse auf mich, Adeline?«

»Ich bin auf jeden böse. Ihre Hände sind nicht sauber. Wenn ich Ihre Chancen gehabt hätte ...«

»Sie wollen, daß ich Sie bemitleide, ja?«

»Ich bin nur hergekommen, weil ich das Kind sehen will. Sie bringen mich durcheinander, Herr Doktor. In der Klinik hat man mir gesagt, daß ich mich nicht aufregen soll. Das Problem war mein Mann. Dann habe ich noch die schlimme Leber. Kommt vom Ärger, und, Junge, davon habe ich mein Teil gehabt. Ich hätte Laura beinahe bei der Geburt verloren, ist Ihnen das klar? Nur eine Mutter weiß, was für ein Leid ...«

»Laura ist gut aufgehoben, und es geht ihr auch gut«, versicherte ich ihr.

»Himmel, ich wollte ihr schreiben, aber dann war ich krank. Na, und ich wußte nicht, was ich schreiben sollte. Wußte nicht mal, wo sie war. Ich liebe dieses Kind.«

»Was lieben Sie denn an ihr, Adeline?«

Zum erstenmal, seit sie ins Zimmer gekommen war, schwieg sie eine lange Zeit.

»Sie stellen komische Fragen«, sagte sie schließlich und schüttelte heftig den Kopf. Dabei fiel erneut Puder auf ihr Kleid. »Ich weiß nicht, was ich von Ihnen halten soll. Ich will doch nur fragen, ob ich meine Tochter sehen kann.«

Ich wich aus. »Meinen Sie, ich soll sie Ihnen zeigen, damit Sie sehen, wie sie aussieht?«

»Ich möchte mit ihr sprechen, Herr Doktor.«

»Worüber?«

»Was? Ach, ich weiß nicht. Ich meine ... jetzt verwirren Sie mich schon wieder. Wenigstens kann ich sie doch besuchen, und sie kann mich besuchen.«

»Sie können Freundinnen sein«, suggerierte ich.

»Stimmt.«

Ich hielt wieder inne. »Warum sollte Laura Sie sehen wollen?«

»Weil ich ihre Mutter bin«, erwiderte sie entrüstet, »und weil ich sie liebe.«

»Wären Sie sehr enttäuscht, wenn es nicht ganz so ginge, wie Sie es sich vorgestellt haben?«

»Warum sollte es nicht?« fragte sie argwöhnisch und rutschte auf die Stuhlkante.

Ich erkannte, daß unsere Unterhaltung hier enden mußte. Die Frau hatte ein Gewissen wie Schweizer Käse. Unredlichkeit verleiht eine gewisse Kraft. Der Puder, der von ihrem Gesicht fiel, symbolisierte die Vergangenheit, von der sie sich nach Belieben befreite. Sie war eine eitle Frau, die wußte, daß ihre Anziehungskraft im Schwinden war, und sie spielte ein Spiel, bei dem sie sich keine Zurückhaltung auferlegte. Sie hatte eine Tochter, und sie wollte sie haben. Ich kannte die Behörden gut genug, um zu wissen, daß sie ihr keinen Stein in den Weg legen würden. Es war alles so herrlich einfach. Liebe war wie eine Muttertagskarte. Sie und Laura würden Vergangenes ruhen lassen ... ich konnte sie mir direkt vorstellen, wie sie genau diese abgedroschenen Phrasen Laura gegenüber benutzte.

Laura war Wirklichkeit. Hier war Adelines Chance, die dunklen Wolken der kommenden Einsamkeit, die Schatten des Alters abzuwehren. Dieser zweite Anspruch auf Lauras Zukunft war auf seine Art sogar noch gefährlicher. Adeline würde sich weniger leicht abschütteln lassen als Martin Meyer. Eigentlich konnte sich nur Laura selbst von ihr befreien. Ihre Zukunft lag jetzt in ihren eigenen Händen.

Ich sagte: »Ich werde Laura erzählen, daß ihre Mutter sie sehen will. Wir treffen eine Verabredung für Sie in einer Woche. Ist Ihnen das recht?«

24

Laura stutzte, als sie am Nachmittag, bevor sie Adeline Meyer sehen sollte, zu mir ins Büro kam. Als ich aufblickte, um das selbstbeherrschte, gutaussehende Mädchen zu begrüßen, erkannte ich, daß sie nun die geringste Veränderung in meinem Verhalten bemerkte. Sie wußte, daß ich ihr etwas zu sagen hatte.

Und wirklich, sie kam herein, lächelte, setzte sich und sprach eher als ich.

»Jedesmal, wenn Sie etwas auf dem Herzen haben, sehe ich es Ihnen an, bevor Sie etwas sagen. Warum zünden Sie sich nicht eine Zigarette an, wie immer? ... So. Jetzt können Sie mir besser sagen, was es Schwieriges zu sagen gibt.«

Jetzt mußte ich lächeln, und zwar über die Vertauschung unserer Rollen.

»Es ist schwierig, Laura, das muß ich zugeben«, bekannte ich.

»Ich werde damit fertig«, erwiderte sie sofort. »Sagen Sie's nur. Bin ich bei der Prüfung in der Schule durchgefallen? Oh, ich weiß. Ich bekomme doch keine Stellung im Sommer.«

»Nein. Es handelt sich um deine Mutter. Sie will dich sehen.«

»Meine *was*!« Sie lehnte sich wie betäubt zurück. »Haben Sie gesagt, meine Mutter?«

Ich nickte. »Sie will dich sehen, Laura.«

Ihre beunruhigten Augen wanderten umher. Sie strich eine Strähne des hellen Haares aus der Stirn. »Meine Mutter ist begraben ... wir hatten die schöne Beerdigung ... wir haben zusammen gekocht ... erinnern Sie sich noch ... sie hat getanzt, mir Schuhe geschenkt ... ach, sie sah so friedlich aus, als sie starb.« Dann starrte Laura mir in die Augen. »Was will sie?«

»Dich sehen, scheint es.«

»Warum ist sie nicht früher gekommen? Oder ist sie gekommen?«

Ich schüttelte den Kopf. »Sie war in einer Klinik nach der anderen und sagt, es sei schwierig gewesen, dich zu finden.«

»Hat sie Ihnen das gesagt? Lügnerin!« Sie beugte den Kopf und schwieg eine Weile.

Als sie aufsah, waren ihre Augen feucht. »Ich nehme an, ich sollte sie sehen. Ich muß sie sogar sehen, nicht wahr? Ich werde sie sehen und höflich sein und, und ... ich glaube, mir ist übel. Bin ich sehr durcheinander? Wann sehe ich sie?«

»Morgen. Wenn du willst.«

»Ja. Wenn ich es tue, geht sie vielleicht fort und kommt niemals zurück. Es wird sein, als wäre sie gestorben, und ich kann mir das Gesicht meiner Mutter vorstellen, so wie ich es das letzte Mal gesehen habe, im Sarg. Ich glaube nichts von dem, was sie sagt. Sie ist eine Lügnerin, hören Sie mich?« Laura schlug sich mit den Fäusten auf die Stirn. »Eine Lügnerin, eine Lügnerin! Ich glaube nicht, daß sie die ganzen Jahre fort war und mich nicht finden konnte. Diese Frau ist nicht meine Mutter.«

Dann kamen die Tränen. Verlassen kauerte sie sich in ihrem Stuhl zusammen, als lastete ein Gewicht auf ihr, demgegenüber sie machtlos war. Ich ließ sie einen Moment in Ruhe, hörte draußen Frauenschritte, dann leichtes Lachen. Beim letzten Weihnachtsfest hatte Laura ihren Schutzbefohlenen geholfen, ein kleines Stück einzustudieren, über Ruth und Naomi und alles Leid der Welt...

»Nein«, sagte ich schließlich, »sie ist nicht tot, Laura. Sie lebt.«

Sie hob das tränenüberströmte Gesicht, das ihre gequälte Seele offenbarte. »Wie sieht sie aus?« fragte sie. »Ist sie sehr hübsch? Ich habe sie mir immer mit schönem Haar und weicher Haut vorgestellt. Ist sie vielleicht alt?«

»Um die Fünfzig.«

»Das *ist* alt. Frauen altern schnell, nicht wahr? Geht es ihr jetzt gut?«

Ich wartete etwas, dann nickte ich. »Ja.«

Sehr ruhig, fast starr sagte Laura: »Warum kommt sie her? Ich will nicht mehr geplagt werden. Ich habe solche Angst. Ich kann sie nicht lieben.« Einen Augenblick kaute sie an einem Finger. »Ich habe sie geliebt, mich nach ihr gesehnt, sie verehrt. Aber ich fürchte mich, und ich hasse sie. Sehen Sie denn nicht, ich habe nichts zu geben. Ich will nicht wieder krank werden. Bitte. Bitte keine Schmerzen mehr«, sagte sie heftig, »bitte. Ich kenne sie nicht. Man muß jemanden lieben, dann vertraut man ihm.« Laura sah mich beschwörend an. »Ist das nicht wahr? Man muß jemanden lieben... nicht wahr?«

Ich sah, wie sie von ihren Gefühlen hin und her gerissen wurde, aber ich konnte ihr nicht helfen.

»Schwester Margaret wird bei dir sein, Laura.«

»Wie beim letztenmal?« fragte sie tapfer.

»Wie beim letztenmal«, sagte ich und berührte ihre Hand.

Und es war unsere immer mitfühlende Schwester Margaret, die mir über dieses seltsame Treffen Bericht erstattete:

»Daß sie Mutter und Tochter waren, wußten sie nur, weil ich sie einander vorstellte. Sie schleppten sich durch eine nichtssagende Unterhaltung, wie Fremde sie in einem Bus führen. Laura parierte alles Persönliche wie ein geübter Fechter. Sie wären stolz auf sie gewesen, Herr Doktor. Sie war höflich, aber auf Abstand bedacht. Schließlich wurde die Mutter immer gereizter, als ihre Tochter so wenig Wärme zeigte, und ihr Ton verlor mehr und mehr von seiner falschen Süßigkeit. Sie nörgelte an Laura herum, bemängelte ihr Haar, ihre Kleider, die gebügelt werden müßten, obwohl natürlich – das war ein Seitenhieb auf mich – dieses ›verwahrloste Nest‹ nur ein Heim sei und sie offensichtlich vernachlässige – und so weiter, und so weiter. Und dann sagte sie: ›Schau, was ich dir mitgebracht habe, Laura.‹ Die Frau griff nach einer großen Papiertüte, die neben ihr stand, und schob sie Laura zu. ›Los, sieh's dir doch an‹, ermunterte sie ihre Tochter. Laura war es bei dem immer schärfer werdenden Wortschwall unbehaglich zumute geworden, und sie sah mich fragend an. Ich nickte, und so langte sie in die Tüte und zog fünf oder sechs Paar alte Schuhe hervor, die zusammengebunden waren. Und das schlug bei ihr ein wie ein Blitz – aus einem Grund, den Sie, Herr Doktor, vielleicht kennen, ich nicht. Laura starrte die Schuhe an, als wären es Schlangen, schleuderte sie dann heftig mit aller Kraft auf den Boden, lief zur Wand und weinte und schrie: ›Du bist nicht meine Mutter, du bist eine Lügnerin, ich brauche deine alten Schuhe nicht. Geh weg! Geh weg!‹ Und dann kam sie in meine Arme.«

»Und was geschah dann?« fragte ich.

»Ihre Mutter konnte den Ausbruch ebensowenig verstehen wie ich. Es waren schließlich nur gewöhnliche Schuhe. Sie wissen ja, unsere Kinder tragen viele Schuhe auf, Herr Doktor, und oft werden uns Schuhe gebracht, auch getragene wie diese. Ich verstand also nicht ganz, warum Laura sich so aufregte. Ich tröstete sie jedoch, so gut ich konnte. Ihre Mutter erging sich derweil in langen Reden darüber, wie undankbar sie sei und wie verwöhnt und daß sie Geschenke gar nicht verdiene. Schließlich verlor ich die Geduld mit der Frau und sagte ihr meine Meinung. Ich bat sie zu gehen, und sie ging.«

Schwester Margaret muß sich gewundert haben, warum ich lächelte. Ich erklärte ihr, es sei ein merkwürdiger Zufall gewesen, daß die Frau ausgerechnet Schuhe gebracht habe. Denn ein hervorstechender Zug der geliebten Mutter in Lauras Phantasie war es, daß sie ihr immer neue Schuhe schenkte. Als daher Adeline Meyer die gebrauchten, abgetragenen Schuhe hervorzog, spielte sie direkt in Lauras Hände. Danach *konnte* sie nicht ihre Mutter sein.

Die Schwester schüttelte den Kopf und lächelte nachdenklich. »Jedenfalls hat sie versprochen anzurufen, Herr Doktor. Vielleicht sollte ich sagen, sie hat gedroht anzurufen.«

Aber in den folgenden Wochen kam kein Anruf. Laura hatte ohnehin geschworen, nicht mit ihr zu sprechen und sie auch nicht wiederzusehen. Wie Martin verschwand auch Adeline aus ihrem Leben.

Laura erklärte es mir selbst:

»Sie war nicht wirklich. Ihr Gesicht war wie eine Maske. Hu! Es stand niemand dahinter. Glauben Sie mir, ich habe versucht, sie hinter der Maske zu finden. Ich sagte mir immer wieder vor: ›Das ist deine Mutter, und du mußt sie achten.‹ Aber da war nichts Weiches oder Warmes, das ich berühren konnte. Die ganze Zeit hatte ich das seltsame Gefühl, daß das alles gar nicht geschah. Ich bildete es mir nur ein. Nichts geschah *in mir drinnen*. Sie verstehen, was ich meine, nicht wahr?«

Ich bejahte.
»Ich konnte ihr Herz nicht finden. Und das erschreckte mich. Und dann gab sie mir plötzlich, wie in einem entsetzlichen Alptraum, diese gräßlichen alten Schuhe, und da habe ich die Beherrschung verloren. Ich meine, ich spürte, daß ich mich nicht in der Gewalt hatte. Die Mutter, die ich wirklich liebte, schenkte mir immer neue Schuhe, und da geschah etwas tief drinnen in mir. Diese Frau war eine Lügnerin. Ich konnte doch nicht zwei Personen sein, nicht wahr? Ich konnte nicht das sein, was sie wollte. Es war, als ob wir verschiedene Sprachen sprächen. Meine wirkliche Mutter ist ein Mensch, den ich niemals kennen oder verstehen werde. Aber ich bin froh, daß wir uns getroffen haben. Ich habe wirklich keinen Grund, sie wiederzusehen.«
Das war Lauras letzter großer Augenblick der Wahrheit. Sie hatte einen persönlichen Sieg errungen, dem nichts in ihrem vergangenen Leben gleichkam. Es ging nicht etwa darum, daß sie sich nun an ihrer Mutter für die Enttäuschungen gerächt hatte, denen sie im Leben begegnet war. Es war eine Frage ihrer Identität, ihrer Einheit als Person und ihrer Ehrlichkeit sich selbst gegenüber – ihrer Menschlichkeit im wahrsten Sinne des Wortes. Die Rolle der gehorsamen Tochter zu spielen, während sie keine töchterlichen Gefühle hegte, wäre ein Verrat an ihrer sich immer mehr festigenden Persönlichkeit gewesen.
So war der Teufelskreis endlich durchbrochen, und zwar durch ihre eigene Kraft. Als sie ihre Mutter einschätzte, begann Laura sich selbst zu finden. Und diese innere Kraft, die sie befähigte, Adeline Meyer als oberflächliches, leeres und beinahe klägliches Wesen zu sehen, war die Frucht der menschlichen Liebe, die Laura hier, in diesen grauen Mauern, erfahren hatte. Es war eine Ironie des Schicksals, daß in diesem Falle die Trennung zwischen Mutter und Tochter durch Liebe, nicht durch Haß verursacht wurde.
Im Geiste verglich ich Laura mit einer anmutigen Palme, die sich im Sturm beugt, die sich aber wieder kerzengerade aufrichtet, wenn das Unwetter vorüber ist. Jetzt stand der Sommer vor der Tür, und sie freute sich auf ihre erste Tätigkeit außerhalb des Heims.

25

Mehr als ein Mädchen aus dem Heim wurde den Sommer über als »Stütze der Mutter« von einer Familie engagiert. Es handelte sich meist um wohlhabende Familien, die in einer guten Gegend außerhalb der Stadt auf Anwesen wohnten, deren Unterhalt einen ganzen Trupp von festangestelltem Dienstpersonal erfordert hätte.

Mr. und Mrs. Ross bildeten keine Ausnahme. Ihre Ferien bestanden darin, daß sie die Sorgen für ihre drei Kinder einem halbwüchsigen Mädchen aus dem Heim überließen. Die Mädchen wußten selbst, daß sie billige Arbeitskräfte abgaben, aber es standen ihnen nur wenige Möglichkeiten offen, und die meisten sehnten sich nach der Landluft, die mit der Arbeit geliefert wurde. Die Ross' besaßen zwei Autos und ein Haus im Ranch-Stil mit Swimming-pool auf Long Island. All das beeindruckte Laura zuerst. Später erzählte sie mir, daß der Duft von nassem, frischgeschnittenem Gras wie ein lebendiges Gedicht für sie war.
Die Kinder waren zwei, drei und fünf Jahre alt. Laura fütterte das Kleinste, spielte mit den Älteren und las ihnen Geschichten vor. Inzwischen verstand sie es vorzüglich, kleine Kinder durch lebendige Schilderungen in ihren Bann zu ziehen, und nach kurzer Zeit hingen alle drei an ihr wie die Kletten.
Leider hatte sie bald immer weniger Zeit für sie. Jeden Morgen gab ihr Mrs. Ross eine Liste mit »kleinen Dingen, die erledigt werden müssen«, darunter auch die Winterbügelarbeit des Haushalts, die anscheinend extra für diesen Zweck aufgehoben worden war. Obwohl Laura immer mehr unter Schwäche in den Beinen litt, die durch ihre Krampfadern verursacht wurde, ließ sie sich so lange ausnützen, bis Mrs. Ross ihr eines Tages wegen einer Kleinigkeit bittere Vorwürfe machte. Da lief sie einfach davon. Sie hatte wieder versagt, oder sie glaubte es wenigstens, und Erfolg bei dieser ersten Stellung hätte viel für sie bedeutet: Sie hatte es sich so schön vorgestellt, den anderen Mädchen bei ihrer Rückkehr von ihren Erfahrungen zu berichten.
Wie sie später erzählte, stieg sie einfach in einen Zug, den sie dann abends in der Stadt elend und traurig verließ. Sie irrte umher, bis sie gegen drei Uhr früh Panik erfaßte und sie sich auf den Weg zum Heim machte.
Aber bis auf drei ältliche Schwestern, die den Sommer über das Heim hüteten, war es verlassen. Nachdem Laura eine Weile lang energisch geläutet hatte, ließ man sie schließlich ein, gab ihr etwas zu essen und wies ihr ein kleines Zimmer zu.
Laura bat darum, bei den drei alten Schwestern bleiben zu können und nichts ins Lager geschickt zu werden, denn die Konfrontation mit den anderen bedeutete wieder Kritik für sie. Man gestattete es ihr auch, und sie durfte bei einer Gemeindelehrerin wohnen und im Heim essen und arbeiten.
Ich erfuhr all das, als ich im September zum üblichen Termin wieder erschien und das Mädchen, das ich im Juni lächelnd und glücklich verlassen hatte, tief bedrückt vorfand. Das kleine Erlebnis, das die meisten von uns als trivial abtun würden, hatte sie wieder aus der Bahn geworfen. Es war das erste Mal gewesen, daß sie mit der Außenwelt in Berührung kam, und nach diesem Vorfall sah sie dem neuen Schuljahr mit seinen

Anforderungen und Ausleseprüfungen mit größerem Bangen denn je entgegen. Sogar ihre Arbeit bei Schwester Jean schien in Gefahr.
Sie erzählte mir viel über Mrs. Ross und zeigte ein frühreifes Verständnis für die Beweggründe dieser Frau. Und eines Tages schloß sie: »Wissen Sie was? Kinder sind nicht so. Nur Kinder können anscheinend so sein, wie sie wirklich sind, brauchen nichts vorzutäuschen. Aus diesem Grund vertraue ich ihnen. Ich glaube, darum bin ich so gern bei ihnen. Können Sie das verstehen?« Sie betrachtete mich einen Augenblick eingehend, als wäre sie verwirrt, und da ich nicht sofort antwortete, schwatzte sie weiter. »Sie sind anders als die meisten Erwachsenen, aber Sie täuschen auch etwas vor. Sie tragen eine Maske. Sie sind Arzt, und das ist die Rolle, die Sie spielen. Sind Sie« – und sie hielt inne – »als Mensch anders?«
»Was glaubst du, Laura?« fragte ich.
»Sie sind gütig. Das sagt mir Ihr Gesicht. Wissen Sie, Sie waren der erste Mensch, dem ich vertraut habe.«
»Darüber bin ich froh«, sagte ich.
Als sie fort war, dachte ich über unsere harte, grausame Welt nach, in der sich Laura nun bald zurechtfinden mußte. Wie viele Kämpfe lagen vor ihr! Sie mußte schon doppelt soviel arbeiten wie ihre Klassenkameradinnen, nur um sich gerade über Wasser zu halten. Dabei wußte sie aber, daß sie unbedingt die Oberschule durchlaufen mußte, um ihren Berufswunsch zu verwirklichen. Ich war nicht ganz glücklich darüber, daß sie alles auf eine Karte setzte, aber ich mußte es als logische Wahl anerkennen.
Ich versuchte ihr bei ihren Arbeiten zu helfen und fragte mich dabei, warum wir bei einem Menschen, der Kinder betreuen will, großartige Kenntnisse in Geographie, Geschichte und Wirtschaftskunde verlangen. Mir fielen die vielen gesunden jungen Mütter ein, die nie über die Volksschule hinauskommen und trotzdem durchaus in der Lage sind, für ihre Kinder zu sorgen. Die Tatsache blieb jedoch bestehen, daß keine Schwesternschule Laura ohne Abgangsdiplom der Oberschule und sehr gute Noten aufnehmen würde. Das war die Welt, in der sie leben mußte, in der auch wir leben mußten.
Ihr siebzehnter Geburtstag nahte. Alle Kinder liebten Geburtstage. Und da es im Heim so viele Mädchen gab, war mindestens jeden zweiten Tag eine Geburtstagsparty fällig – mit Geburtstagskuchen von Schwester Martha, Geschenken und unzähligen Karten. Bei diesen Gelegenheiten floß Eiscreme wie Wein und erfreute das Herz auch des unglücklichsten Kindes.
Lauras Party wurde mit aller Sorgfalt geplant. Im ganzen Heim – und auch außerhalb – regnete es Einladungen.
Auch ich war unter den Gästen. Sie betrat den Raum in einem kurzen Organdykleid, das vielleicht billig war, ihr aber gut stand. Als alle das Lied

Happy Birthday to you... anstimmten, erhellte sich ihr Gesicht wie früher, als sie noch kleiner war – von innen heraus, schön. Sie ging auf Schwester Paulette zu und umarmte sie.

Die Geschenke, die Laura erhielt, waren faszinierend. Die Schwestern schenkten ihr meist Kleider und andere notwendige Dinge, aber die Kinder mit ihren beschränkten Mitteln mußten sich wirklich etwas einfallen lassen. Mit den selbstgemachten Topflappen und bestickten Handtüchern, die sie an diesem Tag geschenkt bekam, hätte sie einen Handel beginnen können.

»Ich danke dir«, sagte Laura liebenswürdig, und wieder: »Danke, vielen Dank. Das ist *genau* das, was ich brauche.«

Ich stand abseits, neben dem Toilettentisch, auf dem sie alle Geburtstagskarten ausgebreitet hatte; auch meine war darunter. Als sie mich erblickte, lächelte sie, machte sich nach einem Augenblick frei und kam zu mir.

»Herzlichen Glückwunsch, Laura«, sagte ich. Sie würde noch einen Geburtstag im nächsten November hier verleben und im Januar dann die Abschlußprüfung an der Oberschule machen. Kein Mädchen über achtzehn konnte im Heim bleiben. Ich betrachtete ihr ruhiges, junges Gesicht und überlegte, wie sie wohl weiterleben würde – allein. Wenn sie strauchelte, würde niemand da sein, an den sie sich wenden konnte. Ich hatte sie aus der Welt der Phantasie herausgelockt; nun würde sie bald vom gleichgültigen Strudel der großen Stadt erfaßt werden, in der Einsamkeit brennend sein und Ängste erzeugen kann, von denen bestimmt auch Laura nicht verschont bliebe. »Ich wünsche dir viele glückliche Geburtstage«, sagte ich bedeutungsvoll.

Sie nahm meine Hand und drückte sie fest. »Vielen Dank für das Geschenk. Es war *genau* das, was ich brauchte.«

Ich hatte ihr ein kleines Maniküreetui geschenkt.

»Du hast ja wirklich eine Menge Karten bekommen«, bemerkte ich.

Eine war größer, greller, gekünstelter als die anderen. Ich beugte mich hinunter und las den Text:

> Mit Mutterliebe wächst das Kind,
> und als du wuchsest so geschwind,
> da liebte ich dich um so mehr.
> Die ersten Schritte sah ich an,
> sah, wie du lerntest sprechen dann,
> hieltst meine Hand –
> doch jetzt...

Es muß eine Art Galgenhumor gewesen sein, der Adeline Meyer veranlaßte, diese Karte zu wählen. Und wenn ihr die Bedeutung des

Textes entgangen war, so war die Frau tatsächlich so gefühllos, wie Laura sie eingeschätzt hatte. Ich legte die Karte mit Abscheu fort.

Laura nickte: »Haben Sie sie gelesen? ... Wissen Sie, ich bin eine solche Närrin, manchmal glaube ich, daß ich schuld an meinem eigenen Unglück bin. Als der Brief kam und ich ihren Namen auf dem Umschlag sah, hatte ich Angst, ihn zu öffnen. Ich habe zwei ganze Tage gewartet, bis ich ihn aufgemacht habe. Und trotzdem mußte ich sogar dann noch weinen, und je mehr ich mich zu beherrschen versuchte, desto mehr mußte ich weinen. Albern, nicht wahr?«

»Ich glaube nicht«, sagte ich.

»Dann las ich die Worte, und plötzlich schien alles in mir wie erstarrt. Sie machten mich ganz gefühllos. Meine Tränen hörten auf. Ich spürte Wut und Haß. Wissen Sie, daß sie mich kürzlich abends sogar angerufen hat?«

»Nein, das wußte ich nicht.«

»Das war gerade das, was ich mir wünschte. Ich legte einfach mitten in ihrem Gerede auf. War das eine Erleichterung! Ich verstehe langsam, was Haß einem für ein seltsames Gefühl gibt. Wissen Sie was? Ich hasse das Hassen!« Sie lächelte und fuhr fort: »Muß wie bei einem Polizisten sein, der einen Verbrecher erschießen muß, weil der ihn töten will. Ich glaube nicht, daß es der Polizist gern tut, aber er muß es tun. Ist denn das die einzige Möglichkeit, am Leben zu bleiben? Dem anderen zuvorzukommen, ehe er einen erwischt hat? So wie Tiere im Dschungel?«

»Nein.«

»O Gott!« Sie senkte einen Moment den Kopf. »Heute komme ich mir vor wie das winzigste, unbedeutendste Insekt auf der ganzen weiten Welt, und jeder will mich fressen.«

»Das brauchst du nicht«, sagte ich.

Aber sie hatte sich schon umgedreht und war gegangen. Zwei Kinder zogen an ihrem Rock und bettelten, daß sie doch ein besonders schönes Päckchen öffnen solle.

Laura hatte über viel mehr gesprochen als nur über den Haß auf ihre Mutter. Sie wurde sich quälend der eigenen Machtlosigkeit in der Außenwelt bewußt, in der sie nun bald leben mußte, jenem »Dschungel«, in dem Haß manchmal wie eine verlockende Verteidigungswaffe aussehen mochte, durch die man jedoch nur noch mehr auf sich selbst zurückgeworfen wird.

Jeden Tag rückte der Termin näher, an dem Laura das Heim verlassen mußte. Meine Zweifel, daß sie außerhalb seiner schützenden Mauern würde leben können, wuchsen. Doch wir konnten jetzt nicht mehr viel für sie tun.

Als es wieder Frühling wurde, entdeckte sie eine Vorliebe für Blumen. An den Wochenenden beschnitt sie nun die Hecken im Garten, goß die Beete

oder half der Schwester, die den Garten unter sich hatte, beim Aussäen von Grassamen oder beim Setzen eines Fliederbusches, den irgend jemand gestiftet hatte.
Der Sommer kam. Laura war jetzt innerlich so gefestigt, daß sie ohne weiteres bei einer neuen Familie hätte arbeiten können. Aber ich schlug einen anderen Plan vor. Es gab vielleicht doch noch ein Letztes, was wir für sie tun konnten.
Als Kind hatte sie sehr unter Krampfadern gelitten, und ihre Beine schwollen immer noch an, wenn sie lange auf den Füßen war. Als Schwester mußte sie gesunde Beine haben, und daher mußten ihre Krampfadern entfernt werden, und zwar, noch ehe sie das Heim verließ; denn eine solche Operation würde sie sich noch jahrelang nicht leisten können. Die Schule sollte sie möglichst nicht versäumen, denn dann bestand die Gefahr, daß sie scheiterte. Die Ferien waren daher die günstigste Zeit für die Operation, und Schwester Margaret war die Person, die wieder alles arrangieren mußte. Bis jetzt waren die Manöver ja immer gelungen, aber auch *ihren* Überredungskünsten mochten Grenzen gesetzt sein.

26

Ich traf Schwester Margaret eine Woche später »zufällig« in der Cafeteria.
»Wollen Sie nicht eine Tasse Kaffee mit mir trinken, Schwester?« fragte ich so beiläufig wie möglich.
Wir setzten uns an einen Ecktisch, und als ich den Kaffee eingoß, sah sie auf. »Rücken Sie nur gleich damit heraus, Herr Doktor. Sie sehen so aus wie immer, wenn Sie etwas für Laura wollen.«
Also erzählte ich ihr von meinem Plan. Als ich geendet hatte, nahm sie einen großen Schluck Kaffee, setzte die Tasse mit einem munteren Klirren ab, schob ihre weiten schwarzen Ärmel zurück und sagte: »Du lieber Himmel, ich habe schon geglaubt, Sie wollten mich etwas Schwieriges fragen. Ich kenne einen Arzt, an den wir uns wenden können. Er ist genau der Richtige.«
»Wirklich?« sagte ich. Armer Kerl, dachte ich bei mir.
»Ja, und ich kenne auch die Schwester, die die Verwaltung des Krankenhauses unter sich hat, in dem dieser Arzt arbeitet. Und nächste Woche, wenn ich zu den Exerzitien gehe, werde ich zu Gott beten, daß er die Schwester, Marion heißt sie, darin bestärkt, den Aufsichtsrat zu übergehen und uns ein Zimmer zu geben. Ach, ich kann Ihnen nicht sagen, wie sehr mir all der Papierkrieg zum Hals heraushängt. Manchmal habe ich

das Gefühl, daß ich mein halbes Leben damit verbringe, alberne Akten zu unterschreiben. Nur gut, daß ich nicht die andere Hälfte dazu verwende, sie zu lesen! Was wollten Sie sonst noch, Herr Doktor?«
Sie hatte wieder einmal recht. Ich hatte noch andere Dinge auf dem Herzen. Was würde Laura zum Beispiel den Rest des Sommers nach der Operation tun? Sie schlug vor, daß wir mit Schwester Paulette und Mrs. Clancy sprechen und dann gemeinsam überlegen sollten, wie wir Laura am besten helfen könnten.
Mrs. Clancy entdeckten wir in einer anderen Ecke bei einem frühen Lunch. Sie kam mit ihrem Teller und der dampfenden Tasse Kaffee zu uns herüber. Schwester Paulette ließen wir holen, und bald waren wir alle versammelt.
Ich sagte diesen Frauen, was ich von Familien hielt, die eine »Stütze der Mutter« suchten. Das sei doch nur unterbezahlte Sklaverei. Laura hätte schon mit Mrs. Ross genug durchgemacht.
Schwester Paulette schlug vor, sie im Lager anzustellen, wo sie weiter die ganz Kleinen beaufsichtigen könne. Während wir dieser ausgezeichneten Idee zustimmten, erinnerte uns Mrs. Clancy daran, daß Kinder keine bezahlten Angestellten des Heims sein dürften.
»Sie würde damit unseren bezahlten Helferinnen gleichgestellt«, erklärte sie mit einer eindrucksvollen Bewegung ihrer Zigarette, »und das ist nicht erlaubt.«
Schwester Margaret erhob sanft Einspruch. »Bisher haben wir Lauras Gehalt aus dem Fonds ›Verschiedenes‹ bezahlt. Also.«
»Also?« sagte Mrs. Clancy und sah dem Unabänderlichen tapfer ins Auge.
»Na ja, ich sehe nicht ein, warum wir es im Lager nicht weiter so halten können. Schließlich«, sagte Schwester Margaret ziemlich erhaben, »ist Verschiedenes doch Verschiedenes, ganz egal, wie man es betrachtet.«
Ich fand diese Trickbuchhaltung paradox, und auch den Gesichtern von Schwester Paulette und Mrs. Clancy sah man an, daß sie nicht ganz mitkamen. Sie schienen jedoch im Grunde mit der Antwort der Schwester (oder besser, ihren Spitzfindigkeiten) zufrieden, und so wurde beschlossen, »es im Lager weiter so zu halten«.
Und wenn nun eines schönen Tages jemand dumm genug war, Schwester Margaret über diesen Posten »Verschiedenes« zu befragen, aus dem sie Lauras Gehalt, die Kosten für Medikamente und ähnliches und der Himmel weiß was sonst noch bestritt? Ich konnte wetten, daß am Ende des Jahres die Gesamtsumme dieses Postens die Lebensmittelkosten für das ganze Heim überstieg. Der Alptraum eines Buchhalters!
Ich wußte aber auch, daß Schwester Margaret einem möglichen Fragesteller eine Erklärung geben würde, die ihn völlig überzeugte – auch wenn er kein Wort verstand. Der Eindruck absoluter Gründlichkeit und

Genauigkeit, den man stets bei ihr hatte, war entwaffnend. Nur sehr selten verriet ihr Lächeln uns, die wir sie am besten kannten, wieviel Spaß sie an ihren Manipulationen hatte.

Aber auch Schwester Margarets Zauberkünste hatten ihre natürlichen Grenzen. Laura würde in Kürze das Heim für immer verlassen müssen.

Wir sprachen über diese unabwendbare Tatsache und über Lauras eigene Ziele und versuchten dabei alle, die Sorge über ihre Zukunft zu verbergen. Welche Arbeit konnte sie ausführen? Haushälterin, Büroangestellte, Fabrikarbeiterin – wir besprachen jede Möglichkeit, wußten aber im Grunde, daß Laura in keinem dieser Berufe glücklich sein würde. Nein, wirklich glücklich wäre sie nur, wenn sie bei Kindern arbeitete. Und wie die Dinge jetzt standen, war das unmöglich zu erreichen.

Ich war es, der das Wort »unmöglich« gebrauchte, und Schwester Margaret reagierte sofort heftig darauf. Das Adjektiv schien sie wütend zu machen. »Das Schwierige braucht Zeit«, sagte sie erregt, »aber das Unmögliche erledigen wir sofort. Wir sind hier schon öfter mit dem Unmöglichen fertig geworden, als Sie sich vorstellen können, Herr Doktor. Und es wird uns auch diesmal gelingen.«

An diesem Punkt erwähnte Schwester Pauline, daß es Privatschulen gäbe, die Kurse in Säuglingspflege durchführten und mit einem Diplom abschlössen. Die Absolventinnen dieser Schulen würden von Krankenhäusern, Heimen und Privatfamilien angestellt. Der Kurs dauere zwölf Wochen und verlange intensive Mitarbeit.

»Sehen Sie«, sagte Schwester Margaret und sah mich eindringlich an. »Was habe ich Ihnen gesagt? Es ist genau das, was Laura braucht.«

Mrs. Clancy, die ihr Essen beendet hatte und schon wieder beim Kettenrauchen angelangt war, rief aus: »Privatschule? Wovon sprechen Sie, Schwester Margaret? Die Oberin würde niemals ihre Zustimmung geben und der Aufsichtsrat auch nicht. Sie würden uns auslachen. Wir haben einfach das Geld nicht. Wir würden niemals die Genehmigung erhalten, niemals!«

Schwester Margaret senkte bei diesem Ausbruch die Augen. Ohne aufzusehen, sagte sie: »Ich finde das Wort ›niemals‹ genauso endgültig wie den Tod, und solange wir noch atmen, ziehe ich Ausdrücke wie ›vielleicht nicht‹ oder ›unwahrscheinlich‹ vor.«

Ein etwas verblüfftes, respektvolles Schweigen entstand, doch wir hatten alle nicht den Eindruck, daß uns Schwester Margaret der Lösung des Problems nähergebracht hatte. Und wieder einmal hatten wir unrecht.

»Sehen Sie, Mrs. Clancy«, fuhr sie in dem gleichen beherrschten Tonfall fort, »Ihre Schlußfolgerung ist nur richtig, wenn man Ihre Voraussetzung annimmt.«

»Womit Sie meinen?« fragte Mrs. Clancy schnell.

»Nun, wenn wir die Oberin und den Aufsichtsrat *fragen*, wird ihre

Antwort ›nein‹ sein. Ich schlage vor, wir vermeiden das Wort ›niemals‹, indem wir sie einfach nicht fragen. Dann«, sie sah mit einem Lächeln auf, »wird der Aspekt wesentlich positiver.

Natürlich würden wir die Genehmigung der Oberin brauchen, wenn wir einen Entscheid über Lauras Ausbildung treffen«, fuhr Schwester Margaret in ihrer ruhigen, gleichmäßigen Art fort. »Wenn Sie das Reglement studieren, so werden Sie finden, daß das Budget schulische Beihilfe für jedes Mädchen vorsieht, das bildungsmäßig benachteiligt ist. Sie werden mir natürlich alle beistimmen, daß Laura das Geld für die Schule braucht, gerade weil sie eben benachteiligt ist, denn nur so kann sie später eine passende Stellung finden. Im weiten Sinne lassen wir Laura nur *Nachhilfestunden* geben auf einem Gebiet, das sie von sich aus nicht ganz schaffen konnte.«

Mrs. Clancy brach das Schweigen, das diesem Geistesblitz folgte, und fragte etwas schwerfällig: »Hmm ... im *weiten Sinn?*«

»Entschuldigen Sie bitte – an welchen bestimmten Posten im Budget haben Sie denn gedacht?« forschte Schwester Paulette verwirrt.

»An den Hilfsschulfonds«, erwiderte Schwester Margaret seelenruhig.

»Aber der ist doch nur für Nachhilfeunterricht im Lesen oder Rechnen oder so bestimmt«, wandte Schwester Paulette ein.

Mrs. Clancy stand abrupt auf. »Was in aller Welt hat ein Kurs in Säuglingspflege mit Lesen- oder Rechnenlernen zu tun?«

»Nun, sehen Sie, Mrs. Clancy«, kam die bedächtige Antwort, »es ist Hilfsunterricht in dem Sinne, daß der Kurs eine Sachlage bereinigt, die nicht bestehen würde, wenn Laura schneller lesen und also in die Schwesternschule eintreten könnte. Und es ist eine schulische Ausbildung, denn sie lernt etwas, was sie vorher nicht wußte. Vielleicht bedeutet der Begriff *Hilfsschulfonds* bei einem anderen Kind Hilfe beim Lesen oder Rechnen. Für Laura bedeutet er einen Kurs in Säuglingspflege. Verstehen Sie jetzt?«

Mrs. Clancy war wie vom Donner gerührt. Jeder Einwand, den sie vorgebracht hatte, war wie weggezaubert. Sie gab sich geschlagen.

»Da Sie Ihrer Sache so sicher sind, Schwester Margaret, schlage ich vor, daß Sie die ganze Angelegenheit übernehmen.«

Ich verließ die Cafeteria an Mrs. Clancys Seite. Sie sah etwas erschöpft aus.

»Herr Doktor«, fragte sie, »hatten Sie schon einmal Schwierigkeiten, Schwester Margaret zu verstehen?«

»Keineswegs«, antwortete ich heiter. »Warum?«

»Ach, ich wollte es nur wissen. Es gibt keinen besonderen Grund.«

27

Besonders Schwester Jean freute sich darüber, daß Lauras Beine in Ordnung gebracht werden sollten. Sie hatte in letzter Zeit ihre Helferin immer häufiger gefragt, was ihr denn fehle, doch Laura leugnete stets, daß sie Schmerzen habe. Aber die Schwester bemerkte, daß sie sich hinsetzte, wenn es nur irgend möglich war. Und erst ganz vor kurzem hatte Schwester Paulette Laura erwischt, als sie sich heiße Tücher auf die Beine legte. Sie leugnete jedoch wiederum besondere Ermüdungserscheinungen ab.

Es war typisch für Lauras stoische Haltung und ihre Entschlossenheit, die Arbeit bei den kleinen Kindern nicht aufzugeben. Sie befürchtete nämlich, man könne sie ihr wegnehmen, wenn sie sich in irgendeiner Weise als unzulänglich erwies. Wieder einmal hatte ich das Gefühl, daß die Operation nicht nur ihre äußeren Schmerzen, sondern auch ihre inneren Ängste beseitigen würde.

Als ich die Angelegenheit mit ihr besprach und betonte, wie hübsch ihre Beine aussehen würden, wenn die herausstehenden Adern einmal entfernt und die Narben durch plastische Chirurgie verdeckt wären, rief sie aus:

»Ach, meine Beine stören mich nicht.«

Aber wir wußten, daß sich die Schmerzen nach jedem längeren Stehen zur Unerträglichkeit steigern konnten und daß Laura einfach Angst hatte, etwas davon zu sagen. Ich sah wieder Tränen in ihren Augen aufsteigen, als ich sie wegen der Operation beruhigte – daß sie sich danach besser fühlen und natürlich auch wieder bei den Kindern arbeiten würde. Einen Augenblick barg sie den Kopf in den Händen. Es war bei weitem nicht das erste und auch nicht das letzte Mal, daß ich Laura weinen sah. Schmerz war das Gefühl, das sie am besten kannte und das sie ihr ganzes Leben begleitet hatte. Glück war für sie neu; sie mußte damit erst umgehen lernen. Glück brachte sie zum Weinen.

Am Tag der Operation fuhr Mrs. Clancy mit ihr ins Krankenhaus und blieb bei ihr, bis es soweit war. Alles ging gut, und Lauras Genesung verlief normal. In ein paar Wochen hatte sie sich erholt und erhielt Erlaubnis, ihre Arbeit wieder aufzunehmen.

In diesem Sommer tobte und spielte Laura mit den Kindern im Lager herum, wie man es noch nie bei ihr beobachtet hatte.

In ein paar Monaten wurde sie nun achtzehn und würde kurz darauf von der Oberschule abgehen. Ich sah sie immer noch regelmäßig und bemerkte mehr und mehr, welche Sorgen es ihr machte, ob sich ihr Berufsziel jemals verwirklichen ließe. Einige Lehrer waren entschieden gegen den Plan, denn ihre Noten reichten zur Aufnahme in eine reguläre Schwesternschule einfach nicht aus. Ich selbst konnte sie in ihrem

Wunsch nicht allzusehr unterstützen, solange ich nicht wußte, wie erfolgreich sich Schwester Margaret »betätigt« hatte.
An einem Oktobernachmittag fand ich dann eine Notiz in Schwester Margarets Handschrift auf meinem Schreibtisch. Sie lautete:

> »Ich habe unseren Plan, Laura in eine Privatschule für Säuglingspflege zu schicken, mit der Oberin besprochen, und sie stimmt ihm voll zu. Zwar reicht unser Budget für das Schulgeld nicht aus, die Hälfte der Kosten würde jedoch davon gedeckt. Die andere Hälfte entnehmen wir wiederum dem Posten ›Verschiedenes‹, da in unserem Budget kein Posten für Dinge wie Uniformen, Bücher und so weiter vorgesehen ist. Laura ist in der Schule angemeldet und wird im Februar beginnen.
> Da Laura bereits über achtzehn sein wird, wenn sie den Kurs beendet, werden wir vor eine weitere Schwierigkeit gestellt. Wie wir damit fertig werden, würde ich Ihnen jetzt erklären, wenn ich mich nicht schon zum Beten verspätet hätte. Ich hoffe, Sie haben sich im Sommer gut erholt.«

Dieser Brief bestätigte mir nur, was ich eigentlich bereits an dem Tag gewußt hatte, an dem wir vier um den aschebestreuten Tisch in der Cafeteria saßen. Wieder einmal hatte sich diese außerordentliche Frau durchgesetzt und Laura die Chance verschafft, die sie brauchte.
Endlich wendete sich das Blatt: Durch die Kraft menschlicher Güte erhielt ein mißbrauchtes und vergessenes Leben eine neue Richtung. Die Leute sahen Laura schon jetzt ganz anders an als früher, als ich mit ihr durch die Straßen in der Umgebung gewandert war – sie warfen ihr keine verstohlenen Blicke voller Widerwillen und Furcht mehr zu, die das Los der Häßlichen und Verunstalteten sind und die sie so sehr verletzen. Nun sollte sie das haben, was sie sich wünschte – die Möglichkeit, sich auf eine Weise nützlich zu machen, die ihr Erfüllung gab.
Man hatte der Enttäuschung und Verzweiflung Trotz geboten und so ein verunstaltetes Mädchen aus Hoffnungslosigkeit und Hilflosigkeit gerettet. Diese paar Frauen hatten sich wie eine Schutztruppe zwischen Laura und die Kräfte dieser Welt gestellt, die den Schwachen, Armen, Kranken oder auf irgendeine Weise Verwundbaren stets am härtesten zusetzen. Und sie hatten ihre Aufgabe unter den schwierigen Umständen erfüllt, die das Leben in einem Heim mit seinen Vorschriften und Regeln mit sich bringt. Tag für Tag schenkten sie Kindern wie Laura die so dringend notwendige Liebe und Fürsorge, als verfügten sie über einen unerschöpflichen Vorrat an innerer Kraft. Mit ihnen zusammen war es mir vergönnt gewesen, das Schweigen wenigstens eines Menschen zu überwinden. *Was* diesen Frauen so viel Kraft gibt, das war wohl eine Geschichte, die tief in jedem einzelnen Leben verborgen war.

28

Es war erfreulich, einmal eine gute Nachricht für Laura zu haben. Als sie in mein Büro kam, sah sie entspannt und gut aus. Die Erleichterung, keine Schmerzen in den Beinen mehr zu verspüren, gab ihr bereits neues Selbstvertrauen und mehr Freude am Leben.

Sie sprach wieder über die Ereignisse des Sommers, die sie sehr bewegt hatten.

»Die ganze Zeit fühlte ich mich so lebendig«, sagte sie. »Die Kinder waren so braun, wie Sie es sich gar nicht vorstellen können. Und zu denken, daß ich bald die Abschlußprüfung in der Oberschule mache! Ich kann es kaum glauben. Sie haben mir immer gesagt, daß man niemals zurückschauen soll, sondern immer nach vorn. Und jetzt möchte ich wissen, was ich tun werde, wenn ich aus der Schule heraus bin. Ich denke, man wird irgendeine Stellung für mich suchen, nicht wahr? Ich weiß, daß ich dann hier fort muß.«

»Du wirst einen Kurs in Säuglingspflege absolvieren, Laura«, entgegnete ich. »Es ist schon alles geregelt.«

Sie wurde ganz blaß. Das Lächeln verschwand aus ihrem Gesicht, und als sie die volle Bedeutung meiner Worte erfaßt hatte, war sie eine Weile lang sprachlos.

Laura hatte schon früher auf diese Weise reagiert. Sie, die so wenig im Leben gehabt hatte, kam sich unwürdig vor, wenn man ihr Komplimente und Geschenke machte. Wieder einmal brachte diese angeborene Bescheidenheit Tränen in ihre Augen, keine Tränen der Trauer, sondern der Dankbarkeit, einer so überwältigenden Dankbarkeit, daß sie nicht richtig damit fertig wurde. Sie sah erschüttert aus. Dann stand sie auf, wischte sich die Augen und sagte:

»Ich muß träumen. Ich kann nicht glauben, daß es wahr ist. Ich hatte schon alle Hoffnung aufgegeben, daß ich jemals Schwester werden könnte. Ich wollte nicht wieder einem Traum nachhängen, der sich dann nicht erfüllt. Und jetzt sagen Sie mir, daß ich doch die Chance habe, die Arbeit zu tun, die mir Spaß macht. Ist das wirklich wahr? Erzählen Sie es mir noch einmal?«

Das tat ich. Wieder konnte sie ihre Gefühle nicht beherrschen. In einem benommenen, verwirrten Zustand, wie aus dem Nichts heraus, fragte sie:

»Warum sind sie hier so gut zu mir? Es ist wichtig für mich, das zu wissen.«

»Sie haben dich gern, Laura. Sie wollen dir das Beste geben, das sie haben.«

»Meinen Sie, sie lieben mich?« fragte sie ruhig, aber hartnäckig. »Ist das Liebe?«

»Ich glaube ja.«

»Ich habe oft über Liebe nachgedacht. Das Wort wird so oft gebraucht, im Fernsehen, im Kino, zwischen Jungen und Mädchen, aber es scheint so viele verschiedene Bedeutungen zu haben. Es bedeutet wohl, daß man jemanden gern mag. Mein Vater hat meine Mutter geheiratet. Er muß sie geliebt haben. Dann hatten sie mich, also müssen sie Kinder geliebt haben. Aber das ist lächerlich, das ist nicht wahr. Sie haßten mich. Warum bringe ich immer alles durcheinander? Es wäre besser, ich würde nur an die Schule denken. Sie sollen sehen, was ich für Hausaufgaben habe.« Sie rollte die Augen. »Ich werde mich wirklich anstrengen, passen Sie nur auf.«

Sie hielt ihr Versprechen und widmete sich bis Januar fleißig ihren Schularbeiten. Sie wußte, daß sie mit guten Noten abschließen mußte, selbst um in die private Schwesternschule aufgenommen zu werden. Sie arbeitete jede freie Minute, und ihre Mühe war nicht verschwendet: Sie bestand die letzten Prüfungen und wurde zum Abschluß zugelassen.

Trotz des Drucks in der Schule war Laura in diesen letzten Monaten sehr glücklich. Sie fand sogar Zeit, Schwester Jean wieder bei der Weihnachtsfeier für die Kleinen zu helfen. Als dann der Tag der Abschlußfeier herankam, unterschied sie sich in nichts von jedem anderen Mädchen, das von der Oberschule abgeht – sie befand sich in höchster Aufregung über ihr neues Kleid und die neuen Schuhe (sie suchte eine Woche, bis sie genau das Paar fand, das sie haben wollte).

Am Tag vor der Feier kam Laura in ihrer neuen Garderobe zu mir. In dem weißen Kleid, den Schuhen mit den hohen Absätzen, dem sorgfältig gekämmten hellen Haar und den vor Erregung glühenden Wangen sah sie strahlend aus, eine kläräugige junge Frau, lebensprühend und attraktiv.

Laura konnte sich kaum beherrschen. Sie stand auf, setzte sich wieder, bestand darauf, daß ich eine Zigarette nahm, und wollte sie dann unbedingt für mich anzünden, konnte sich die eine Minute vor Lachen kaum halten und weinte in der nächsten.

»Ich kann immer noch nicht recht glauben, daß mir das wirklich passiert«, sagte sie. »Aber morgen um halb zwei bekomme ich das Abgangszeugnis. Gefallen Ihnen meine Schuhe auch tatsächlich?« fragte sie plötzlich und hielt sie mit einem kritischen Stirnrunzeln hoch.

»Sehr«, antwortete ich.

»Also, wir haben eine Abschlußfeier im Büro der Direktorin. Ich darf drei Freunde einladen, hat man mir gesagt, Leute, die ich gern mag.«

Sie hielt einen Augenblick inne.

»Wen hast du gewählt, Laura?« fragte ich.

»Ich wünschte, ich könnte jeden einladen. Ich habe die ganze letzte Woche gebraucht, um mich zu entscheiden, und gestern habe ich es schließlich getan.«

»Ja?«
»Einmal Schwester Paulette«, sagte sie und hakte sie an den Fingern einer Hand ab.
»Natürlich.«
»Dann Mrs. Clancy. Wegen der dritten Person war ich nicht ganz sicher.« Sie senkte die Augen. »Ich meine, ich hätte eine bestimmte Person sehr gern eingeladen, aber dann habe ich meine Meinung geändert und statt dessen meine Lehrerin gebeten. Würden Sie in mein Abschlußalbum schreiben? Bitte, tun Sie es doch«, drängte sie. »Ich möchte, daß sie vorn auf der Innenseite schreiben ... das ist eine ganz besondere Seite. Ich meine, es ist die allererste Seite, und dort hätte ich Ihren Namen gern. Ich weiß, daß Sie morgen nicht da sind, und darum habe ich das Buch heute mitgebracht.«
»Ich fühle mich sehr geehrt, Laura«, sagte ich, und während ich meinen Federhalter aus der Tasche zog, schwatzte sie lachend weiter. »Mrs. Clancy und Schwester Paulette gehen nach der Abschlußfeier mit mir zum Lunch, und am Abend geben die Mädchen eine große Party für mich. Glauben Sie, daß ich nach einem späten Lunch überhaupt noch etwas essen kann?«
»Ganz bestimmt.«
»Ich glaube, in solchen Zeiten vermißt man es am meisten, wenn man keine Familie hat. Irgendwann möchte ich einmal eine eigene Familie haben, und ich gehe bestimmt zur Abschlußfeier meiner Kinder. Es ist so wichtig, wenn sich Eltern für ihre Kinder interessieren.« Wieder schweiften ihre Blicke unruhig umher. »Ich vermisse sie ... wo sie auch sind. Hin und wieder bin ich traurig, so wie jetzt – daß ich keine Familie habe, meine ich –, aber ich versuche stets daran zu denken, daß ich immer vorwärts schauen soll, und das hilft, denn morgen ist der allerglücklichste Tag in meinem Leben. Und wahrscheinlich ist jeder irgendwann im Leben einmal traurig, nicht wahr? Oh, Sie lassen mich immer reden und reden, und Sie selbst sagen nie sehr viel. Ich habe immer geglaubt, Sie tun es absichtlich, damit ich mich hören kann.«
Der Tag, an dem wir deine Stimme zum erstenmal hörten, Laura, dachte ich bei mir, war für das Heim ein Tag, der rot im Kalender angestrichen wurde. Damals war ich derjenige, der sprach. Aber sie war schon bei einem anderen Thema.
»Ja, ich habe viel über mich gelernt, aber andere verstehe ich nicht so gut. Bei anderen Menschen komme ich mir wie ein Fremder vor. Wenn ich daran denke, daß ich frei sein werde, wenn ich hier fortgehe, daß es dann keine Vorschriften mehr gibt, wird mir ganz übel. Ich fürchte mich wirklich. Woher soll ich wissen, was ich tun muß, wem ich vertrauen kann? Verstehen Sie, was ich meine?«
»Sehr gut.«

»Ich werde mich nicht allein *fühlen*, ich werde allein *sein*. Es ist Wirklichkeit. Ich werde unter diesen Tausenden von Menschen da draußen allein sein. Das ist schrecklicher als alles, was ich mir vorstellen kann.«

Ihre Reaktion war verständlich genug. Die Situation war schwer für Laura. Sie bedeutete nicht nur das Ende ihrer Kindheit, sondern auch die Trennung von dem einzigen Zuhause, das sie je gekannt hatte.

Der Abschlußtag kam, und Laura zeigte sich der Lage glänzend gewachsen.

Natürlich weinten Mrs. Clancy und Schwester Paulette, als die Direktorin Laura das Diplom überreichte. Es war ja mehr als ein gewöhnlicher Abschlußtag für eine Oberschülerin – es war eine bedeutende persönliche Leistung, ein Sieg über die Kräfte des Bösen.

Nach dem Schulabschluß lebte sie unter Schwester Margarets berühmtem Posten »Verschiedenes« weiter im Heim und besuchte den Kurs in Säuglingspflege. Der Unterricht dauerte sieben Stunden am Tag, und es gab viele Hausaufgaben. Ich setzte meine Besuche bei ihr fort, obwohl ihre Schwierigkeiten nun hauptsächlich darin bestanden, den neuen, von allen Seiten auf sie einstürzenden Lernstoff zu verstehen. Physiologie der Geburt, praktische Kinderpflege ... Ich tat mein Bestes, um ihr zu helfen; Schwester Philomene ihrerseits gab Nachhilfe in Biologie; eine Krankenschwester aus der Nachbarschaft wurde ebenfalls herangezogen. Obwohl einige der wissenschaftlichen Fächer ihr sehr schwerfielen, überstand Laura mit Unterstützung von uns allen den Ausbildungskursus.

Sie war jetzt im Kampf um die Erreichung eines Zieles nicht mehr unerfahren, aber am Ende des zwölfwöchigen Kurses spürte man doch Zeichen von Überanstrengung bei ihr. Würde sie die Prüfungen bestehen?

»Ich komme mir so unwissend und dumm vor, als ob mein Verstand tot wäre«, sagte sie eines Tages völlig entmutigt zu mir. »Ich weiß, wie ich Babies behandeln muß, und ich liebe sie. Aber niemals, nicht in einer Million Jahren, werde ich verstehen, warum ich wissen muß, wie sich die Nahrung im Magen eines Kindes bei der Verdauung zersetzt. Können Sie mir sagen, was das mit dem Füttern, Baden und der Betreuung des Kindes zu tun hat? Ich glaube, ich habe die Lehrerin heute beleidigt, dabei wollte ich es doch gar nicht. Sie fragte mich nämlich, warum wir die Kinder aufstoßen lassen. Ich erklärte ihr, das geschehe, um das Kind vom Druck der Gase zu befreien und damit es sich wohler fühle. Sie wollte wissen, was ›chemisch‹ im Magen des Kindes vor sich ginge. Ich wurde wütend und sagte, was das denn für eine Rolle spiele, solange das Kind nur aufstößt! Ja, ich weiß, ich war im Unrecht. Es ist einfach so, daß ich den Sinn von all dem theoretischen Kram nicht zu verstehen scheine.«

Die Abschlußprüfungen fanden an einem Freitag statt. Die Ergebnisse wurden am Montag mittag bekanntgegeben. Ich sollte sie an diesem Nachmittag zum letztenmal sehen, aber ich beschloß, schon zum Lunch im Heim zu sein und zum Abschied mit Schwester Margaret und Mrs. Clancy in der Cafeteria zu essen.

Ich erreichte das Heim kurz nach zwölf Uhr. Die Stimmung dort war mit der Atmosphäre vergleichbar, wie sie an einem Sonntagnachmittag im Stadion herrscht, wenn die lokale Mannschaft das Spiel gewonnen hat. Die Aufregung lag in der Luft, ich spürte sie in der Art, wie die Schwester an der Pforte mir zuflüsterte: »Haben Sie gehört...?«

Laura war durchgekommen. Nicht nur das, sondern beim Lunch erfuhr ich auch, daß Schwester Margaret sich wieder einmal für sie eingesetzt und ihr eine Stellung in einem Heim verschafft hatte, in dem kleine Kinder betreut werden. Ich sollte sie um vier Uhr sehen.

Als ich jedoch wartend an meinem Schreibtisch saß, erkannte ich die junge Frau in Weiß, die zuhinterst im Gang auftauchte und mit leisen Schritten näher kam, zuerst gar nicht. Sie trug ein Schwesternhäubchen und weiße Schuhe mit Gummisohlen. Erst als sie die Hälfte des Korridors entlanggegangen war, sah ich, daß es Laura war und daß sie mir entgegenlächelte.

Sie war in der Schwesterntracht gekommen, die sie in ein paar Tagen zur Abschlußfeier tragen würde. Ich nehme an, ich hatte zu lange den Schatten hinter ihr gesehen, den Schatten eines kleinen, buckligen Kindes mit einem vernarbten Gesicht, häßlich und stumm, das sich hilfesuchend und schwach an eine Schwester klammerte.

Wir unterhielten uns über ihre Pläne und das Zimmer in einer Pension, nicht weit von ihrem Arbeitsplatz entfernt, das ebenfalls von Schwester Margaret besorgt worden war.

Es war kaum zu glauben, daß dieser strahlende junge Mensch mit dem überzeugten Lächeln und dem Ausdruck glücklicher Erfülltheit erst achtzehn Jahre alt war. Durch die Erfahrungen, die sie gemacht hatte, wogen diese kurzen achtzehn Jahre schwerer für sie als für manche Menschen ein ganzes Leben. Entsetzen und Schrecken schienen jedoch weit zurückzuliegen.

Ich muß sie wohl etwas zu lange angestarrt haben, denn sie sah mich fragend an. »Gefällt Ihnen meine Tracht?« fragte sie. »Ich habe sie extra für Sie angezogen.«

»Sehr gut«, sagte ich. »Du siehst hübsch aus, Laura.«

Tränen stiegen in ihren Augen auf. (Diese Gewohnheit hatte sie jedenfalls noch nicht abgelegt!) Sie stand unvermittelt auf.

»Sie wissen wahrscheinlich, daß ich am nächsten Montag fortgehe. Ich bin so aufgeregt, daß ich kaum weiß, wie mir geschieht, aber es tut mir auch leid, hier wegzugehen. Ich verstehe eigentlich nicht richtig, was alles mit mir geschehen ist, warum ich nicht gesprochen habe und all das...

meine Krankheit. Es ist einfach zu viel. Ich weiß nicht, wo ich anfangen soll.«

Sie blickte umher, als wollte sie meinen Augen ausweichen oder suchte nach Worten. Vielleicht prägte sie sich auch die Einzelheiten des Zimmers zum letztenmal ein, wo wir uns so viele Jahre lang gesehen hatten.

Dann sagte sie: »Sie waren etwas ganz Besonderes in meinem Leben. Immer, wenn ich verzweifelt war, haben Sie mich getröstet. Wenn ich verwirrt war, haben Sie die Dinge für mich geklärt. Wenn ich jemanden brauchte, mit dem ich sprechen konnte, waren Sie immer da – auch wenn Sie oft nur wenig gesagt haben. Sie sind so viele Leute in einer Person. Oh, ich weiß nicht, wie ich es erklären soll. Irgendwie weiß ich, daß Sie für alles, was ich habe, nun ja, verantwortlich sind, aber ich weiß nicht, wie. Ich kann es nicht in Worten ausdrücken. Ich weiß nicht, wie ich allein mit dem Leben fertig werden soll.«

»Du wirst alles sehr gut machen«, sagte ich.

Sie wandte sich mir zu. »Sie wissen ja, ich durfte zu meiner Abschlußfeier einladen, wen ich wollte. Jedesmal, wenn ich überlegte, wen ich einladen sollte, dachte ich an Sie. *Beinahe* hätte ich Sie gefragt, als die Schulabschlußfeier war«, sagte sie mit einem Lächeln, »aber jedesmal, wenn es soweit war, bekam ich Angst. Und dann beschloß ich, es nicht zu tun. Ja, es war besser, wenn ich Ihnen gar keine Möglichkeit zur Antwort gab. Ich befürchtete so sehr, daß Sie es mir abschlagen würden, und das hätte mir schrecklich weh getan. Ich wollte viel lieber glauben, daß Sie vielleicht gekommen wären, als daß ich gewußt hätte, mein Traum ist hoffnungslos.«

Sie zögerte, dann sagte sie: »Ich wollte Sie als einen Menschen in Erinnerung behalten, der mich niemals verletzt hat ... Ich möchte Sie noch um einen Gefallen bitten, bevor ich gehe. Es hört sich vielleicht dumm an, aber es ist wichtig für mich.«

»Sag es nur«, erwiderte ich.

»Darf ich Sie umarmen?«

»Ja«, antwortete ich.

Laura legte die Arme um meinen Hals und umarmte mich. Dann schob sie mich fort.

»Wissen Sie«, sagte sie nachdenklich, »ich glaube, Sie werden mich genauso vermisssen wie ich Sie.«

Sie drehte sich um und verließ mit festem Schritt mein Büro und mein Leben. Ich mußte noch ein paar Abschiedsbesuche machen, und dann würde auch ich endgültig gehen. Es war früher Abend, als ich das Heim schließlich verließ. Irgendwie hatte ich keine Lust, mich jetzt von dem Betrieb in der Untergrundbahn aufsaugen zu lassen, und so ging ich zu Fuß. Ich ging und ging, auf die vielen hohen Gebäude zu, die schon von blinkenden Lichtern umkreist wurden.

Das also ist Lauras Geschichte. Die Geschichte des Erwachens ihrer Stimme und des Verschwindens dieser Stimme aus meinem Ohr – eine Abwesenheit, die irgendwie immer spürbar sein wird.
Aber es ist auch die Geschichte des Schicksals, wie es jedes einzelne Kind erwartet, das unter Vernachlässigung, Armut und seelischer Krankheit zu leiden hat. Und es ist die Geschichte von ein paar Außenseitern, die nicht aufgeben wollten. Vergessen und unbeachtet mühen sich die Schwestern, die ich jetzt verließ, weiter ab. Und als ich weiterging, klangen mir ihre Stimmen im Ohr: »Herr Doktor, da ist Anne, und auch Susan, wenn Sie jemals glauben, Sie könnten ...«